REISELUST
STAUFER_{ZEIT}

AUSFLUGSZIELE AN RHEIN, MAIN UND NECKAR

Herausgeber: Alfried Wieczorek
Text und Redaktion: Eva-Maria Günther

Umschlagabbildungen
Oben: Thronender König. Norditalien, um 1230–1235. New York, The Metropolitan
Museum of Art, Mrs. Stephen V. Harkness Fund, 1922 (22.31.2.), Photograph Copy-
right 2004 The Metropolitan Museum of Art
Unten von links nach rechts: Trifels: Die Burg Trifels (Generaldirektion Kulturelles Erbe
Rheinland-Pfalz); Münzenberg: Burg Münzenberg (Foto: Roman von Götz,
Dortmund); Wimpfen: Arkadensäulen des staufischen Palas in Bad Wimpfen
(Tourist-Information Bad Wimpfen)

Einführungsabbildungen:
Baden-Württemberg: Arkadensäulen des staufischen Palas in Bad Wimpfen
Hessen: Die Burg Münzenberg
Rheinland-Pfalz: Die Reichsburg Trifels

Lektorat rem: Claudia Braun
Graphiken: Tobias Mittag
Karten S. 14, 68, 128: Fa-Ro Marketing, München,
Bearbeitung Florian Knörl, Erhardi Druck GmbH, Regensburg

Besonderen Dank an:
Claudia Braun, Simone Buckreus, Dirk Hecht, Florian Knörl, Karl Körner,
Clemens Malcher, Magdalena Pfeifenroth, Alexander Schubert

Publikation der Reiss-Engelhorn-Museen Nr. 39

Umschlaggestaltung: Anna Braungart, Tübingen
Satz: Florian Knörl, Erhardi Druck GmbH Regensburg
Druck: Erhardi Druck GmbH, Regensburg

Bibliografische Information der Deutschen Nationalbibliothek:
Die Deutsche Nationalbibliothek verzeichnet diese Publikation in der Deutschen
Nationalbibliografie; detaillierte bibliografische Daten sind im Internet über
<http://dnb.d-nb.de> abrufbar.

1. Auflage 2010
© 2010 Verlag Schnell & Steiner GmbH, Leibnizstr. 13, D-93055 Regensburg
ISBN 978-3-7954-2405-3

Weitere Informationen zum Verlagsprogramm erhalten Sie unter:
www.schnell-und-steiner.de

Inhalt

Baden-Württemberg

Hessen

Rheinland-Pfalz

Liebe Leserinnen und Leser,

Kultur und Natur werden auch heute noch großgeschrieben in der Region, in der Rhein, Main und Neckar zusammenfließen. Zwar ist das östliche Schwaben weithin als Stammland der Staufer bekannt, doch auch dort, wo sich heute die drei Bundesländer Baden-Württemberg, Rheinland-Pfalz und Hessen treffen, ist die Stauferzeit ebenfalls allgegenwärtig. Die historische Rechtfertigung erfährt die geographische Eingrenzung aus der Tatsache, dass dieses Gebiet bereits vor etwa 850 Jahren mit höchstem Lob aus berufenem Munde ausgezeichnet wurde. Der Historiograph Otto von Freising verwies in seiner Cronica, lib. II darauf, dass dieses Gebiet „nämlich [...] reich an Getreide und Wein ist und eine Fülle von jagdbarem Wild und Fischen bietet. Dort können daher die Herrscher, wenn sie sich im Gebiet nördlich der Alpen aufhalten, am längsten versorgt werden". Dort, wo der Main fließt und wo Rhein und Neckar zusammentreffen, läge, so der Geschichtsschreiber, „die größte Kraft des Reiches".

Tatsächlich weist keine andere Region nördlich der Alpen zur Zeit der Stauferherrschaft im 12. Jahrhundert eine derartig reiche urbane Dichte auf wie die Landschaft zwischen Mainz, Worms und Speyer. Großzügig gedacht, entspricht das in etwa dem, was wir heute als europäische Metropolregion Rhein-Neckar bezeichnen. Die im Herzen dieser Region gelegene Stadt Mannheim mit den Reiss-Engelhorn-Museen bietet 2010 den Schauplatz für eine große kulturgeschichtliche Ausstellung zur Dynastie der Staufer und lenkt den Blick auf die Region.

Das Gebiet zwischen Rhein, Main und Neckar wurde mehr oder minder nachhaltig durch staufische Macht und Kultur geprägt. Spuren sind noch heute zahlreich vorhanden.

Begeben Sie sich auf Entdeckungstour und lernen Sie einige der schönsten „Stauferstätten" kennen. Berühmte Orte wechseln sich mit kaum bekannten Zielen ab, doch überall ist die starke kulturelle Kraft der gesamten Region erfahrbar. Dieser Reiseführer soll Ihnen als kleiner Ratgeber zur Erkundung der historischen Plätze dienen. Deshalb haben wir auf den folgenden Seiten lohnenswerte Ziele ausgewählt, die Sie nach Lust und Laune per Bus, Bahn, Auto, mit dem Rad oder zu Fuß erreichen können. Viel Vergnügen!

Alfried Wieczorek
im August 2010

Einleitung

Aus der Vielzahl an stauferzeitlichen Städten und Burgen an Rhein, Main und Neckar, deren heutige Landesgrenzen nur noch bedingt älteren territorialen Verflechtungen entsprechen, wurden 22 Orte ausgewählt, die gut zugänglich sind und an deren Entwicklung sich unterschiedliche politische und gesellschaftliche Aspekte der Stauferära darstellen lassen. Dabei liegt es auf der Hand, dass dies nicht nur bekannte, eindrucksvolle Anlagen sind. Vielmehr gilt das Augenmerk auch kleineren unbekannteren Städten und Burgen, die nicht immer sofort mit der Stauferzeit in Verbindung gebracht werden. Trotzdem kann an ihnen ein Abriss der Entwicklung mittelalterlicher Wehrbauten und Wohnformen vermittelt werden.

Das Gebiet an Rhein, Main und Neckar diente zu allen Zeiten als Durchzugsbereich und wurde auch in den Kriegen der neueren Zeit in Mitleidenschaft gezogen. Die Folgen der kriegerischen Ereignisse v. a. im 17. und 18. Jahrhundert waren, dass viele mittelalterliche Adelssitze und territorialherrschaftliche Machtzentren, d. h. Städte und Kirchen, zerstört worden sind.

Bei der Auswahl der Ziele wurden anteilsmäßig etwa im gleichen Verhältnis Orte und Bauten in den drei Bundesländern Baden-Württemberg, Hessen und Rheinland-Pfalz berücksichtigt, um die gesamte Region möglichst auch in ihrer Ausdehnung zu erfassen. Die Reihenfolge, in der die Orte vorgestellt werden, ist unmittelalterlich. Hier werden die heutigen Grenzen der genannten Bundesländer berücksichtigt, verbunden mit der Absicht, eine rasche topographische Orientierung zu ermöglichen.

Pfalzen

Die Stauferherrscher regierten von keiner festen Residenz aus. Sie waren ständig unterwegs. Pfalzen, aber auch Burgen und Städte dienten als Orte für die Erledigung von Regierungsgeschäften und als Rastplatz. Viele Urkunden, welche die Herrscher an den unterschiedlichsten Orten ausstellten, helfen dabei, die Reisewege zu rekonstruieren.

An Rhein, Main und Neckar entstanden ab dem letzten Viertel des 12. Jahrhunderts die größten und schönsten Pfalzen des Stauferreichs nördlich der Alpen, etwa in Gelnhausen, Wimpfen oder Kaiserslautern. Kaiser Friedrich I. berief sich auf die Tradition Karls des Großen und förderte frühere Pfalzen der Karolingerzeit, was am Aus- und Umbau der Kaiserpfalz in Ingelheim deutlich wird. Bauten in den zahlreichen Pfalzen zeigen die Macht und Präsenz des Herrschers. Durch die häufigen Besuche einzelner Orte war dort eine gute Versorgung des Herrschers und seines Gefolges notwendig. Daher entwickelten sich neben den Pfalzen oftmals Siedlungen, die zu bedeutenden Markt- und Fernhandelszentren heranwuchsen. Die Verwaltung einzelner Regionen brachte zudem viele kommunale Zentren hervor.

Kaiser Friedrich Barbarossa
mit seinen Söhnen König Heinrich VI.
und Herzog Friedrich von Schwaben.
Miniatur aus der Welfenchronik (12. Jh.)

Städte

Im Mittelalter lebten die meisten Mensch auf dem Land und von der Landwirtschaft. Zur Stauferzeit erfolgte durch die Rodung von Wäldern und das Trockenlegen von Sumpfland ein systematischer Landausbau. In den Jahren zwischen 1150 und 1300 wuchsen bereits bestehende Orte durch Zuwanderung aus der Umgebung stark an. Die Verleihung von Stadtrechten und Privilegien förderte das Selbstbewusstsein der Bewohner und die Entwicklung der Orte. Auf Initiative weltlicher oder geistlicher Fürsten wurden zudem nach dem Vorbild der mächtigen Städte Oberitaliens und Flanderns zahlreiche Städte als Mittelpunkte wirtschaftlichen Lebens neu gegründet. Der Ausbau einer Siedlung zur Stadt geschah planvoll und dauerte meist einige Jahrzehnte. In vielen zur Stauferzeit gegründeten Städten entstand eine lange Marktstraße, von der rechtwinklig kleine Seitenwege abzweigten, unabhängig von der Größe der Stadt, wie Beispiele aus Schriesheim, Heidelberg oder Gelnhausen sichtbar machen. Die meist eng bebauten Areale besaßen zunächst nur wenige Steinhäuser – Reste etwa in Mainz oder Schriesheim belegen dies – und waren von einer schützenden Stadtmauer umgeben, wie erhaltene Mauern und Türme in Worms, Eberbach oder Gelnhausen und Wimpfen zeigen. Die Städte erhielten Marktrechte und entwickelten sich zu Zentren des Handels und der kirchlichen Organisation (Bischofsstädte wie Mainz, Speyer, Worms) und der Verwaltung. Handwerker, Händler und Kaufleute prägten das Alltagsleben. Mit ihren rund 20.000 Einwohnern zählten Mainz und Speyer bereits zu den großen Städten, üblich waren im Durchschnitt 2.000 Bewohner.

Städte waren zusammen mit den sich bildenden Grafschaften und Fürstentümern die Kräfte, die auch nach dem Untergang der Staufer herrschten und sich gegenseitig beeinflussten.

Kirchen und Klöster

Dem Prozess der Verstädterung zur Stauferzeit passte sich die Kirche durch die Stiftung neuer Orden – z. B. Franziskaner und Dominikaner – an, die sich zur Seelsorge in den Städten niederließen.

Die monumentalen Dome der Bischofsstädte Mainz, Speyer und Worms zeugen von Macht und Einfluss der Kirche. Gerade zur Stauferzeit sind die drei eben genannten Städte maßgeblich privilegiert und gefördert worden, einige – bereits seit den Saliern bestehende – Vorrechte wurden neu und zum Teil in erweiterter Form bestätigt. Sowohl in Speyer mit der Anbringung des königlichen Stadtrechtprivilegs von 1111 als auch in Mainz mit dem erneut bestätigten erzbischöflichen Freiheitsprivileg von 1135 und in Worms mit dem Freiheitsprivileg Kaiser Barbarossas von 1184, alle sichtbar an ausgewählten Pforten der Dome angebracht, drückte sich die herrscherliche Verbundenheit gegenüber den Bürgern der Stadt, aber auch eine Stärkung der geistlichen Fürsten als Gegengewicht zur Macht der Herzöge aus. Die Herrscher versuchten immer auch das Machtpotential der Reichskirche für ihre politischen Zwecke zu nutzen. Der Erzbischof von Mainz und die Bischöfe von Worms und Speyer waren nicht nur kirchliche Regenten, sondern auch Herren der jeweiligen Stadt und geistliche Reichsfürsten.

Alle drei Gotteshäuser dieser Bischofsstädte sind Meisterwerke romanischer Architektur und Gestaltungswillens, allen voran der Dom zu Speyer, dessen Größe und Anspruch auch die Bauten in Mainz und Worms nachhaltig prägte.

Burgen

Von Herzog Friedrich II. von Schwaben, dem Vater Friedrichs I., berichtet der Historiograph Otto von Freising, er habe am Schweife seines Rosses immer eine Burg nach sich gezogen. Als er im Auftrag des Salierkaisers Heinrich V. die Reichsgeschäfte übernommen hatte, ließ er viele Burgen in der Pfalz und im Elsass erbauen.

In der Stauferzeit war das Befestigungsrecht noch ein Vorrecht des Königs, so dass keine Burg ohne Zustimmung des Herrschers errichtet werden konnte. Eben dieses Vorrecht, das ursprünglich dem hohen Adel zustand, ging nach und nach an Edelfreie, schließlich an die Ministerialen, an den niederen Adel über, der zu einer der Hauptstützen der Staufer im 13. Jahrhundert erwuchs. Die Burgen waren nicht nur militärische Stützpunkte, sondern dienten auch als Verwaltungs- und Wirtschaftszentren. Hier waren Ritter oder Soldaten ansässig, die sich für ihren Herrn kampfbereit halten mussten. Die Burgmannen konnten als Ministeriale für ihren Herrn bedeutende Verwaltungs- und Wirtschaftsaufgaben übernehmen. Sie waren als hohe Beamte an ihren Herrn gebunden. Dieser stattete sie mit Lehen aus, so dass sie ihre Verpflichtungen erfüllen konnten. Im Dienst des Herrschers stehend verlangten die Reichsministerialen repräsentative Burgen, die in Qualität und Größe den Pfalzen gleichkamen. Burganlagen wie Münzenberg, Guttenberg, Breuberg oder Hirschhorn verdeutlichen dies. Geistlichkeit und Adel unterstützten durch lehns- und amtsrechtliche Verhältnisse, aber auch durch persönliche Bindungen die Staufer, vielmehr noch, sie wurden zu den Helfern des Herrschergeschlechts. Bedeutende Vertreter im Reichsdienst der Staufer stammten aus der Region an Rhein, Main und Neckar: Konrad von Scharfenberg oder Markward von Annweiler sind die besten Beispiele für den möglichen sozialen Aufstieg sowie die politische Machtfülle und Einflussnahme.

Die staufischen Burganlagen wurden häufig auf Bergkuppen angelegt, die als Ausläufer eines Gebirgszugs in ein Tal oder eine Ebene vorstoßen. Die sich dadurch ergebende Hanglage gestattete Übersicht und Beherrschung der Talwege; wer auf einer Burg saß, kontrollierte das umliegende Land und die Verkehrswege. Die am Berg befindliche Angriffsseite wurde meist mit einem Halsgraben, etwa in Hirschhorn, Hohenecken, Strahlenburg, geschützt. Die in der Regel polygonal angelegten Areale waren von Ringmauern umgeben, innerhalb derer sich Wohn- und Wirtschaftsgebäude gruppierten. Im Laufe des 12. Jahrhunderts bildete sich der Bergfried heraus, der letzte Zufluchtsort der Burgbesatzung im Fall einer Belagerung. Schöne Beispiele dafür bieten die Ruinen der Burgen Steinsberg und Hohenecken. Auch die Bautechnik war in der Stauferzeit einer Wandlung unterworfen: Das Buckelquader-Mauerwerk setzte sich durch, zunächst nur an bevorzugten Stellen des Außenmauerwerks, dann im gesamten Mauerverband.

Kaum ein europäisches Herrschergeschlecht des Mittelalters hat so ausdrucksvolle Spuren hinterlassen wie die Staufer. Bis heute ist die Faszination für die Herrscher dieser Dynastie ungebrochen. Viele ihrer Errungenschaften bringen den modernen Menschen ebenso zum Staunen wie schon die Zeitgenossen. Die nachfolgenden Reiseziele laden dazu ein, eine Auswahl der schönsten Stauferzeugnisse an Rhein, Main und Neckar zu erkunden.

Wer ist wer?

Konrad III. (1138–1152): Erster König aus dem Haus der Staufer. Er setzte sich als Nachfolger Lothars III. von Süpplinburg gegen die Welfen durch.

Friedrich I. Barbarossa (1152–1190): Der „Rotbart", ein Neffe Konrads III., wurde 1152 zum König gewählt. Er unternahm sechs Italienzüge und verbrachte zwölf Regierungsjahre dort. Sein Ziel war es, das Reich in der alten Größe wiederherzustellen. Die Teilnahme am dritten Kreuzzug endete tödlich.

Heinrich VI. (1190–1197): Mit vier Jahren Mitkönig seines Vaters Barbarossa. Als dieser zum dritten Kreuzzug aufbrach, übertrug er Heinrich die Reichsregierung. Seine Frau war die Tochter Rogers II. von Sizilien, die das Normannenreich in Sizilien und Süditalien erbte. Heinrichs Krönung zum König in Palermo gilt als Höhepunkt der Machtentfaltung des Stauferreichs.

Philipp v. Schwaben (1198–1208): Bruder Kaiser Heinrich VI. und Sachverwalter seines Neffen Friedrichs II., der beim Tod des Vaters minderjährig war. Widerstrebend ließ er sich zum König krönen, zeitgleich wurde der Welfe Otto IV. zum Gegenkönig erhoben. 1204 folgte seine Anerkennung als Herrscher, 1208 wurde er ermordet. Otto IV. konnte sich im Reich durchsetzen.

Friedrich II. (1212–1250): Als Zweijähriger zum Mitkönig des Vaters, Kaiser Heinrich VI. gewählt. Sein Onkel, Philipp v. Schwaben, versuchte seinen Thronanspruch zu wahren. 1211 wurde er in Abwesenheit zum Kaiser des Hl. Römischen Reichs bestimmt, 1212 erfolgte die erneute Wahl und Krönung. Er begab sich nach Italien und ließ seinen bereits zum König gekrönten Sohn Heinrich (VII.) als Stellvertreter im Reich zurück. 1229 konnte er sich selbst zum König von Jerusalem krönen. Neue Konflikte in Italien und mit dem Papst prägten seine letzten Jahre bis zum Tod 1250 in Apulien.

Heinrich (VII.) (1220–1242): Die Regierungsgeschäfte des unmündigen, zum König gekrönten Sohn Friedrichs II. führte ein Regentschaftsrat. Nach Versuchen, aus dieser Vormundschaft auszubrechen, ließ ihn der Vater Gehorsam schwören. Nach weiteren Differenzen wurde ihm der Königstitel entzogen. Er starb schließlich nach Jahren der Haft.

Konrad IV. (1237–1245): Sohn Friedrichs II., der die Aufgaben seines Bruder Heinrich (VII.) als Statthalter im Reich erbte. 1237 als Neunjähriger in Wien auf Betreiben des Vaters zum Römischen König gewählt – jedoch nie gekrönt. Nach dem Tod des Vaters setze er seinen Herrschaftsanspruch im Königreich Sizilien durch und führte die Aussöhnung mit der Stadt Neapel herbei.

Manfred v. Sizilien (1232–1266): Sohn Friedrichs II., Halbbruder Heinrichs (VII.) und Konrads IV., der einer außerehelichen Verbindung entstammte. Nach seiner Anerkennung als legitimer Nachkomme wurde Manfred Statthalter von Italien und Sizilien. Nach dem Tod Konrads IV. 1245 übernahm er für dessen minderjährigen Sohn Konradin die Regentschaft. 1258 ließ er sich selbst zum König von Sizilien krönen. Er fiel 1266 in der Schlacht bei Benevent gegen Karl von Anjou.

Konradin (1254–1268): Letzter legitimer männlicher Erbe der Staufer, der von seinem Vater Konrad IV. den Titel des Königs von Jerusalem erbte. Er galt als König von Sizilien, musste diesen Anspruch aber gegen den Onkel Manfred durchsetzen. Der Papst bannte ihn, er verlor das Königreich Jerusalem. 1268 fiel er nach einer Schlacht in die Hände von Karl von Anjou, der ihn in Neapel öffentlich enthaupten ließ.

Baden-Württemberg

Routenvorschläge Baden-Württemberg

„Dreiländereck"-Tour – von Rheinland-Pfalz über Hessen nach Nordbaden

Die Landschaft zwischen Rhein und Neckar wird geprägt von der Bergstraße und dem Odenwald. Diese eindrucksvolle Kulisse wurde bereits in der Nibelungensage erwähnt. Über knapp 100 km geht der Weg von der Domstadt Worms an den Rand des Odenwalds, dort entlang der Bergstraße bis nach Heidelberg und ins romantische Neckartal.

Alte Baudenkmäler prägen das Stadtbild von Worms in Rheinland-Pfalz, dazu gehören der romanische Dom St. Peter, das Dominikanerkloster St. Paulus oder der

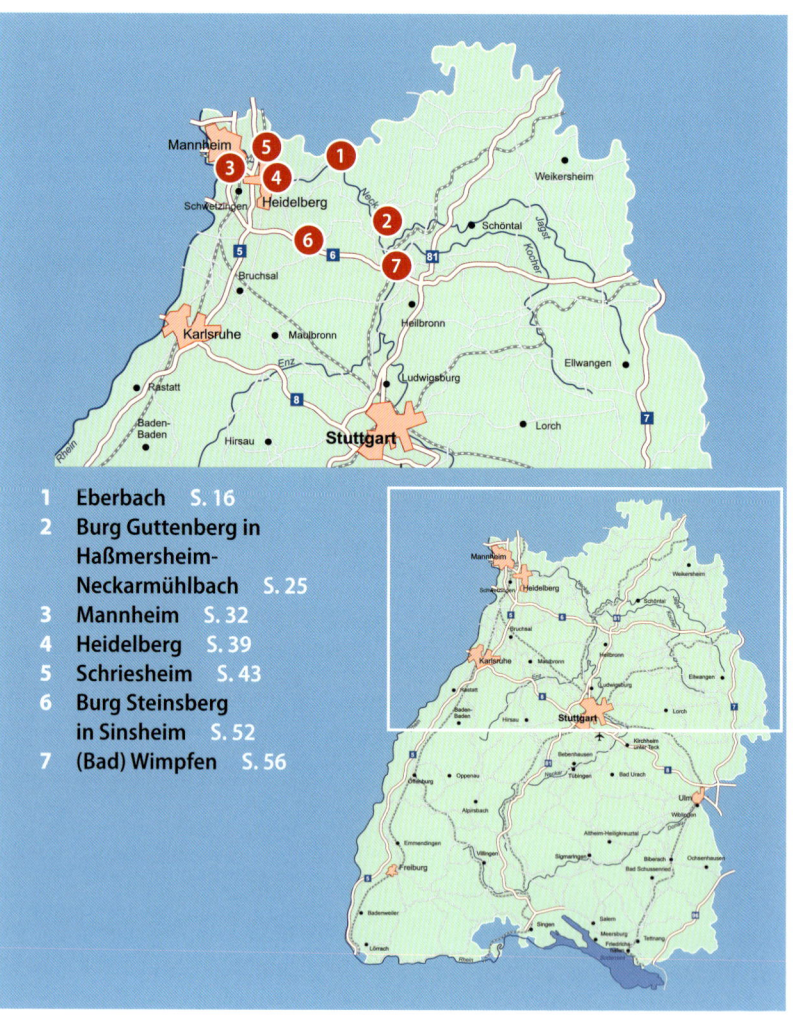

1. Eberbach S. 16
2. Burg Guttenberg in Haßmersheim-Neckarmühlbach S. 25
3. Mannheim S. 32
4. Heidelberg S. 39
5. Schriesheim S. 43
6. Burg Steinsberg in Sinsheim S. 52
7. (Bad) Wimpfen S. 56

älteste Judenfriedhof Europas. Der geschichtsträchtige Ort Lorsch besitzt das älteste vollständig erhaltene Baudenkmal Deutschlands aus der Zeit der Karolinger: Die „Königshalle" und das Kloster stehen seit 1991 auf der Liste der UNESCO für Weltkultur- und Naturerbe. Über das ehemalige Areal informiert ein Museumszentrum. Von hier bietet sich ein Besuch von Heppenheim mit seiner Starkenburg (S. 89) an, einer ehemalige Schutzburg des Klosters Lorsch. Entlang der Bergstraße erreicht man die nächste Etappe: Heidelberg (S. 39). Dort führt eine Straße ins Neckartal, an dessen Hängen viele Burgen zu entdecken sind, darunter die vier Burgen von Neckarsteinach in Hessen (S. 117). Am Lauf des Neckars entlang geht es nach Hirschhorn (S. 94) – ebenfalls in Hessen – mit seiner schönen Hotel-Burg. Im Stauferstädtchen Eberbach (S. 16), das wieder in Baden-Württemberg liegt, gibt es viele malerische Fachwerkbauten zu bewundern.

- *Von Worms über die Nibelungen-Siegfried-Straße B 47 bis ins hessische Lorsch,*
- *von Lorsch weiter über die B 47 nach Heppenheim,*
- *von Heppenheim über die Bergstraße B 3 nach Heidelberg,*
- *von Heidelberg über die B 37 ins Neckartal.*

Neckartal-Tour – von Mannheim/Heidelberg bis Bad Wimpfen

Diese Tour über ca. 100 km lässt sich gut mit der „Dreiländereck"-Tour verbinden. Nach einer Besichtigung der ehemaligen kurfürstlichen Residenzstadt Mannheim (S. 32) geht es nach Heidelberg (S. 39). Dort zweigt die Neckartalstraße ins romantische Neckartal, das von Burgen gesäumt wird. Die vier Burgen von Neckarsteinach (S. 117) oder die imposante Anlage von Hirschhorn erwarten Sie. Im Stauferstädtchen Eberbach (S. 16) stehen noch viele malerische Fachwerkbauten, die bei einem Stadtbummel besichtigt werden können. Von hier geht es zur Burg Guttenberg (S. 25), die seit ihren Anfängen durchgehend bewohnt ist. Ein Burgmuseum erläutert die Geschichte des Baus und eine Burgschänke lädt zur Stärkung ein. Danach ist vielleicht noch Zeit für den Besuch der Deutschen Greifenwarte mit ihrer spektakulären Vogelflugschau. Ganz in der Nähe ist die Deutschordensstadt Gundelsheim, die ebenfalls einen Abstecher lohnt. Nur wenige Kilometer von der Burg Guttenberg entfernt liegt Bad Wimpfen (S. 56) mit seiner pittoresken Altstadt und dem alten Pfalzbezirk. Wer jetzt noch Lust auf einen weiteren staufischen Burgenbau hat, kann rasch die Burg Steinsberg erreichen und vom Bergfried aus den Blick in die Umgebung genießen.

- *A 656 von Mannheim nach Heidelberg,*
- *von Heidelberg über die B 37 ins Neckartal.*
- *Nach Eberbach weiter über die B 37 nach Neckarelz, den Fluss überqueren,*
- *über die L 588 nach Haßmersheim zur Burg Guttenberg.*
- *Die L 528 nach Heinsheim, von dort über die L 588 nach Bad Wimpfen und*
- *über die A 6 Richtung Mannheim nach Steinsfurt, Ausfahrt 34, zur Burg Steinsberg.*

Eberbach – eine Stadt des Stauferkönigs Heinrich (VII.)

Eberbach, ein Kleinod am Rande der Metropolregion Rhein-Neckar, liegt inmitten grüner Hügel am ruhig dahinfließenden Neckar, der hier einen nach Norden weit ausholenden Bogen beschreibt. Wander- und Radwege eröffnen eine große Vielfalt sportlicher Betätigung im Herzen des Naturparks Neckar-Odenwald. Gemütliche Lokale laden anschließend zur Stärkung ein.

Geschichte

Die schöne Stauferstadt, errichtet als Handelsplatz zwischen Rhein und Neckar, blickt auf eine traditionsreiche Vergangenheit zurück. Eine bislang nicht näher erforschte erste Siedlung auf einem hochwasserfreien Hügel entstand in der Zeit vor der Jahrtausendwende. Die Vorgängersiedlung der heutigen Stadt mit einer Kirche aus dem 8. Jahrhundert wird nördlich des mittelalterlichen Stadtkerns vermutet. Erst mit dem beginnenden Mittelalter werden die Quellen zur Ortsgeschichte zahlreicher. Die Siedlung, im 11. und 12. Jahrhundert im Besitz des Wormser Bischofs, lag an der Grenze zur Diözese Würzburg. Daher ließ der Bischof Eberbach durch Lehensmänner zusätzlich sichern. In diesem Zusammenhang wurden die drei Eberbacher Burgen auf einen Ausläufer des Katzenbuckels errichtet, der mit 626 m höchsten Erhebung des Odenwalds.

Die Staufer stehen am Beginn der Stadtwerdung Eberbachs. König Heinrich (VII.) gilt als Begründer dieser Entwicklung. Das Alter der Stadt leitet sich von der Ersterwähnung der ältesten der drei Burgen her: Laut einer Urkunde vom 29. April 1227 erwarb König Heinrich (VII.) „von Begehrlichkeit geleitet" von Bischof Heinrich II. und dem Domkapitel von Worms – „trotz deren Sträuben" – „Wipinam et castrum Eberbach", d. h. Wimpfen und die Burg Eberbach als kirchliches Lehen. Die hohe Kaufsumme betrug 1.300 Gewichtsmark Silber (ca. 213 kg, der Gegenwert von etwa 175 Streitpferden). Heinrichs Reichspolitik umfasste die gezielte Umwandlung und damit den Ausbau von Siedlungen in Städte. Unter ihm wurde aus Eberbach, dem ehemaligen Weiler der Wormser Bischöfe, eine staufische Reichsstadt. Er weilte zumindest einmal hier, entsprechend einer von ihm ausgestellten Urkunde aus dem Jahr 1231 mit dem Vermerk „Heinrich apud Eberbach". Die Stadtanlage wurde planmäßig neu errichtet. Dazu erließ die Reichsverwaltung zeitweise die fälligen Steuern. Das Geld wurde für die Errichtung der Stadtmauer eingesetzt, wie ein Steuerverzeichnis der Jahre um 1241 erwähnt. Der Ort besaß jetzt einen Grundriss von 200 m Länge an der Flussseite und ca. 170 m an den Schmalseiten. An den vier Ecken der regelmäßigen trapezförmigen Anlage stand jeweils ein Turm. Dazu kamen noch Tortürme. Die Hauptachsen innerhalb der Stadtmauer, die heutige Hauptstraße und die Kellereistraße, verliefen rechtwinklig zueinander und kreuzten sich am Alten Markt, der nahe des südöstlichen Stadtrands lag. Bis ins späte 15. Jahrhundert stand das Rathaus unweit des Oberen Tors, dann wurde ein neues

Das Thalheim'sche Haus und die Wappentiere der Stadt

Der Stauferkönig Heinrich (VII.) erhält Eberbach als Lehen, Darstellung am Hotel Karpfen

am heutigen Alten Markt errichtet, unter dessen Arkaden die Händler zunächst ihre Stände hatten. Die Hauptachse des Ost-West-Verkehrs bildete der Neckar und lag daher außerhalb der Stadtmauer. Auch die Pfarrkirche St. Johannes stand außerhalb der Stadtmauer.

Nach dem verheerenden Stadtbrand von 1340 baute man den Ort auf den eingeebneten Trümmern neu auf, doch dieser wurde rasch zu klein. Bereits im 14. Jahrhundert gab es die ersten Häuser außerhalb der Stadtmauer. Viele Bürger erweiterten über den Wehrgang der Stadtmauer hinaus ihre Anwesen.

Die Reichsstadt wurde von den Nachfolgern der Staufer nach dem Interregnum mehrfach verpfändet, geriet schließlich 1330 an die Kurpfalz und verblieb im Territorium der Pfalzgrafen. Nach dem Ende des Alten Reichs fungierte sie ab 1806 als Sitz eines Bezirksamts im Großherzogtum Baden. Danach setzte abermals ein Wachstum der Stadt ein. Zu Beginn des 19. Jahrhunderts kamen neue Häuser in klassizistischer Bauweise hinzu, die das Aussehen des mittelalterlich geprägten Orts moderner erscheinen ließen. Die verbesserte Verkehrserschließung wirkte sich ebenfalls förderlich auf die Stadt aus. 1849 wurde die Neckartalstraße ausgebaut, 1879 kam die Neckartal-Eisenbahn hinzu und schließlich folgte 1900 der Bau der Neckarbrücke. Die seit damals kontinuierliche Stadtausdehnung hängt auch mit der seither einsetzenden wirtschaftlichen Entwicklung auf der Grundlage von Sandsteinhauerei, Holzhandel und Schiffereigewerbe zusammen.

Den Zerstörungen des Zweiten Weltkriegs folgte ein Wiederaufbau und ab den 70er Jahren des 20. Jahrhunderts eine Sanierung des historischen Altstadtkerns. Heute wird die Stadt vor allem durch Handel- und Dienstleistungsbetriebe geprägt, sie ist Schulstandort für die Region, Dienstsitz mehrerer staatlicher Behörden sowie Einkaufsort für die Umgebung.

Rundgang

Vom Alten Markt aus lassen sich die Sehenswürdigkeiten der Altstadt bequem erlaufen. Aus dem 16. bis ins frühe 19. Jahrhundert haben sich, trotz einiger

Der Fischerbrunnen erinnert auch an die historische Ketten-Schleppschifffahrt

Zerstörungen im Zweiten Weltkrieg, viele qualitätvolle Fachwerkhäuser erhalten. Diese verteilen sich überwiegend auf die Untere Badstraße, Hallgasse, Hauptstraße, Kellereistraße und Pfarrgasse. Bis heute ist die Altstadt in weiten Teilen geprägt von einer weitestgehend geschlossenen, auf kleinen Grundstücken dicht nebeneinander errichteten historischen Bebauung. Bei den vorwiegend dreigeschossigen Traufhäusern wechseln Fachwerk- und Putzbauten.

Das repräsentative, 1823 in spätklassizistischer Bauweise errichtete **alte Rathausgebäude** prägt zusammen mit dem gegenüberliegenden, großbürgerlichen Eckhaus den Charakter des Platzes, der zugleich den Stolz und das Selbstbewusstsein der Biedermeierzeit widerspiegelt. Das Museum der Stadt (altes Rathaus) – 1990 mit dem 1. Preis als „vorbildliches Heimatmuseum" ausgezeichnet – präsentiert Funde aus den drei Burgen, darunter den Bronzeschatz von der Vorderburg. Weitere Themenbereiche behandeln den Neckar als Verkehrs- und Lebensader, die Flora und Fauna des Waldes und seine Nutzung sowie die Geologie der Landschaft um Eberbach. An der Außenseite des Gebäudes, aber auch an vielen anderen Häusern, erinnern Hochwassermarken an die bis in die Gegenwart immer wieder eintretenden Überflutungen.

Sehenswert ist auch die Fassade des **Hotel Karpfen** am Alten Markt. In Sgraffito-Malerei, einer Kratztechnik auf mehrfarbigen Putzunterlagen, stellte der Eberbacher Künstler Richard Hemberger 1934 hier die Geschichte Eberbachs in 14 Bildern dar.

Südwestlich des Marktplatzes verläuft die Pfarrgasse. Am Ende liegt der sogenannte **Bettendorf'sche Hof** (Pfarrgasse I/3), ein Fachwerkgebäude (um 1500), dessen Grundmauern zum Teil ins Jahr 1365 zurückreichen. Hier, am östlichen Ende der Altstadt, befindet sich ein Tor mit Bestandteilen aus den Gründungstagen der Stadt. Es handelt sich wohl um einen privaten Ausgang für eine große Parzelle, die innerhalb der Stadtmauer lag und die Bezeichnung „Hof" trug. Wahrscheinlich stand dort der staufische Königshof. Zusammen mit den anderen Fachwerkgebäuden bietet sich eines der malerischsten Ensembles Eberbachs dar. Gegenüber liegt das ehemalige **Feuerstein'sche Haus** (Pfarrgasse 9), das nach Holzuntersuchungen ab dem Jahr 1427 bezeugt werden kann.

Die Ausdehnung der spätmittelalterlichen Stadt ist heute noch gut an den erhaltenen Ecktürmen der Stadtmauer ablesbar. Durch den „Hof", rechts entlang der alten Stadtmauer geht es zum quadratischen **„Blauen Hut"**, einem Stadtturm, der seinen Namen nach der barock-geschweiften Dachhaube mit

EXTRA Feste und Feiern

Bärlauchtage – Fest für eine Delikatesse am Wegesrand

Eberbacher Veranstaltungshöhepunkt im März/April sind die Bärlauchtage. Der wilde Knoblauch tritt massenhaft in den schattigen Laubwäldern um die Stadt und in den vom Hochwasser des Neckars überfluteten Wiesen auf. Während dieser Zeit bietet die Gastronomie Bärlauchgerichte an, dazu gibt es Kochkurse rund um das Grün. Bereits im 8. Jahrhundert erkannte die „Königliche Verordnung über die Landgüter" (Capitulare de villis) Karls des Großen im Bärlauch eine anbauwürdige Gartenpflanze, v. a. als Knoblauchersatz. Kräuter waren zudem unentbehrlich, um nach dem langen Winter neue Kräfte zu sammeln. Während sein durchdringender Geruch oft Kritik heraufbeschwor, betonte die Äbtissin und Mystikerin Hildegard von Bingen (1098–1179) in ihren Schriften über die Pflanzen seine positive Wirkung gegen Schüttelfrost, Fieber und Gicht. Diese Texte erregten, neben ihren theologischen Betrachtungen, die Aufmerksamkeit der Herrscher ihrer Zeit: 1163 rief der Staufer Barbarossa Hildegard von Bingen angeblich als Beraterin in die Ingelheimer Kaiserpfalz.

Die Burgruine Eberbach, der Palas der Mittelburg

Schieferdeckung erhielt. Im Stockwerk unter der Haube lag die städtische Arrestzelle, die sogenannte Betzenkammer. Von hier führt die zur Neckarseite gelegene Zwingerstraße bis zum **Pulverturm** aus dem 13. Jahrhundert. In den Sommermonaten kann die Uhrenkammer im Innern der Turmspitze besichtigt werden. Von dort bietet sich ein wunderbarer Blick ins Neckartal und auf die Dächer der Altstadt. Im Innenhof am Pulverturm erinnert der **Fischerbrunnen** des Heilbronner Bildhauers Hermann Koziol an den einst traditionellen Beruf der Region. An der in den Stein eingelassenen Originalkette wurden bis 1935 Schiffe auf dem Neckar aufwärts von Mannheim bis nach Heilbronn geschleppt. Direkt daneben steht das **Thalheim'sche Haus**, das älteste Steingebäude der Stadt, wohl im 14. Jahrhundert als Wohnturm für den niedrigen Adel errichtet. Das Haus, einst Sitz des Kurpfälzischen Amtskellers, dann fürst-

lich-leiningsches Jagdpalais, beherbergt heute das Informationszentrum des Naturparks Neckartal-Odenwald. Von hier aus geht es durch die Kellereistraße links über die Untere Badstraße zum Lindenplatz. Dort befindet sich das ehemalige **Badhaus** von 1467, eines der wenigen Beispiele dieser Art und zugleich das am besten erhaltene mittelalterliche Badhaus in Baden-Württemberg. Das Haus besitzt im Kern ein spätgotisches Kreuzgewölbe, das auf mächtigen Säulen aus rotem Sandstein ruht. Im Erdgeschoss ist als Überrest der ehemaligen Badestube der Feuerraum erhalten geblieben. Heute befindet sich in dem Haus ein Hotel-Restaurant. Direkt in der Nähe erhebt sich der fast völlig eingebaute, massive **Haspel- oder Badturm** aus dem 14. Jahrhundert. Seine Eckquader sind sorgfältig bossiert. Im Turm gibt es ein fensterloses Untergeschoss, in das Gefangene mit einer Haspel hinabgelassen wurden. Heute ist in den fünf Geschos-

sen das Eberbacher Zinnfigurenkabinett untergebracht.

Nicht unerwähnt bleiben soll der **Rosen- oder Runde Turm** im Nordosten der Altstadt. Die Ruine des ältesten der vier Ecktürme wurde zusammen mit der ursprünglichen Stadtmauer im 13. Jahrhundert erbaut. Sein Durchmesser beträgt 6,50 m. Die Sandsteinmauern sind bis zu 2 m dick. Die Bezeichnung Rosenturm leitet sich von dem früheren Namen „Rossenbrunner Turm" ab, da in direkter Nachbarschaft eine Pferdetränke lag. Der Türsturz des hoch gelegenen Eingangs zeigt eine archaisch anmutende Gestalt, die womöglich unheilabwehrende Wirkung haben sollte.

Unweit des Rosenturms steht die **evangelische Pfarrkirche** quasi als Blickpunkt am Ende der Bahnhofstraße. Der Sandsteinquaderbau entstand 1836 an der Stelle, an der sich früher eine Marienkapelle befand. Von diesem Bau hat sich ein Wappenstein mit dem Wappen der Kurpfalz und der Jahreszahl 1426 erhalten, der heute seitlich in der Eingangshalle eingemauert ist. Die **katholische Pfarrkirche**, deren markante Doppelturmfassade von Weitem die Besucher Eberbachs begrüßt, liegt außerhalb der Altstadt. An ihrem Standort wurde um 1617 die Stadt in Richtung Odenwald erweitert und ein großer neuer Markt angelegt. Die stadtbildprägende dreischiffige Kirche aus Buntsandstein entstand zwischen 1884–1887 im Stil der Neorenaissance nach einem Entwurf von Adolf Williard. Die Fassade schmücken mächtige Steinfiguren der vier Evangelisten und des hl. Michaels von Julius Seitz.

Die Burgruine Eberbach
Die Überreste der Burgruine Eberbach bestehen eigentlich aus drei Burgen,

Der Pulverturm, einer der Ecktürme der Stadtbefestigung

die sich hintereinander auf den Ausläufern des Katzenbuckels erheben. Sie wurden in den 20er und 60er Jahren des 20. Jahrhunderts ausgegraben. Eine Quelle belegt die Schleifung der Burgen im Jahr 1403 durch die Pfandherren derer von Hirschhorn, die genauen Gründungsdaten sind dagegen nicht überliefert. Die Burgen können zu Fuß vom Ortskern (katholische Kirche, HW 34 des Odenwald-Klubs) aus oder über einen weiteren, ebenfalls stark ansteigenden Fußweg vom Parkplatz (an der L 524) unterhalb der hinteren Ruine erreicht werden.

Vorderburg

Auf der Spitze des Felssporns liegt die Vorderburg, die in zwei Bauabschnitten ihre Gestalt erhielt. Eine polygonale Ringmauer mit ungefähr 35 m Durchmesser umgibt das Areal. An der Ostseite befindet sich der Eingang, dessen Tor durch einen kleinen Turm gesichert wurde. In Richtung Stadt erhob sich der Wohnturm mit staufischem Mauerwerk und Buckelquadern. Aufgrund eines Fundes von Bronzegeräten, darunter ein romanischer Bronzeleuchter, wird die erste Bauphase im 12. Jahrhundert angesetzt. Eine zweite folgte zu Beginn des 13. Jahrhunderts, wohl gleichzeitig mit der Errichtung der Mittelburg. Die älteste der drei Burgen geht auf die Gründung der Wormser Bischöfe zurück. Ab 1196 dürften zunächst deren Vogt, der Wormser Lehnsmann Graf Konrad von Eberbach aus dem Geschlecht der Grafen von Lauffen, später ein Nachfahre, Konrad von Dürn, hier gewohnt haben. 1227 ging die Burganlage in staufischen Besitz über.

Mittelburg

In unmittelbarer Nähe der Vorderburg befindet sich die teilrekonstruierte Ruine der Mittelburg. Sie ist ebenfalls wie diese nach Norden hin durch einen Halsgraben gesichert. Auf dieser Seite liegen auch der Eingang sowie der Palas, an dem noch spätromanische Fensterarkaden erhalten sind. Diese besitzen mächtige, verzierte Würfelkapitelle und werden zeitgleich mit dem Wimpfener Palas datiert. Ferner haben sich die Fragmente eines mächtigen Bergfrieds bewahrt, der sich genau gegenüber dem kleinen Turm der Vorderburg erhebt. Der Turm der Vorderburg zeigt mit seiner Spitze auf die Spitze des Bergfrieds der Mittelburg. Diese eigentümliche Frontstellung der jüngeren gegen die ältere Anlage deutet auf eine Konkurrenz der beiden Burgenbesitzer.

Die Ersterrichtung der Anlage erfolgte wohl illegal zu Beginn des 13. Jahrhunderts, denn als die Staufer das Erbe der Grafen von Lauffen und Herren von Dürn in Eberbach antraten, haben sie sich 1227 den Bau der Mittelburg durch den Wormser Bischof bestätigen lassen.

Hinterburg

Ungefähr 60 m nördlich der mittleren Burg beginnt die durch einen Halsgraben im Süden und einem im Norden vom Felssporn getrennte Hinterburg. Die jüngste der drei Burgen war zudem durch ein Wall-Graben-System vor dem nördlichen Halsgraben gesichert. Innerhalb der längsrechteckigen Anlage stand im Norden ein Wohnturm und am Südende ein weiterer, jedoch kleiner Turm. Nach Ausweis einzelner Bauelemente, so dem regelmäßigen eckigen Grundriss, der Schlitzfenster und der Bossenverzierungen am Turm, dürfte die Erbauung in den Jahren ab 1220 geschehen sein. Es handelt sich bei der Anlage wohl um einen staufischen Burgmannensitz, der möglicherweise unter der Regierung König Heinrichs (VII.) oder kurz danach errichtet wurde.

Adressen und Auskunft

Kultur-Tourismus-
Stadtinformation Eberbach
Leopoldsplatz 1 (im Rathaus)
69412 Eberbach
Tel. +49(0)6271-87242
tourismus@eberbach.de
www.eberbach.de
Stadtrundgang durch die historische
Altstadt von Mai – Okt jeden Sa um
10:30 Uhr ab Tourist-Info im Rathaus.

Museen und Sehenswertes

Museum der Stadt Eberbach
Am Alten Markt
Tel. +49(0)6271-1664
Öffnungszeiten: Di u. Fr 15:00–17:00
Uhr, Sa u. So 14:00–17:00 Uhr.

Küfereimuseum
Pfarrhof
Tel. +49(0)6271-2704
Öffnungszeiten: Mai – 1. Okt, Fr, Sa,
So 14:00–17:00 Uhr oder nach Ver-
einbarung.

Zinnfigurenkabinett
Haspelturm
Öffnungszeiten: 15. Mai – 15. Okt,
Mi u. Sa 15:00–17:00 Uhr, So 14:00–
17:00 Uhr oder nach Vereinbarung.

*Naturpark-Informationszentrum des
Naturparks Neckartal-Odenwald*
Geschäftsstelle des Naturparks
Neckartal-Odenwald
Hauptstr. 5
Tel. +49(0)6271-72985
info@naturpark-neckartal-
odenwald.de
www.naturpark-neckartal-
odenwald.de

Öffnungszeiten: Di – Do 14:00–16:30
Uhr oder nach Vereinbarung.

Essen und Trinken

Hotel und Restaurant Zum Karpfen
Am Alten Markt 1
Tel. +49(0)6271-806600
www.hotel-karpfen.com

Hotel und Ristorante Altes Badhaus
Am Lindenplatz 1
Tel. +49(0)6271-6608
info@altesbadhaus.de
www.altesbadhaus.de

Anfahrt

Mit dem Auto:
Aus Richtung Heidelberg über die
B 37, aus Richtung Heilbronn über
die B 27 und aus Richtung Aschaf-
fenburg über die B 45. Die Burgenstraße verläuft durch den Ort.
Von der Uferstraße aus sind Parkplätze in der Innenstadt ausgeschildert.

Go green:
Eberbach liegt an der Neckartalbahn,
die von Mannheim über Heidelberg
durch Eberbach und weiter über
Heilbronn nach Stuttgart führt. Auf
dieser Strecke fährt auch die S-Bahn
Rhein-Neckar. Ferner liegt Eberbach
an der Odenwaldbahn, so dass auch
Verbindungen über Erbach, Michelstadt nach Hanau, Darmstadt und
auch Frankfurt am Main bestehen.
Der Nahverkehr wird versorgt vom
Verkehrsverbund Rhein-Neckar, Auskünfte unter www.vrn.de.

Die Burg Guttenberg – eine unzerstörte Burg der Stauferzeit

„Bey Horneck am Necker gelegen" erhebt sich die seit fast 800 Jahren durchgehend bewohnte Burg Guttenberg auf einem Bergsporn zwischen dem kleinen Mühlbach- und dem großen Neckartal. Die majestätisch wirkende Anlage ist eine der ältesten ihrer Art in Baden.

Geschichte

Der Baugrund der Burg gehörte ursprünglich dem Bistum Worms. Der Bischof belehnte die Herren von Weinsberg damit, unter denen vermutlich zu Beginn des 13. Jahrhunderts die erste Burg zur Sicherung der Fernstraßen und damit verbundenen Zolleinnahmen entstand. Eine Errichtung als Bollwerk zum Schutz der mächtigen Stauferpfalz in Wimpfen ist nicht zweifelsfrei belegt. Von 1296 stammt die erste urkundliche Erwähnung im Zusammenhang mit einer Nikolaus geweihten Kapelle, die „prope castrum nominatum Gutenberg", d. h. in der Nähe der Burg, Guttenberg genannt, errichtet wurde. 1449 verkauften die in Finanznöte geratenen von Weinsberg die Anlage sowie alle Dörfer und Rechte daran an Hans den Reichen von Gemmingen, der zudem 1452 die Burg von Worms zum Lehen erhielt. Er begründete die Linie Gemmingen-Guttenberg, deren Nachfahren bis heute vor Ort residieren. Von den vielen kriegerischen Auseinandersetzungen in der Region, vor allem von denen des 17. Jahrhunderts, blieb die immer wieder vergrößerte und umgebaute Burg verschont. 1806 verloren die Herren von Gemmingen ihre Herrschaft, blieben aber Eigentümer der Anlage und zahlreicher Ländereien. Noch heute zählt die liebevoll gepflegte Burg zu den schönsten unter den Neckarburgen.

Rundgang

Der Burgkomplex setzt sich aus Bauwerken verschiedener Epochen zusammen. Zu den ältesten Teilen zählen große Bereiche des Bergfrieds aus dem beginnenden 13. Jahrhundert, die Schildmauer im Süden und Westen sowie die Ringmauer an den anderen Seiten. Nacheinander kamen Befestigungsanlagen, d. h. mehrere Mauerringe und Zwinger des 14. und 15. Jahrhunderts, hinzu, so dass der Weg von außen zunächst durch die jüngeren Bereiche der Anlage hinein in die ältesten, staufischen Teil führt. Die Wohnbauten in der Kernburg wurden bis in die Barockzeit wiederholt umgestaltet.

Die Straße Neckarmühlbach – Bad Rappenau verläuft direkt durch das Burgareal zum nahen Parkplatz, vorbei an der Vorburg mit ihren Fachwerkgebäuden des 15. bis 17. Jahrhunderts. Die schützenden Mauern der Vorburg wurden im Zuge der Straßenerrichtung durchbrochen. Das eigentliche Eingangstor war einst das südwestlich der Parkplätze gelegene Torhaus aus dem 15. Jahrhundert, durch das heute der Fußweg zur Burgkapelle führt. Den spitzbogigen, gotischen Torbogen sichert ein Wurferker. Zwei Rundtürme flankieren das früher durch hölzerne Drehflügel verschließbare Tor, hinter dem die mächtige, die Burg zur Angriffseite schützende Schildmauer und der Bergfried emporragen. Nachdem dieser Eingang durchschritten wurde, steht man in der Vorburg. Ein weiteres Tor führt von hier aus in den Graben, entlang der gewaltigen Zwingermauer mit spätgotischem Rundbogenfries aus der 2. Hälfte des 15. Jahrhunderts, die von fünf Türmen zusätzlich gesichert wird und die Kernburg umgibt. Wahrscheinlich wurde diese Mauer vor die erste Zwingermauer des 13. Jahrhunderts gesetzt, die heute fast gänzlich verbaut ist. Bei genauer Betrachtung des Bruchsteinmauerwerks zeigt sich, dass es größere Unterschiede bei den verwendeten Steinen und ihrer Verarbeitung gibt, ein Hinweis auf unterschiedliche Bauphasen. Der Weg setzt sich zum Burgvorplatz fort, wo zunächst ein zweigeschossiger Steinbau, heute die Burgschänke, ins Auge fällt. Es handelt sich um das ehemalige Brunnenhaus, das ursprünglich wohl als Lusthaus entstand und ein schöner Renaissancebau von 1555 mit einem Staffelgiebel ist.

Eine mit 1572 bezeichnete Steinbrücke führt über den Halsgraben zum Haupttor der Kernanlage. Ursprünglich endete die Brücke einige Meter vor dem Tor und wurde durch eine nicht mehr erhaltene Zugbrücke verlängert. Das erste Eingangstor, heute ein wenig wehrhaft wirkender Einbau des ausgehenden 16. Jahrhunderts, flankiert von einem der fünf Mauertürme, durchbricht die äußere, spätmittelalterliche Zwingermauer. Noch vor dem nächsten Tor führt seitlich eine Pforte in den Burggarten, wo die Greifenwarte ihre Vorführungen zeigt. Zurück auf dem Hauptweg folgt schon nach wenigen Metern ein weiteres, spitzbogiges Tor, das im 15. Jahrhundert in die hier noch sichtbare ältere Zwingermauer gefügt wurde. Den nunmehr erreichten Burghof begrenzen links und rechts des Tors gelegene Wohnbauten, im Süden dagegen die Schildmauer. Durch die geringe Fläche und die hoch gebauten Wohnhäuser wirkt der fast ovale Hof der Kernburg schmal, die Häuser dagegen schwindelerregend hoch. Hier vermittelt sich sehr authentisch die röhrenartige Enge mittelalterlicher Burghöfe.

Der westlich gelegene Wohnbau (Alter Bau), bald nach 1449 errichtet, verfügt über vier Geschosse. Seine heutige Erscheinung wird durch die im 16. Jahrhundert modernisierten Außenmauern und das Barockportal von 1741 bestimmt. Hier ist das Burgmuseum untergebracht. Ihm gegenüber befindet sich der im 18. Jahrhundert errichtete langgestreckte Neue Bau mit einem imposanten barocken Treppenhaus von 1776. Dieses gelb verputzte Gebäude dient bis heute als Wohnhaus der Familie des Burgherrn und kann nicht besichtigt werden.

An den Neuen Bau schließt der älteste Teil der Kernburg an: der viergeschossige, 40 m hohe Bergfried, dessen Sockel aus grob behauenen Buckelquadern aus dem 2. Viertel des 13. Jahrhunderts stammt. Er verfügt über zwei Wohngeschosse, die sich über Leergeschossen befinden, die dem Turm die nötige Höhe verleihen. Die steinerne Balustrade, die das Dach umgibt, datiert in das späte 18. Jahrhundert. Von hier aus bietet sich ein atemberaubender Blick über das Neckartal auf die gegenüberliegende Burg Hornberg und das Schloss Horneck.

Die hohen Mauern, der Reichtum an Türmen sowie der mächtige Bergfried vermitteln bis heute die abwehrende und stolze Wirkung der mittelalterlichen Anlage.

Burgmuseum

Das Burgmuseum in historischen Räumen des Alten Baus widmet sich der Geschichte der Burg und ihrer Erbauer. Gegenüber der Kasse wird in der ehemali-

Luftaufnahme der Burg von Norden

EXTRA unterwegs mit Kindern

„Ritter der Lüfte" – von Falken und Geiern

Kaiser Friedrich II. pflegte mit großer Leidenschaft die Beizjagd. In seinen Palästen in Apulien hielt er prächtige Wanderfalken, Gerfalken und Sakerfalken, sündhaft teure Vögel von edlem Geblüt. Die Tiere, Statussymbole und Jagdhilfe, dienten zugleich der Beobachtung, um ihren Eigenarten auf die Spur zu kommen. In seinem Standardwerk, dem Falkenbuch „De arte venandi cum avibus" („Von der Kunst, mit Vögeln zu jagen"), wurden die wissenschaftlichen Entdeckungen festgehalten und illustriert. Das Original ging verloren, doch die für seinen Sohn Manfred angefertigte Kopie dokumentiert bis heute über 100 Vogelarten. In der Falknerei der Burg Guttenberg können viele der im Falkenbuch beschriebenen Tiere hautnah bestaunt werden. Greifvögel, darunter verschiedene Geier- und Adlerarten, stürzen sich während der Flugvorführungen aus luftiger Höhe über dem Neckartal in die Tiefe. Falken peilen ihre Beute an und sichern sich diese im pfeilschnellen Sturzflug. Viele Vogelarten beweisen sich regelrecht als Luftakrobaten. Berichte über die Falknerei von „einst bis heute" und über die Kunst, mit Greifvögeln zu jagen, runden das Erlebnis ab. Nach der Schau können einige andere „Jäger der Nacht", darunter heimische Eulenarten, in Volieren bewundert werden.

gen Küche das Ritterwesen erläutert. Eine Wendeltreppe führt hinauf zu den ehemaligen Wohnräumen, in denen im 1. Obergeschoss zunächst Ausstattungsstücke der Burgkapelle zu sehen sind. Ein weiterer Raum enthält die – nur nach Absprache zugängliche – Bibliothek. Im zweiten Obergeschoss erwarten die berühmte Holzbibliothek aus dem späten 18. Jahrhundert, in der 93 Holzsorten archiviert sind, sowie Möbel und Ausstattungsstücke aus der Burg die Besucher.

Burgkapelle und Pfarrkirche St. Eucharius

Die kunsthistorisch bedeutsam ausgestattete Burgkapelle liegt außerhalb der eigentlichen Burg und ist nicht mit der erwähnten Nikolauskapelle identisch. Sie wurde zusammen mit einer Kaplanei im ausgehenden 14. Jahrhundert vom Mainzer Erzbischof Konrad von Weinsberg zu Ehren des hl. Eustachius gestiftet. Schon der erste Burgherr derer von Gemmingen erreichte ihre Erhöhung

Blick auf die Kernburg, Schildmauer und Bergfried aus dem 2. Viertel des 13. Jhs., im Vordergrund Zwingermauer aus der 2. Hälfte des 15. Jhs.

zur Pfarrkirche. Damit einher ging 1471 ein Neubau der Kirche. Das bis heute bestehende Gebäude wurde 1501 nach Westen durch ein Langhaus verlängert. Gleichzeitig entstanden die beiden Altarziborien neben dem Triumphbogen. In dieser Zeit kam es zur Vollendung der beiden spätgotischen Flügelaltäre, einem Kreuzaltar mit geschnitztem Kruzifix sowie einem Marienaltar mit einer Schutzmantelmadonna. Von großer kunsthistorischer Bedeutung sind die eher seltener erhaltenen 12 Apostel und Christus aus Ton, aus der Zeit um

Barocker Haupteingang in das Alte Haus, 1741

1420. Aus Sicherheitsgründen befinden sich die Originale der Werke heute im Burgmuseum. Unter Dietrich von Gemmingen, der sich bereits 1521 der Reformation angeschlossen hatte, predigte 1522 der Lutheraner und spätere Reformator von Württemberg Erhard Schnepf in der Burgkapelle. Mehrere große Epitaphien erinnern an die Familie der Burg-herren, darunter das riesige barocke Kenotaph für Friedrich Christoph von Gemmingen-Guttenberg, der 1702 im Spanischen Erbfolgekrieg fiel. Außen an der Nordwand befindet sich ein schönes Denkmal von 1550 im Stil der Frührenaissance zum Gedächtnis für Dietrich von Gemmingen und seine Gemahlin nebst den sechs verstorbenen Kindern.

Adressen und Auskunft
Burg Guttenberg
74855 Haßmersheim –
Neckarmühlbach
Tel. +49(0)6266-228
www.burg-guttenberg.de

Museen und Sehenswertes
Burgmuseum
Burg Guttenberg
74855 Haßmersheim –
Neckarmühlbach
Tel. +49(0)6266-388
Öffnungszeiten: April – Okt, täglich
10:00–18:00 Uhr, März und Nov auf
Anfrage, Dez – Feb Winterruhe.

Deutsche Greifenwarte
Burg Guttenberg
74855 Haßmersheim –
Neckarmühlbach
Tel. +49(0)6266-388
www.greifenwarte.de
Öffnungszeiten: April – Okt, täglich
9:00–18:00 Uhr, Flugvorführung 11:00
und 15:00 Uhr, März u. Nov, täglich
12:00–17:00 Uhr, Flugvorführung
15:00 Uhr.

Essen und Trinken
Burgschenke
Burg Guttenberg
74855 Haßmersheim –
Neckarmühlbach
Tel. +49(0)6266-228

Zum Alten Marstall
Gutsscheune
74855 Haßmersheim –
Neckarmühlbach
Tel. +49(0)6266-228
Mittelalterlich eingerichtete Keme-
naten bieten, ebenso wie ein Ritter-
lager auf Heu, originelle Möglichkeiten der Übernachtung.

Anreise
Mit dem Auto:
Auf der linken Neckarseite ist Haßmersheim erreichbar über die L 529
von Hüffenhardt und die L 588 von
Obrigheim bzw. von Gundelsheim.
Die nächste Autobahnabfahrt ist die
A 6 bei Bad Rappenau. Eine gute Ver-
kehrsanbindung besteht auch von
der B 27 auf der rechten Neckarseite
nach Mosbach bzw. Eberbach und
Heidelberg bzw. nach Heilbronn.
Man kann den Neckar mit einer (kos-
tenpflichtigen) Fähre direkt von der
Ortsmitte aus überqueren oder man
benutzt die Brücken bei Gundelsheim oder Obrigheim. Zur Burg: Zufahrt von der L 588 zwischen Neckarmühlbach und Gundelsheim oder
von einem Abzweig der K 2148 zwischen den Bad Rappenauer Ortstei-
len Zimmerhof und Heinsheim. Die
Burg Guttenberg ist gut ausgeschildert. Die Burgenstraße verläuft durch
den Ort.

Go green:
Von Gundelsheim aus sind es zu Fuß
ca. 30 – 40 Min. Von Gundelsheim
bis zur Haltestelle Neckarmühlbach
Ort geht ein Bus, dann laufen Sie
10 – 15 Min. Haßmersheim und die
Burg liegen auf der linken Neckarseite. Die Frankenbahn fährt am
rechten Flussufer, dort ist auch der
Bahnhof Haßmersheim. Nahver-
kehrszüge kommen von Mosbach-
Neckarelz, bzw. Bad Friedrichshall-
Jagstfeld. Über den Neckar führt eine
Fähre. Der Nahverkehr wird versorgt
vom Verkehrsverbund Rhein-Neckar,
Auskünfte unter www.vrn.de und
dem Verkehrsverbund Heilbronn,
Auskünfte unter www.heilbronner-
verkehrsverbund.de

Mannheim – von der staufer-zeitlichen Burg zur Barockresidenz

Was man mit einem Ausflugziel in die Stauferzeit verbindet, findet man in der von Kurfürst Friedrich IV. von der Pfalz 1600 schachbrettartig angelegten Innenstadt Mannheims nicht auf den ersten Blick. Mannheim, das ist heute das wirtschaftliche und kulturelle Zentrum der europäischen Metropolregion Rhein-Neckar, die pulsierende Kongressstadt, der Stammsitz bedeutender Industrieunternehmen.

Mit der großen Stauferausstellung der Reiss-Engelhorn-Museen, nach Stuttgarts legendärer Stauferschau von 1977 die zweite Großpräsentation zu diesem Herrschergeschlecht, erinnert Mannheim 2010 an die Kunst und Kultur der Stauferzeit. Dabei entstand auch die Idee zu dem vorliegenden Reiseführer,

um Besuchern die Möglichkeit zu bieten, den Spuren der Staufer in der Metropolregion und ihren Randgebieten nachzufolgen. Nebenbei zeigte sich, dass auch Mannheim zur Stauferzeit nicht ganz unbedeutend war.

Geschichte

Das heutige Stadtgebiet am Zusammenfluss von Rhein und Neckar war bereits zu keltischer Zeit besiedelt. Im Jahr 766 wurde das Fischer- und Bauerndorf „Mannenheim" erstmals im Lorscher Codex erwähnt. Die Grundsteinlegung zur Zitadelle Friedrichsburg erfolgte am 17. März 1606 durch den Kurfürst Friedrich IV. von der Pfalz. Mit der Stadtrechtsvergabe 1607 durch den Kurfürsten wurde der Grundstein für die wirtschaftliche Entwicklung Mannheims gelegt. Nach dem 30-jährigen Krieg kam eine große Zahl protestantischer Flüchtlinge aus den Niederlanden und Wallonien in die stark verwustete Stadt und baute sie wieder auf. Die nächste Zerstörung erfolgte bereits 1689 im Pfälzischen Erbfolgekrieg. Entscheidend für die Neuentwicklung der Stadt war schließlich die Verlegung der Residenz von Heidelberg nach Mannheim durch Kurfürst Carl Philipp (1661–1742) 1720. Eine rege Bautätigkeit setzte ein, das rechtwinklige Straßensystem wurde ausgebaut und der Bau des Schlosses begonnen. Der Regierungssitz der Kurpfalz entwickelte sich zu einer der wichtigsten und zugleich sehenswertesten Städte der damaligen Zeit. Unter dem Kurfürsten Carl Theodor (1724–1799) erlebte Mannheim seine Blütezeit. Dank seiner Förderung der Wissenschaften und Künste entstand ein

Der Minnesänger Friedrich von Hausen auf einer Meerfahrt (Codex Manesse Nr. 116v, Anfang 14. Jh.)

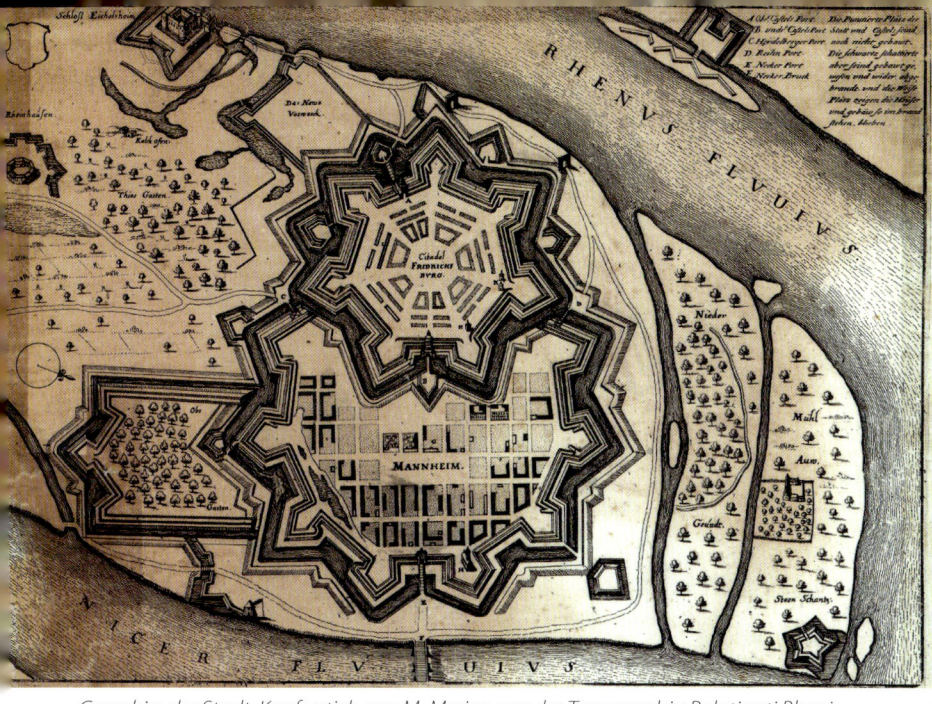

Grundriss der Stadt, Kupferstich von M. Merian aus der Topographia Palatinati Rheni (um 1645) mit der Burg Rheinhausen (links oben)

bedeutendes kulturelles Zentrum, viele Künstler arbeiteten an der Ausgestaltung des Schlosses, in der Musik wurde die „Mannheimer Schule" tonangebend, 1777 begründete sich mit dem Churfürstlichen Hof- und Nationaltheater eine wichtige deutsche Bühne, auf der 1782 Schillers „Räuber" eine stürmische Uraufführung erlebten. Der katholische Kurfürst setzte mit dem Bau der Jesuitenkirche in der konfessionell gemischten Kurpfalz ein deutliches Zeichen religiöser Priorität. 1777 beerbte er die ausgestorbene bayerische Linie der Wittelsbacher und erlangte zusätzlich deren Kurwürde. Um seine bayerische Erbschaft antreten zu können, musste Kurfürst Carl Theodor 1778 die Residenz nach München verlegen und zog mit seinem gesamten Hofstaat um. Mannheim verlor zunehmend an Stellenwert, es setzte ein wirtschaftlicher und kultureller Niedergang ein. Nach den französi-

schen Revolutionskriegen, die abermals viele Zerstörungen anrichteten, wurde die Kurpfalz 1803 im Zuge des Reichsdeputationshauptschlusses als eigenständiges Territorium aufgelöst und Mannheim ging an Baden. Das Schloss sollte nun dem badischen Großherzog Carl Ludwig Friedrich (1786–1818) und seiner Gattin Stéphanie als Residenz dienen, tatsächlich wurde es dann ab 1819 zum Witwensitz der „guten Großherzogin".

Die ehemals künstlerisch-hofstaatliche Stadt wandelte sich im Laufe des 19. Jahrhunderts zu einer Stadt des Handels und Gewerbes. Im Zweiten Weltkrieg wurde der größte Teil Mannheims vernichtet. Dennoch erinnern im Stadtbild zahlreiche steinerne Zeugen an die glorreiche Vergangenheit, allen voran das Kurfürstliche Schloss. Mannheim ist heute nach der Landeshauptstadt Stuttgart die zweitgrößte Stadt in Baden-Württemberg und Zentrum des Rhein-Neckar-Dreiecks.

Mannheim zur Stauferzeit

Im frühen Mittelalter gab es auf Mannheimer Gemarkung bereits mehrere Dörfer, die heute Stadtteile bilden, darunter Feudenheim, Seckenheim oder Sandhofen. In der Schwetzingerstadt stand die Zollburg Rheinhausen, die älteste Burg im Bereich der Neckarmündung. Ihre Kernburg bestand vermutlich aus einem polygonalen Rundbau. An die Ringmauer lehnten sich innen Häuser an und möglicherweise befand sich in der Hofmitte ein Wohnturm. Die bereits um 1090 erstmals indirekt, im 12. Jahrhundert dann eindeutig belegte Tief- oder Wasserburg diente der Eintreibung der Rhein- und Neckarzölle. Diese bildeten wiederum einträgliche Einnahmen für den Pfalzgrafen. Das Amt hatte seit 1156 kein geringerer als Konrad von Hohenstaufen (1136–1195) inne, ein Halbbruder Kaiser Barbarossas. Der Kaiser hatte ihm anlässlich des Reichstags in Regensburg die Pfalzgrafenwürde verliehen, mit der er zugleich viele Rechte an Besitzungen erhielt.

Der Marktplatzbrunnen (1719) von Peter van Branden mit der Darstellung der Stadtgöttin und des Gottes Merkur

Ab dem 14. Jahrhundert verlor die Burg Rheinhausen ihre Bedeutung als Zollburg und wurde zur Kellerei der pfalzgräflichen Besitzungen. Eine Quelle aus dem 19. Jahrhundert belegt schließlich das Verschwinden der Anlage: „[D]raußen im freien Felde erblickt man einen kleinen Hügel, wo ehemals die Burg Rheinhausen gestanden. Ein einzelner Brunnen scheint noch das letzte Überbleibsel zu seyn." Heute erinnert die Rheinhäuser Straße an die Zollburg und Gutsverwaltung.

Doch damit nicht genug: Mit der Burg Rheinhausen werden zwei besondere Persönlichkeiten der Stauferzeit in Verbindung gebracht. Zwischen 1120 und 1173 lässt sich als Inhaber der Burg ein Walther von Hausen nachweisen. Dies war der Vater von Friedrich von Hausen, einem Ministerialen Kaiser Friedrichs I. und zugleich ein berühmter Minnesänger. Friedrich von Hausen wird mit Fridericus de Husen gleichgesetzt, der zwischen 1171 und 1190 mehrfach urkundlich belegt werden kann. Es ist anzunehmen, dass die Burg Hausen, d. h. die Reichsburg Rheinhausen, die innerhalb der Grenzen des heutigen Mannheims stand, den Stammsitz der Familie Husen bildete, nach dem man sich benannte.

Die Beliebtheit und der Erfolg des „Mannheimer" Minnesängers Friedrich zeigen seine Unternehmungen: 1185 reiste er mit dem späteren Kaiser Heinrich VI. nach Italien zu dessen Vermählung mit Konstanze von Sizilien, 1187 folgt er Kaiser Friedrich I. zum französischen König, wo er die neuste Minnelyrik der Troubadoure kennenlernte, und begleitete ihn schließlich auch 1189 auf dem dritten Kreuzzug. Dies sollte ihm zum Verhängnis werden, denn im Mai 1190 stürzte er in der Schlacht bei Philomelium in Kleinasien vom Pferd und verstarb, heftig von allen Kameraden

Vögel der Stauferzeit im Luisenpark

Der Luisenpark, preisgekrönte Gartenanlage und Rückzugsort aus dem Lärm der Stadt, hält bereits seit 1894 seine Pforten für alle Naturliebhaber offen. Im Zuge der Bundesgartenschau 1975 wurde das Areal vergrößert und neu gestaltet. Zur Erholung laden liebevoll gestaltete Spielplätze, Sport- und Liegewiesen, Pflanzenschauhäuser, das Schmetterlingsparadies oder ein großes Picknickareal ein. Lauschige Spazierwege führen durch das üppige Grün entlang des Ufers eines künstlich angelegten Sees, auf dem der Park auch bequem per Gondelboot erkundet werden kann. Seit 2001 bildet der Chinesische Garten mit Teehaus und Wasserfall die Hauptattraktion.

Auch hier kann den Staufern nachgespürt werden: Die Tierwelt des Parks umfasst mindestens 36 Vogelarten, die der äußerst gebildete Stauferkaiser Friedrich II. bereits in seinem Falkenbuch „De arte venandi avibus" („Von der Kunst, mit Vögeln zu jagen") wissenschaftlich beschrieb. Pfau, Stockente oder rosa Flamingo sind unter den rund 130 genannten Vögeln ebenso exakt dokumentiert und illustriert wie etwa der Reiher oder die Nonnengans, die sich frei im Park oder in Volieren beobachten lassen.

betrauert. Die von ihm eingeführte und gepflegte Art des Minnesangs, an der Schwelle der romanischen zur mittelhochdeutschen Lyrik stehend, wird bis heute mit „Hausen-Schule" bezeichnet.

Die andere Persönlichkeit der Stauferzeit, ebenso untrennbar mit der bedeutenden Burg verbunden, ist Markward von Annweiler, eine der einflussreichsten Persönlichkeiten am staufischen Hof. Seine nicht unbedeutende Familie war durch Heirat mit den Edelfreien von Hausen verwandt. Um 1200 dürfte er selbst Inhaber der Burg Hausen gewesen sein. Als Lehrer eines der Söhne Kaiser Friedrichs I. nahm er am Mainzer Hoffest 1184 und der dort erteilten Schwertleite teil und folgte seinem Kaiser auf vielen Unternehmungen. Er begleitete seinen Herrn auf dem dritten Kreuzzug, war für ihn häufig in diplomatischer Mission unterwegs und bewährte sich in vielen Schlachten. Seit 1195 sicherte er als Herzog der Romagna und von Ravenna die Verbindungswege zwischen Deutsch-

land und Sizilien, ab 1198 war er Regent des Königreichs Sizilien. In seine Heimat Deutschland kehrte er nur noch einmal – anlässlich des Hoftags in Gelnhausen – zurück.

Rundgang

Die hufeisenförmige Innenstadt Mannheims zwischen Rhein und Neckar ist gitterförmig in rechtwinkligen Häuserblöcken angelegt, man nennt dies die „Mannheimer Quadrate". Das Schloss ist Wahrzeichen der Stadt sowie Ausgangspunkt der einmaligen Aufteilung der Stadt. Der am **Schloss** beginnende Rundgang führt zu den schönsten historischen Gebäuden der Innenstadt. 1720 verlegte Kurfürst Carl Philipp seine Residenz von Heidelberg nach Mannheim und begann mit der Errichtung der größten barocken Schlossanlage Deutschlands – ein Unternehmen, das nahezu 40 Jahre dauern sollte. Der Wohntrakt, der „Corps de logis", wurde zuerst gebaut. Von 1740 bis 1749 kamen

Museum Zeughaus der Reiss-Engelhorn-Museen

der westliche Querflügel, ab 1750 der östliche Querflügel hinzu. Unter dem Theaterarchitekten Alessandro Galli (da) Bibiena entstanden von 1737 bis 1742 die kurfürstliche Hofoper und das Ballhaus. Nach dem Wegzug Carl Theodors nach München und seinem Tod fiel das Schloss Mannheim 1803 an Baden. Von 1819 bis 1860 war der Bau Witwensitz von Stéphanie von Baden, die größere Umbauten im Empirestil veranlasste und auch Wände und Zwischendecken einziehen ließ. Nach dem Tod der Herzogin 1860 wurde die Hofhaltung aufgelöst. Das Schloss diente als Mädchenschule, Behörden und Dienstwohnungen wurden eingerichtet und ab 1926 ein Schlossmuseum angegliedert. Nach den Zerstörungen im Zweiten Weltkrieg blieb nur wenig unangetastet. Seit 2007 sind nach der Renovierung der Beletage in den Prunkräumen etwa 800 Originalobjekte zu sehen, wie Möbel, Gemälde und Porzellane. Im Schloss ist außerdem ein Großteil der Universität untergebracht. Die Schlosskirche beherbergt heute die altkatholische Gemeinde und kann besichtigt werden. Am Mannheimer Schloss beginnt die Burgenstraße, eine der traditionsreichsten Ferienstraßen Europas, die über eine Strecke von

fast 1.000 km von Mannheim nach Prag führt.

In der Nähe des Mannheimer Schlosses ragt eine der bedeutendsten Barockkirchen am Oberrhein empor, die **Jesuitenkirche St. Ignatius und St. Franz Xaver** (seit 1843 katholische Pfarrkirche der Oberen Pfarrei, A4). Das von 1733 bis 1760 nach Plänen Alessandro Galli (da) Bibienas und des Poliers Franz Wilhelm Rabaliatti erbaute Gotteshaus grenzte an das gleichzeitig errichtete Jesuitenkollegium, das sich an den Westflügel des Schlosses anschloss. Die Jesuitenkirche ist über 100 m lang und sollte als große Hofkirche und Grablege der Kurfürsten dienen. Ihre prächtige Fassade mit Eingangsvorbau im Erdgeschoss ist reich gegliedert und von zwei Türmen eingerahmt. Das ursprünglich von Paul Egell geplante Skulpturenprogramm der Fassade wurde nur teilweise ausgeführt. In der Vorhalle erinnern Statuen aus dem 19. Jahrhundert an die kurfürstlichen Bauherren Carl Philipp und Carl Theodor. Zwischen 1988 und 1997 wurde der barocke und im Krieg zerstörte Hochaltar rekonstruiert. Von der Ausstattung ist

Die Jesuitenkirche, eine der größten Barockkirchen am Oberrhein

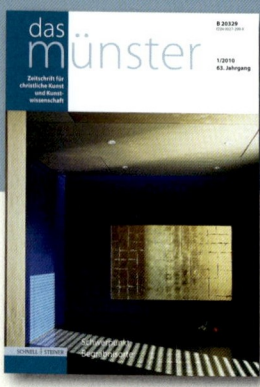

eine silberne Marienfigur im Typus der Immaculata besonders erwähnenswert.

Aus der Mannheimer Kurfürstenzeit stammt auch das im Zweiten Weltkrieg sehr beschädigte **Zeughaus** (C5), das 1777/1779 als eines der letzten Gebäude unter den Kurfürsten errichtet wurde. Der renovierte Barockbau ist außen mit vielen Waffenkartuschen verziert, die auf seine erste Bestimmung als Waffenlager aufmerksam machen. Heute sind in dem als „Haus für alle Sinne" konzipierten Museum die Antikensammlung, die kunst- und kulturgeschichtlichen Sammlungen sowie das Forum internationale Photographie der Reiss-Engelhorn-Museen eingezogen. Weitere Sammlungsbereiche befinden sich in den umliegenden Quadraten: Das Museum Weltkulturen in D5 zeigt die archäologischen und völkerkundlichen Sammlungen sowie internationale Großausstellungen. Das Museum Schillerhaus in B5,7, ein barockes Hausensemble, erinnert an den Aufenthalt des Dichterfürsten in der Barockresidenz Mannheim. Ab Herbst 2011 präsentiert das Museum Bassermannhaus (C4) für Musik und Kunst das Menschheitsthema Musik in allen Facetten. Hier ist auch ZEPHYR – der Raum für Photographie angesiedelt, einer der wichtigsten Ausstellungsräume für zeitgenössische Fotografie und verwandte Medien.

Der **Marktplatz** (G6) wird beherrscht von der katholischen **Pfarrkirche St. Sebastian**. Erbaut wurde sie um 1723 (gleichzeitig entstand das daran gebaute **Alte Rathaus**). Der Kirchturm dient zudem als Rathausturm. Das sehenswerte barocke Ensemble ist das älteste erhaltene Bauwerk der Kurfürstenzeit. Auf dem barocken Brunnendenkmal in der Mitte des Markplatzes stehen die Stadtgöttin Mannheims, „Mannheimia", sowie der Gott des Handels, Merkur. Um das Paar gruppieren sich Flussgötter, u. a. Rhein und Neckar.

Von hier führt der Weg durch die Fußgängerzone in Richtung Schloss. Am **Paradeplatz** (O1), dessen Zentrum ein mächtiger Barockbrunnen von 1738 einnimmt, fällt der Blick direkt durch die zweite große Einkaufsstraße in Richtung Wasserturm. Um diesen Turm, am Rand der Innenstadt zur Oststadt hin, entstand Anfang des 20. Jahrhunderts mit dem **Friedrichsplatz** eine der größten zusammenhängenden Jugendstilanlagen Deutschlands. Der neobarocke **Wasserturm**, Mittelpunkt des Platzes,

Der Barbarossakopf aus Blumen blühte im Stauferjahr 2010 im Luisenpark

Blick in den Ehrenhof des Mannheimer Schlosses

gilt mit seinen 60 m Höhe als Wahrzeichen Mannheims. Vor dem Turm befindet sich ein prächtiger Wasserspiele-Brunnen, der im Sommer bei Einbruch der Dunkelheit eine Stunde lang hell erleuchtet wird. Am Rand des Platzes steht der **Rosengarten**, eine Kongresshalle mit schöner Jugendstilfassade. Die gegenüberliegende Seite wird durch die **Kunsthalle** (Friedrichsplatz 4) begrenzt, deren hervorragende Sammlungen Malerei und Skulptur des 19. und 20. Jahrhunderts bis hin zur Gegenwart umfassen.

Ein reiches kulturelles Leben bieten dem Besucher zahlreiche Museen und Galerien. Das Technoseum sowie die Reiss-Engelhorn-Museen laden zu spannenden Besuchen ein. Die Kunsthalle, der Kunstverein, das Planetarium und zahlreiche Galerien runden das Angebot ab.

EXTRA Wissen

Ein Ausflug nach Heidelberg

Die in unmittelbarer Nachbarschaft zu Mannheim gelegene Universitätsstadt Heidelberg ist über die Autobahn A 656 schnell erreichbar. Für eine beschauliche Anreise stehen öffentliche Verkehrsmittel zur Verfügung.

Der Zusammenklang von Heidelbergs Stadtmitte, Schloss und Neckar sowie der herrlichen Umgebung bezauberte schon vor 200 Jahren die Dichter und Maler der Romantik. Auch heute wirkt der Zauber unverändert fort und zieht Touristen aus aller Welt an. Heidelberg bietet jedem Besucher etwas: den Charme der Altstadt, das geschichtsträchtige Schloss, die lebendige Kulturszene sowie ein vielfältiges Freizeitangebot.

Die ehemalige kurpfälzische Residenzstadt wurde erstmals 1196 als „Heidelberch" in einer Urkunde des Klosters Schönau belegt, ihre Siedlungsgeschichte reicht jedoch in die Zeit der Römer zurück. Vermutlich gab es bereits vor 1196 eine kleinere Burg, unter der eine Versorgungssiedlung, die spätere Stadt, erwuchs. Das Schloss mit all seinen Umbauten hat nichts mehr mit einer ersten Burg Heidelberg gemein, zudem ist deren genauer Standort bis heute unbe-

Die Hauptfassade der Universitäts-
bibliothek Heidelberg

kannt geblieben. Später übertrug man den Burgnamen Heidelberg auf die gesamte Stadt, die – nach neueren Erkenntnissen – planmäßig ab ca. 1220 ausgebaut wurde. Ihr mittelalterlicher Grundriss mit drei parallel zum Neckar verlaufenden Straßen und querverlaufenden Gässchen sowie einem Marktplatz als Zentrum hat sich noch erhalten. Von der ehemals die Stadt umgebenden Mauer ist der Hexenturm im Hof der Neuen Universität der einzige Überrest. Hier, direkt im Zentrum der historischen Altstadt, befindet sich ein großer Schatz der Stauferzeit: Der Codex Manesse ist zugleich das wertvollste Buch im Bestand der Universitätsbibliothek (Plöck 107–109). Die berühmteste deutsche Handschrift des Mittelalters entstand zu Beginn des 14. Jahrhunderts und ist die umfassendste überlieferte Sammlung mittelhochdeutscher Lieddichtung. Sie besteht aus 426 beidseitig beschriebenen Pergamentblättern und enthält insgesamt 137 kunstvoll ausgeführte Bild-Miniaturen. Diese stellen die jeweiligen Dichter der Lieder bei höfischen Aktivitäten dar. Die Anordnung der Lieder im Codex folgt dem Stand der Autoren: An der Spitze thronen, als vornehmste Sänger, die staufischen Herrscher Kaiser Heinrich VI. und König Konradin der Junge. Es folgen weitere Könige und Fürsten, Herren (u. a. Walther von der Vogelweide) und schließlich Meister. Vier Dichter der Liederhandschrift stammten aus der Region, darunter Friedrich von (Rhein)H(a)usen, Bligger von (Neckar)Steinach, deren Burgen unter Mannheim und Neckarsteinach erwähnt sind, sowie Friedrich von Leiningen und der anonyme Sänger von Wizzenlo (Wiesloch).

Der Codex Manesse überliefert die mittelhochdeutsche Lyrik in ihrer gesamten Gattungs- und Formenvielfalt von etwa 1150/60 bis zur Zeit der Entstehung der Handschrift. Er ist damit eines der Schlüsselzeugnisse für die Kunst und Kultur der Stauferzeit (1138–1254). Das beherrschende Thema der Lieder im Codex Manesse ist die Minne, die Liebe zwischen Mann und Frau. Während sie in den Zeugnissen des Frühmittelalters noch keine Rolle spielte, wurde die Macht der Minne in der Stauferzeit als literarisches Sujet wie auch als gesellschaftliches Thema entdeckt: Die Minne veränderte das Verhältnis zwischen den Geschlechtern, aber auch das Selbstverständnis des Adels und die Umgangsformen innerhalb der „höfischen" Gesellschaft. Die im Original nur selten öffentlich ausgestellte Liederhandschrift ist jedoch mit faksimilierten Blättern innerhalb kleinerer Sonderausstellungen in der Universitätsbibliothek immer wieder vertreten.

Adressen und Auskunft
Tourist Information
Willy-Brandt-Platz 3
68161 Mannheim
Tel. +49(0)621-2938700
www.tourist-mannheim.de
touristinformation@mannheim.de

Sehenswertes
Luisenpark
Gartenschauweg 12
68165 Mannheim
Tel.: +49(0)621-4100519
www.luisenpark.de
info@stadtpark-mannheim.de
Öffnungszeiten: täglich ab 9:00 Uhr.
Kassenschluss bei Dämmerung.
Haupteingang u. Parkplätze:
Friedensplatz/Oststadt.

Barockschloss Mannheim
68161 Mannheim
Besucherzentrum:
Tel. +49(0)621-2922891
Infos, Führungsbuchungen für die
Schlösser Mannheim und Heidelberg: Tel. +49(0)6221-655718
info@service-center-schloss-
heidelberg.com
Veranstaltungen:
Tel. +49(0)621-2922890
www.schloss-mannheim.de
info@schloss-mannheim.de
Öffnungszeiten: Di – So u. Feiertage
10:00–17:00 Uhr, Mo geschlossen.

Reiss-Engelhorn-Museen
Zeughaus C5
68159 Mannheim
Tel. +49(0)621-2933150
www.rem-mannheim.de
reiss-engelhorn-museen@
mannheim.de
Öffnungszeiten: Di – So u. Feiertage
11:00–18:00 Uhr, Mo geschlossen.

Kunsthalle Mannheim
Friedrichsplatz 4
D-68165 Mannheim
Tel. +49 (0)621-2936452/-6430
www.kunsthalle-mannheim.de
kunsthalle@mannheim.de
Öffnungszeiten: Di – So,
Feiertage 11.00–18.00 Uhr,
Mo geschlossen.

Mannheimer Kunstverein e.V.
Augustaanlage 58
68165 Mannheim
www.mannheimer-kunstverein.de
info@mannheimer-kunstverein.de
Tel. +49(0)621-402208
Öffnungszeiten: Di – So u. Feiertage
12:00–17:00 Uhr, Führungen
So 15:00 Uhr, Mo geschlossen.

Technoseum Mannheim
Museumsstraße 1
68165 Mannheim
Tel. +49(0)621-42989
www.technoseum.de
info@technoseum.de
Öffnungszeiten täglich 9:00–17:00
Uhr, außer 24.12., 31.12.

Essen und Trinken
Im Luisenpark: Café Pflanzenschau-
haus, Tel. +49(0)621-411270; Wein-
stube, Tel. +49(0)621-411463; See-
restaurant Tel. +49(0)621-411457
Drehrestaurant Skyline im Fernseh-
turm ganzjährig von 10:00–24:00 Uhr,
Aufzug ist kostenpflichtig. Tel.
+49(0)621-419290.

Innenstadt
Restaurant Lounge-Bar Cfive
Im Zeughausgarten, C5,1
68159 Mannheim
Tel. +49(0)621-1229550
www.c-five.de

Anreise

Mit dem Auto:

Mannheim ist über die Autobahn A 6 und A 5 gut erreichbar. Über die A 6 zur Abfahrt Sandhofen. Von der A 5 zweigt am Heidelberger Kreuz die A 656 ab. Sie endet kurz vor der Innenstadt. Ihre geradlinige Verlängerung ist die Augusta-Anlage. Am Autobahnkreuz Weinheim auf die A 659 bis zum Stadtteil Vogelstang. Hier führt ihre Verlängerung als B 38 ins Zentrum.

Go green:

Vom Hauptbahnhof ICE- oder IC-Direktverbindungen nach Frankfurt u. Stuttgart (unter 40 Minuten Fahrzeit). Im Regionalverkehr direkte Anschlüsse nach Mainz, Saarbrücken, Heilbronn, Frankfurt. Die S-Bahn Rhein-Neckar bietet Direktverbindungen nach Homburg über Kaiserslautern, nach Germersheim über Speyer, nach Karlsruhe, nach Osterburken über Heidelberg. Der Nahverkehr wird versorgt vom Verkehrsverbund Rhein-Neckar, Auskünfte unter www.vrn.de.

Ausflug nach Heidelberg

Tourist Information
Willy-Brandt-Platz 1
69115 Heidelberg
Tel. +49(0)6221-19433
www.heidelberg-marketing.de
touristinfo@heidelberg.de

Sehenswertes

Universitätsbibliothek Heidelberg
Plöck 107–109
69117 Heidelberg
Tel. +49(0)6221-542380
www.ub.uni-heidelberg.de

Schloss Heidelberg
69117 Heidelberg
Tel. +49(0)6221-5384031 und 655716
www.schloss-heidelberg.de
info@service-centerschloss-heidelberg.com
Schlosskasse:
Tel. +49(0)6221-538421
Öffnungszeiten: Schlosshof, Großes Fass täglich 8:00–17:30 Uhr, Innenbesichtigung nur mit Führungen.

Anreise

Mit dem Auto:

Heidelberg ist über die Autobahn A 5 gut erreichbar. Am Heidelberger Kreuz wechselt man auf die A 656 Richtung Heidelberg. Zentrum und Schloss sind ausgeschildert.
Von Osten über die A 6 kommend, wechselt man am Walldorfer Kreuz auf die A 5 Richtung Frankfurt, dann ab dem Heidelberger Kreuz weiter über die A 656 Richtung Heidelberg.
Von Westen aus verlässt man die A 6 am Mannheimer Kreuz und fährt die A 656 Richtung Heidelberg.

Go green:

Der Hauptbahnhof wird von ICE-Zügen der Strecken Mannheim – Stuttgart und Frankfurt – Karlsruhe angefahren. Der Nahverkehr/S-Bahn wird versorgt vom Verkehrsverbund Rhein-Neckar, Auskünfte unter www.vrn.de. Die Straßenbahn OEG verkehrt im Rhein-Neckar Dreieck von Mannheim Hbf über Viernheim, Weinheim u. Schriesheim zum Bismarckplatz Heidelberg und von hier direkt über den Hauptbahnhof wieder nach Mannheim.

Schriesheim – eine malerische Stadt der Stauferzeit

Das malerische Schriesheim liegt nördlich von Heidelberg an der Badischen Bergstraße, die am Fuß des Odenwalds in der Metropolregion Rhein-Neckar verläuft. Über der Stadt erhebt sich – eingebettet in Rebhänge – das Wahrzeichen der Stadt, die Ruine der Strahlenburg. Mit einem Spaziergang von der Altstadt zur Burg lassen sich die schönen Winkel am besten erkunden.

Geschichte

Schriesheims Anfänge, eine fränkische Siedlung entlang des Kanzelbachs, wurden erstmals 764 in einer Schenkungsurkunde an das Kloster Ellwangen erwähnt. Fast 500 Jahre war das weit entfernte Kloster Ellwangen größter Grundbesitzer im Ort. In der Zeit der vielen Stadtgründungen unter den Stauferkaisern, v. a. in der 1. Hälfte des 13. Jahrhunderts, wurden die Herren von Strahlenberg als Vögte dieses Klosters mächtig. Die Errichtung der Strahlenburg (zwischen 1235 und 1237) und der Stadt (um 1240) unter ihrer Regentschaft folgten, Schriesheim wurde zum Mittelpunkt ihres Herrschaftsgebiets. 100 Jahre später verkauften die Strahlenberger ihren Besitz den Pfalzgrafen in Heidelberg. Schließlich fiel der Ort durch Erbschaft an eine Seitenlinie des in Heidelberg regierenden Hauses Wittelsbach. Kriegerische Auseinandersetzungen im Zuge der sogenannten „Weißenburger Fehde", einem Stellvertreterkrieg zwischen dem Pfalzgrafen und dem Kaiser, führten 1470 zum Verlust der Stadtrechte. Nach Schleifung der Mauern und Abbruch der Tore wurde Schriesheim „zum Dorf gemacht" und

dem kurpfälzischen Oberamt Heidelberg eingegliedert. Neue Bedeutung gewann der Ort durch die Verlegung des Zehnts nach Schriesheim. Zur Zehnt Schriesheim gehörten alle Dörfer des Amts Heidelberg, die nördlich des Neckars zwischen Rhein und Odenwald lagen. Eine weitere Förderung erfuhr die Gemeinde durch die Verleihung von Märkten, von denen der Mathaisemarkt noch heute abgehalten wird. Der 30-jährige Krieg brachte schwere Zerstörungen. Im Holländischen Krieg (1672–1679) brannten Truppen unter Marschall Turenne den Ort zum großen Teil nieder. Den Pfälzischen Erbfolgekrieg (1688–1697) überstand Schriesheim jedoch im Gegensatz zu umliegenden Orten ohne weiteren Schaden.

Bergbau und Papierindustrie machten Schriesheim im Zeitalter der Industrialisierung zu einem wichtigen wirtschaftlichen Zentrum. 1890 wurde der Ort an die Bahn angeschlossen, die sich ab 1911 Oberrheinische Eisenbahngesellschaft OEG nannte. Nach dem Ersten Weltkrieg ließen sich im Tal Betriebe der Nahrungsmittelindustrie nieder. Von Zerstörungen innerhalb des Ersten und Zweiten Weltkriegs blieb Schriesheim weitgehend verschont. Im Rahmen der 1.200-Jahrfeier erhielt Schriesheim 1964 wieder das Recht, die Bezeichnung „Stadt" zu führen.

Rundgang

Seine mittelalterliche Größe offenbart Schriesheim bei einem Rundgang durch den alten Ortskern. Die Gründung neuer Städte ging oft von Burganlagen aus: Ab ca. 1235 erbauten die

Edlen von Strahlenberg zu Füßen ihrer Burg und abseits vom bereits bestehenden Dorf Schriesheim die Stadt gleichen Namens. Das Anlageschema der neugegründeten Stadt kann im heutigen Baugefüge nachvollzogen werden. Der nahezu quadratisch umwehrte Ort wurde von einer Hauptachse mit angeschlossenem Markt durchschnitten. Die malerischen Gassen zweigen rechtwinklig von der Hauptstraße als Seitenwege ab. Ausgangspunkt für einen Altstadtbummel ist das neue Rathaus. Hier wurde beim Bau ein Keller aus einem **römischen Gutshof** eingebaut, der auf Schriesheimer Gemarkung stand.

Am Rathaus vorbei führt eine autofreie Überbrückung des Kanzelbachs direkt zur **Ölmühle** am Mühlkanal. Für den erstmals 1623 erwähnten Mühlenbau darf ein Vorgänger aus dem späten 14. Jahrhundert angenommen werden, der hier im Zuge der Ummauerung der Vorstadt errichtet wurde. Die Mühle ist die letzte in einer Reihe von zwölf Betrieben, die im Schriesheimer Tal einst existierten. Das noch völlig betriebsbereite Industriedenkmal befindet sich in Privatbesitz. (Besichtigung nach Vereinbarung: Familie Rufer, Steinachstr. 5, 69198 Schriesheim, Tel. +49(0)6203-6130). Von hier geht es nach Überquerung der Talstraße direkt in die Altstadt, die ehemals ummauert und über Stadttore zugänglich war. Leider hat sich keines dieser Tore erhalten. In der Heidelberger Straße, einst Hauptachse der stauferzeitlichen Stadt, stehen prächtige **Fachwerkbauten**, darunter die Gasthäuser „Zum Deutschen Kaiser" (Heidelbergerstraße 1) sowie „Zum goldenen Hirsch" (Heidelbergerstraße 3). Vorgängerbau des „Goldenen Hirschs" war der Marstall der Strahlenberger, der um 1350 aufgegeben wurde. Nach dem 30-jährigen Krieg wurde dessen Nachfolgebau, ein Wohnhaus aus der Zeit

um 1560/70, in eine Brauerei umgewandelt. Gegenüber entstand ein dazugehöriger Gasthof mit dem Namen „Zu den zwei Schwertern". Als Markt- und Gerichtsort verfügte Schriesheim immer über eine stattliche Zahl an Wirtschaften. Nachdem 1674 unter Marschall Turenne beide Häuser zerstört worden waren, folgte 1682 die Errichtung der heutigen Fachwerkhäuser. Im „Goldenen Hirsch" befand sich bis um die Mitte des 19. Jahrhunderts eine Brauerei, ab 1858 der heutige Gasthof. Die „Zwei Schwerter" wurden 1870/71 in den „Deutschen Kaiser" umbenannt, auf den alten Namen verweist noch der Schlussstein im Torbogen mit den gekreuzten Schwertern.

Die kleine Straße zwischen den beiden Gasthöfen führt zur Terrasse der Strahlenberger Grundschule, unter der sich der kleine Zehntkeller befindet. Er gibt Zeugnis aus der Zeit, als das Kloster Ellwangen noch einen Verwaltungshof an dieser Stelle hatte und von hier den Zehnten einzog. 1496 fiel der Besitz an das Kloster Schönau, das in diesen Jahren den großen Zehntkeller errichtete. Nach Aufhebung der Klöster übernahm die Pfälzische Verwaltung die Gebäude und ließ hier 1741 einen Barockhof erstellen. Die Gemeinde baute 1855 das Kellereigebäude zum Schulhaus um, die Keller dienen heute als Räume für Festveranstaltungen. Von hier aus ist es nicht weit zur **katholischen Kirche,** an deren Außenwand ein Sandsteinrelief sitzt, möglicherweise ein Chorschluss-Stein der mittelalterlichen Kirche St. Veit. Das Patrozinium verweist auf das Kloster Ellwangen.

Im weiteren Verlauf der Heidelberger Straße folgt der Marktplatz, an dem sich seit dem frühen 14. Jahrhundert das Schriesheimer Rathaus befindet. Das

Der Strahlenberger Hof

EXTRA Wissen

Prächtige Bodenfliesen

Bei Grabungen treten im historischen Schutt und Abfall oft unscheinbare Bruchstücke mittelalterlicher Bodenfliesen zu Tage. Ihr Ornamentdekor ermöglicht die zeichnerische Rekonstruktion historischer Fußböden. Bei Renovierungsarbeiten im Strahlenberger Hof fanden sich vier Exemplare aus der Mitte des 13. Jahrhunderts, die heute im Stadtarchiv aufbewahrt werden. Sie dienten als Vorbild für die neue Bodengestaltung einer Gaststube im „Strahlenberger Hof".

Bodenfliesen aus Ton entstanden in großer Zahl in der Stauferzeit. Ihr Dekor ist entweder in der Oberfläche vertieft eingeprägt – wie hier in Schriesheim – oder steht erhaben hervor. Bei beiden Varianten wurde der geknetete Ton in eine Holzform eingedrückt. Durch Trocknung schrumpfte die Masse und die geformte Fliese konnte gestürzt werden. Das konische Unterschneiden der Ränder erlaubte ein fugenloses Verlegen. Beim anschließenden Brand (700/800 Grad) oxidierte durch Luftzufuhr der Ton – wie im Beispiel Schriesheim – rot.

Vorbilder der mittelalterlichen Fliesen sahen die Kreuzfahrer des 12./13. Jahrhunderts in den prunkvollen Bauten des Orients. Die Tonfliesen spiegeln die Gestaltung der dort üblichen, verzierten Fußböden wider. In Europa produzierten Klöster Tonfliesen für den Eigenbedarf, städtische Töpfereien befriedigten die Bedürfnisse des Adels. Die Schriesheimer Funde geben eine gute Vorstellung von der großartigen Wirkung einer derart ausgelegten Bodenfläche. Das geschlossene Rapportmuster bildete eine teppichartige, großflächige Dekoration, die entscheidend zur prachtvollen Erscheinung eines Raums beitrug.

Bodenfliesen aus dem Strahlenberger Hof

heutige **alte Rathaus**, ein Fachwerkbau des ausgehenden 17. Jahrhunderts, wurde als Nachfolgerbau eines älteren Hauses errichtet, das beim Truppenansturm unter Turenne teilzerstört worden war. Während das Erdgeschoss den Brand überdauerte, entstand der heutige Oberbau in den Jahren 1684–1687. Obwohl mehrfach verändert, kommt das heutige Erscheinungsbild mit seinem halboffenen Untergeschoss dem Bau dieser Zeit nahe. Die südliche Giebelwand stammt dagegen noch von dem Vorgängerbau. Am nordwestlichen Eckpfosten befinden sich die Namen der Zimmerleute, die das Fachwerk ausführten: „Felix Wismer, Hans Jacob Gugerle, Hans Jost Lamesbach, Zimermener allhier". Darunter erinnert der Pranger mit der Jahreszahl 1540 an die Jahrhunderte, in denen Schriesheim Sitz der Zehnt war. Als Gerichtsort nahm Schriesheim im 16. Jahrhundert einen rapiden wirtschaftlichen Aufschwung und gelangte zu sichtbarem Wohlstand. Das alte Rathaus war bis 1957 Sitz der Gemeindeverwaltung. Heute sind hier der Trausaal und Empfangsräume der Stadt eingerichtet. Zudem verfügt es seit 1998 über ein Glockenspiel im Türmchen, das täglich um 9:10 Uhr, 12:10 Uhr und 18:10 Uhr erklingt.

Der Marktplatz war bis ins 19. Jahrhundert von Gasthöfen umgeben. Heute prägen Bauten aus verschiedenen Epochen den Platz. Der Stadtbrunnen erinnert an die erneute Verleihung der Stadtrechte 1964. Die Brunnenfigur, der Pfälzer Löwe, trägt das Schriesheimer Wappen: Die gekreuzten Pfeile leiten sich aus dem Wappen der Herren von Strahlenberg ab, das – einer alten Beschreibung zufolge – aus „einem rothen strahl [Pfeil] im guldnen feld schäg gestellt" bestand.

Dem Markt schräg gegenüber zweigt die Kirchstraße ab. Hier steht der um

Das alte Rathaus

1250 erbaute **Strahlenberger Hof**. Am Hauptgebäude, dem sogenannten Steinhaus, mit der markanten Giebelfront hat sich originale Bausubstanz aus der Stauferzeit erhalten. Hervorzuheben sind die frühgotischen Fenster des Wohnhauses, die nach Befunden rekonstruiert wurden und ähnlich auf der Strahlenburg wiederkehren. Das einstige Stadtpalais der Strahlenberger gilt als eines der ältesten Steinhäuser der Region. Durch den massiven Bau mit seinen über einen Meter dicken Mauern war es den Burgherren möglich, auch in der Stadt präsent zu sein. Die Anlage war einst in das Verteidigungssystem von Stadt und Burg eingegliedert und bildete in Krisen- und Kriegszeiten ein Vorwerk, von dem aus auch Zugänge der Burg verteidigt werden konnten. Legenden zufolge war er sogar mit der Strahlenburg durch einen unterirdischen Gang verbunden, durch den man sich auf die Burg zurückziehen konnte, falls der Hof aufgegeben werden musste. Das Anwesen war damals mindestens doppelt so groß wie heute. Quellen belegen, dass der Hof bis zum Marktplatz reichte. Der Hof „do das Steinhaus inne steht" gelangte durch Verkauf in pfalzgräflichen Besitz. Kurfürst Ruprecht I. gab ihn Heinrich von Erligheim zum Lehen. Dessen Nachfahren verkauften ihn an das Heidelberger Augustinerkloster. 1549 vermachte der damalige Kurfürst den gesamten Klosterbesitz der Universität Heidelberg. Um 1550 gelangte das Anwesen in bürgerlichen Besitz und wurde bald an zwei verschiedene Käufer veräußert. Seit dieser Zeit ist der Hof geteilt. Das Eckhaus trägt noch ein Wappen des Käufers, Bürger Deckher, mit der Jahreszahl des Erwerbs 1598. Das Steinhaus kam nach dem 30-jährigen Krieg in Besitz eines Schweizer Zimmermanns, Hans Graf, der sich in Schriesheim niederließ. Seine Initialen schmücken bis heute die rechte obere Ecke des Fachwerküberbaus am Hof. Das bis in die 1980er Jahre als Bauernhof genutzte Anwesen war überaus baufällig und drohte unterzugehen. 1985 brach mit einem erneuten Besitzerwechsel eine neue Ära an. Nach sorgfältiger und liebevoller Renovierung lädt heute ein Feinschmeckerlokal zum Besuch ein.

Der Weg von der Innenstadt zur Burg führt vom Marktplatz wieder Richtung Talstraße. Dort verläuft rechts die Burgstraße. Auf der ausgeschilderten Strecke ist die Strahlenburg nach ca. 25 Minuten erreicht.

Strahlenburg

Mit Beginn des 12. Jahrhunderts entstanden entlang des unteren Neckars eine Reihe neuer Befestigungsanlagen, die als Herrschaftssitze in Form von Burgen zum Teil bis heute das Siedlungsbild dominieren. Auf den westlichen Ausläufern des Odenwalds bauten die Edelfreien von Hirschberg-Strahlenberg ab 1142 eine kleine Herrschaft auf und sicherten sie durch mehrere Burgen, die jedoch zugunsten anderer Anlagen nacheinander wieder aufgegeben wurden.

Um 1235/37 errichteten sie, die als Vögte des ellwangischen Klosterguts eingesetzt waren, widerrechtlich auf Klosterbesitz die Strahlenburg, deren weithin sichtbare Ruine heute noch einen markanten Eindruck vermittelt. Mit diesem Bau verdeutlicht sich die konkurrierende Präsenz der geistlichen und weltlichen Herren, denn die Edelfreien versuchten damit, das durch Ellwanger Besitz besetzte Kanzelbachtal zu beherrschen, das Klostergut sollte zu ihrem Besitz gemacht werden. Der Ellwanger Abt nahm den Übergriff jedoch nicht hin, zu sehr waren die Rechte seines Klosters verletzt worden. Nur wenige Jahrzehnte zuvor, 1220, hatte der Stauferkaiser Friedrich II. den geistlichen Fürsten für Fälle wie diesen, bei denen unrechtmäßig Burgen auf ihrem Gebiet errichtet wurden, besonderen Schutz zugesichert. Es kam zum Konflikt beider Parteien: Das Kloster Ellwangen verklagte Konrad I. von Strahlenberg und er wurde durch ein weltliches Gericht geächtet, d. h. er war recht- und schutzlos und alle Verpflichtungen ihm gegenüber waren aufgehoben. Diese ungünstige Situation wollte er schnellstmöglich ändern. Daher stellte sich Konrad I. im Sommer 1237 dem Heer des Kaisers zur Verfügung. Friedrich II., der sich meist in Süditalien aufhielt, kam nach Deutschland und warb um Unterstützung für seinen Feldzug gegen die norditalienischen Städte. Konrad I. beteiligte sich daran und erlangte zumindest für die

Die Strahlenburg

Dauer des Feldzugs eine Aufhebung der Ächtung. Als er nach dem Sieg des kaiserlichen Heers bei Cortenuova am 27.11.1237 wieder nach Schriesheim zurückkehrte, drohte ihm erneut die Acht. Diese missliche Lage nutzte nun der Abt des Ellwanger Klosters, um die Rechte des Klosters endgültig zu sichern. Im Jahr 1238 wurde ein Vergleich geschlossen. Darin verzichtete der Abt auf die Zerstörung der Burg. Konrad von Strahlenberg musste das, was er an Gütern und Rech-

EXTRA Feste und Feiern

Der Mathaisemarkt

Der traditionsreiche Schriesheimer Mathaisemarkt, eines der frühesten Volksfeste im jährlichen Festkalender der Region, entstand 1579 mit der Verleihung des Privilegs zweier Märkte an Schriesheim unter Kurfürst Ludwig VI.: „Befreiung der Statt Schrießheim zweier Jarmärckt vf Jacobj vnd Matthiae Apostolj". Der zunächst am Namenstag des Apostel Matthias (24. Februar) abgehaltene Markt wurde nach 200 Jahren in den frühen März verlegt. Auch der Zweck wandelte sich: Während zuerst der Verkauf von Vieh- und Pferden im Vordergrund stand, kamen im 19. Jahrhundert Hunderte Verkaufsbuden hinzu. Der Markt wurde von Freitag bis Dienstag ausgedehnt. Heute startet das Volks- und Weinfest mit der über 400-jährigen Geschichte jährlich am ersten Märzwochenende. Der Festplatz am neuen Rathaus verwandelt sich dazu in einen Vergnügungspark und in den Straßen der Altstadt beginnt ein Krammarkt. Höhepunkte bilden die Krönung der Weinkönigin und ihrer Prinzessinnen sowie der große Festzug am Sonntag.

Das St.-Vitus-Relief an der katholischen Kirche

ten in Schriesheim besaß, zum überwiegenden Teil an das Kloster geben und die Ellwanger Lehnshoheit über die Burg anerkennen. Im Gegenzug erhielt er aber die Burg und den Burgberg als erbliches Lehen zurück. Der Aufstieg der Strahlenberger war damit gesichert, denn im 13. Jahrhundert war das Lehnswesen bereits in Auflösung begriffen und nutzte somit längst dem Belehnten. Konrad I. sicherte sich als Inhaber der Ellwanger und Lorscher Vogtei in Schriesheim die Herrschaft. Unter Konrad I. und seinem Sohn Konrad II. entstand in den 1240er Jahren zu Füßen der Burg, neben dem gleichnamigen Dorf, das jedoch nicht in die Stadtmauern eingeschlossen war, die Stadt Schriesheim. Konrad II. sowie sein Enkel Rennewart dehnten ihr Herrschaftsgebiet und damit ihre Macht ständig aus. In den nächsten Jahrhunderten wuchsen Dorf und Stadt zusammen, wobei die Stadtherren zunächst weiter auf der Strahlenburg residierten. Die Burg blieb für lange Zeit der Sitz der Familie von Strahlenberg. In dieser Zeit trug sie den Namen „Schloss Strahlenberg", zur Strahlenburg wurde sie erst viel später. Burg und Stadt wurden durch Schenkelmauern verbunden, deren Verlauf am Schlossberg noch klar zu verfolgen ist. 1347 verkaufte Rennewart die Strahlenburg samt Schriesheim an die Pfalzgrafschaft bei Rhein. Nach dem Tod des Kurfürsten Ruprecht III. wurde die Kurpfalz unter dessen vier Söhnen aufgeteilt und Schriesheim gelangte an das Haus Pfalz-Mosbach. In den nächsten Jahren wechselte im Zuge von Vererbungen und Verpfändungen die Zugehörigkeit mehrfach. 1470 wurde Schriesheim samt der Strahlenburg von kurfürstlichen Truppen eingenommen und gehörte seitdem wieder zur Kurpfalz. 1504 scheint die Strahlenburg einem Großbrand zum Opfer gefallen zu sein und verkam. 1828 erwarben die Grafen von Oberndorff den Grund und bewahrten die Burganlage vor dem weiteren Verfall. Im 19. Jahrhundert glaubte man, dass Heinrich v. Kleists Ritterschauspiel „Das Käthchen von Heilbronn" auf der Strahlenburg spiele.

Rundgang

Die noch verbliebenen Teile der Burg erheben sich als Spornburg auf einer Flanke des Ölbergs. Der runde, auffällig schlanke Bergfried ist der Mauerfront gegen die Bergseite angeschlossen. Eine noch erhaltene Öffnung im Turm markiert den alten, sehr hoch gelegenen Eingang. Die funktional gehaltene erste Anlage erfuhr um 1330/40, während der Verpfändung an Hartmut von Cromberg, eine Erweiterung und Aufstockung, die das heutige Erscheinungsbild der Ruine prägt. Ursprünglich trennte ein tiefer Halsgraben die Burg vom Berg und sicherte die Angriffsseite. Der Weg hinein führte über die Zugbrücke durch ein Tor, direkt in einen Vorhof. Links hinter dem Tor lag der Zwinger. Dort, wo sich heute der Wirtschaftsbereich und die Küche des Restaurants befinden, war der Zugang zur Kernburg. Ein zweites Tor, heute als Durchgang gestaltet, geht in den Innenhof der Unterburg. Eine tief in den Felsen gehauene Zisterne verweist auf die mittelalterliche Wasserversorgung. Vor dem Bergfried ragen mächtige Mauern des Palas empor. Auf der Talseite sind frühgotische Fensterumrahmungen zu sehen. In der im Privatbesitz befindlichen Burg wird heute ein Restaurant betrieben. Die Terrasse bietet in den Sommermonaten herrliche Sitzgelegenheiten mit einem wunderbaren Blick über die Rheinebene.

Adressen und Auskunft
Verkehrsverein Schriesheim e.V.
Talstraße 11a
69198 Schriesheim
Tel. +49(0)6203-661111
info@verkehrsverein-schriesheim.de
www.verkehrsverein-schriesheim.de

Sehenswertes
Strahlenburg
Burgweg 32
69198 Schriesheim
Von der Autobahn A 5 kommend:
Abfahrt Ladenburg/Schriesheim,
Richtung Schriesheim fahren. An der
Kreuzung nach rechts auf die B 3 einbiegen.

Essen und Trinken
Burg-Gasthof Strahlenburg
Burgweg 32
69198 Schriesheim
Tel. +49(0)6203-61232
info@strahlenburg-schriesheim.de
www.strahlenburg-schriesheim.de
Öffnungszeiten 1. März – 31. Dez,
täglich ab 11:00 Uhr.

Restaurant Strahlenberger Hof
Kirchstraße 2
69198 Schriesheim
Tel. +49(0)6203-63 076
www.strahlenbergerhof.de
Öffnungszeiten: Täglich ab 18 Uhr,
So u. Mo Ruhetag.

Anfahrt
Mit dem Auto:
Nach Schriesheim
Von der Autobahn A 5 kommend
Abfahrt Ladenburg/Schriesheim,
Richtung Schriesheim fahren. An der
Kreuzung nach rechts auf die B 3 einbiegen. Von hier ist das Zentrum ausgeschildert. Parkmöglichkeiten vor
dem neuen Rathaus.

Zur Burg
Von der Bundesstraße kommend: In
Schriesheim an der Kreuzung Richtung Wilhelmsfeld in die Talstraße
einbiegen. Nach etwa 1,8 km (vor
dem Gelände Kling Malz) nach
rechts in die Strahlenberger Straße
einbiegen. Nach etwa 1,2 km erreichen Sie den Parkplatz vor der Burg.

Go green:
Schriesheim ist an die Oberrheinische Eisenbahn OEG, heute MVV Verkehr AG, angebunden, die im Dreieck Mannheim, Weinheim, Heidelberg verkehrt. Zur Altstadt an der
Haltestelle OEG Bahnhof Schriesheim aussteigen. Fahrpläne stehen
unter www.vrn.de zur Verfügung.
Von der Altstadt aus ist die Strahlenburg zu Fuß erreichbar.

Die Burg Steinsberg – der „Kompass des Kraichgaus"

In unmittelbarer Nachbarschaft der ehemaligen staufischen Reichsstadt Sinsheim liegt die Ruine der mehr als 700 Jahre alten Stauferburg Steinsberg. Sie gilt als eine der schönsten in ganz Baden. Schon von Ferne grüßt die Besucher der mächtig emporragende Bergfried, der auch als „Kompass des Kraichgaus" bezeichnet wird.

Geschichte

Die Burg wurde auf der höchsten Erhebung des Kraichgaus (334 m), einem vor 60 Millionen Jahren durch einen Vulkan entstandenen Basaltkegel errichtet. 1109 belegt erstmals eine Urkunde des Hirsauer Codex einen Burgherrn: Eberhardus Steinsberg aus dem Adelsgeschlecht der Werinharde, das sich dann nach der Burg benannte. In der Manessischen Liederhandschrift beschrieb in der 2. Hälfte des 12. Jahrhunderts der Minnesänger Spervogel einen Herrn Wernhart, „der uf Steinsberc saß". Von der Burganlage dieser Zeit gibt es keine sichtbaren Zeugnisse mehr. Um 1180 gelangte die Burg in den Besitz der mächtigen Grafen von Öttingen, unter denen zwischen 1225–1250 die spätstauferzeitliche Kernburg mit Bergfried und innerer Mantelmauer entstand. Bis zum Beginn des 14. Jahrhunderts befand sich Steinsberg im Besitz der Grafen. Mit dem Ende der Staufer ging die Oberhoheit an die Pfalzgrafen bei Rhein über. Nach mehrfachen Verpfändungen und Rückkäufen war die Burg Steinsberg ab den 1330er Jahren bis 1517 Sitz einer kurpfälzischen Vogtei für Besitzungen im südlichen Kraichgau. Ab 1517 wurden die Herren von Venningen mit dem Besitz belehnt. Im Verlauf der Bauernkriege wurde der Steinsberg 1525 vom „Kraichgauer Haufen" eingenommen und die Burg teilweise niedergebrannt, wofür die aufständischen Bürger Strafgelder in Höhe von 5.000 Gulden zur Wiedererrichtung zahlen mussten. Doch gegen die massiv gebaute Burg kamen die Flammen nicht an. Die hölzernen Gebäude innerhalb des Mauerrings waren schnell wieder aufgebaut, wie noch heute eine Wappentafel von 1527 belegt. In den Wirren des 30-jährigen Kriegs erlebte die Burg wechselnde Besatzungen. Erst 1797 gaben die Burgherren von Venningen die Anlage nach einem Blitzeinschlag endgültig auf. Danach verfiel das Innere, Dächer und Holzteile des Schlosses wurden abgerissen. Glücklicherweise wurden die Mau-

Blick zum zweiten Burgtor mit Torturm, 1436

Der „Kompass des Kraichgaus"

ern nie als Steinbruch genutzt, was erheblich zum guten, heutigen Zustand beitrug. Der Steinsberg verblieb bis ins späte 19. Jahrhundert, nach den Ereignissen der Napoleonischen Kriege und der folgenden territorialen Neuordnung, als Lehen der Fürsten von Leiningen im Besitz der Familie von Venningen.1973 ging die Burg in den Besitz der Gemeinde Sinsheim über, die mit der Sanierung begann. Heute ist der Ort ein beliebtes Freizeit- und Ausflugsziel. Im Innenhof finden im Sommer Theateraufführungen und Konzerte statt.

Rundgang

Die Festungsanlage besteht aus drei Mauerringen, die im Verhältnis zu ihrer Größe und Länge recht wenig Wohnraum schützten. Ihre Außenmauern sind spiralförmig um die innere Burg angelegt und wurden regelrecht in den Basaltfelsen hineingetrieben. Zwischen 1252 und 1517 kam es zu vielen baulichen Veränderungen. Die beiden äußeren Mauerringe mit runden Bastionen und zwei Toren, in deren Schutz man zur staufischen Innenburg gelangt, entstanden 1436. Zeitgleich erfolgte eine Erweiterung der Anlage, die den inneren Zwinger, den Palas mit der Kemenate

sowie die Burgkapelle umfasste. Noch vor Ausgang des 15. Jahrhunderts wurde die Zwingermauer verlängert und ein weiteres Tor beigefügt. Reste dreier damals errichteter, halbrunder Türme haben sich im Mauerring erhalten. Auf dem Weg zur Hauptburg bieten sich durch die Schießscharten im Mauerwerk immer wieder reizvolle Ausblicke.

Das äußere Tor, ein Spitzbogen mit einem Rundbogenfries darüber, leitet zunächst in die Maueranlage hinein zum zweiten Tor, das von einem niedrigen Turm ergänzt wird. Nach dem Durchschreiten des dritten Torbaus, in dem eine Neidfratze eingearbeitet ist, wird bald das letzte, das spitzbogige Haupttor erreicht, das in den Burghof führt. Das ehemalige Burgtor ist durch einen äußeren Wehrturm mit Gusserker befestigt. Den Burghof umgibt eine 10 m hohe, konzentrische Ringmauer mit Aborterkern im Norden.

Im Hof erhebt sich das Prunkstück der Anlage, der aufregend schöne Bergfried. Majestätisch ragt der achteckige, 30 m hohe Turm empor. Der außergewöhnliche Bau steht frei, ohne Verbindung zu Schildmauer, verfügt über sechs Stockwerke und einen ehemaligen Zugang in 11 m Höhe. Es handelt sich um eine recht anspruchsvolle und gleichzeitig aufwendige Bauform, die sicherlich bewusst und gezielt eingesetzt wurde. Im obersten Geschoss befinden sich ein Kamin und ein falsches Gewölbe. Seit 1772 ist der Turm erdgeschossig zugänglich. Von oben bietet sich ein wunderbarer Blick über die sanften Hügel der Region, bei guter Sicht bis zu den Vogesen, dem Schwarzwald, dem Odenwald und dem Pfälzer Wald.

Die ungewöhnliche achteckige Grundform des Bergfrieds ist immer wieder mit dem apulischen Castel del Monte in Verbindung gebracht worden. Tatsächlich soll zur Zeit Kaiser Friedrichs II. der Bergfried entstanden sein, doch die näheren Umstände bleiben ein ungelöstes Rätsel.

Bergfried und Innenmauer gelten als Musterbeispiel für regelmäßiges Buckelquader-Mauerwerk der späten Stauferzeit. Die Quader wurden mit äußerster Sorgfalt gefertigt und selbst die Schießscharten ziert eine Einfassung aus Buckelquadern.

Der Minnesänger Spervogel (Codex Manesse Nr. 415v, Anfang 14. Jh.)

Im Burghof befinden sich außer dem Bergfried noch Wohn- und Wirtschaftsgebäude. Sie sind entlang eines Gangs angeordnet, der an dem inneren Mauerring um die Burg führt. Die über einen langen Zeitraum verfallenen Gebäude sind heute in vereinfachter Form und meist auf ein Geschoss reduziert wiederhergestellt, die ursprüngliche Gestalt des Palas (an der Westseite) lässt sich nicht mehr rekonstruieren. Über eine Zisterne wurde die Wasserversorgung geregelt.

Der Bergfried, einige Wirtschaftsgebäude sowie zwei umlaufende Burggräben mit Wehrtürmen und Wehrgängen können besichtigt werden. Von der Kernburg sind die Ringmauer und der Bergfried weitestgehend erhalten und saniert. In den neuzeitlichen Wirtschaftsgebäuden im Burghof lädt ein Restaurant zur Stärkung ein.

Südöstlich unterhalb der Burg steht die katholische **Wallfahrtskirche St. Anna**, eine schlichte, um 1515 erbaute und im 18. Jahrhundert barockisierte Kapelle. Am Fuße der Burg liegt das **Dorf Weiler**. Hier hat sich neben reichverzierten Fachwerkhäusern aus dem 17. Jahrhundert eine zurückhaltende, schlichte Barockkirche erhalten. Weiler gehört heute zum Stadtgebiet von **Sinsheim**, auch dieser Ort zählte einst zum staufischen Territorium im deutschen Südwesten. Der bereits im 8. Jahrhundert als Sunnisheim erwähnten, 1132 als *oppidum*, 1234 als *civitas* bezeichneten Ansiedlung verlieh 1192 Kaiser Heinrich VI. Privilegien. Er förderte den Ort aus territorialpolitischen Gründen und leitete damit die Stadtentwicklung ein. Im 13. Jahrhundert entstanden die Stadtbefestigung sowie eine Stadtburg mit Wohnturm und Palas. Die Anlage war um 1235 Sitz des staufischen Amtsträgers Hans von Gemmingen. 1362 gelangte die Stadt unter kurpfälzische Oberhoheit; die Burg verfiel im Laufe der Jahrhunderte. Im Zentrum von Sinsheim stehen noch reizvolle historische Häuser aus dem 18. und 19. Jahrhundert, darunter mehrere malerische Fachwerkbauten.

Mehr über die Geschichte dieser Stadt und ihrem Umland zeigen die Sammlungen im Stadtmuseum Sinsheim, im Alten Rathaus, Hauptstr. 92.

Adressen und Auskunft
Stadtverwaltung Sinsheim
Fremdenverkehrsamt
Wilhelmstr. 14–18
74889 Sinsheim
Tel. +49(0)7261-404109
info@sinsheim.de
www.sinsheim.de

Museen und Sehenswertes
Burg Steinsberg
Besichtigung jederzeit möglich, Eintritt für den Burgturm. Burgführung buchbar unter:
Tel. +49(0)7261-40 49 50
www.museum@sinsheim.de

Stadt- und Freilichtmuseum Sinsheim
Das Museum zeigt eine kleine Ausstellung zur Stauferstadt Sinsheim.
74889 Sinsheim
Tel. +49(0)7261-404950
museum@sinsheim.de
www.stadtmuseum-sinsheim.de
Öffnungszeiten: Mi, So, Feiertage 14:00–17:00 Uhr.

Essen und Trinken
Burg-Restaurant Steinsberg
74889 Sinsheim - Weiler
Tel: +49(0)7261-6 5266
info@burg-steinsberg.de
Öffnungszeiten: April – Sept, Mi – So 11:00–23:00 Uhr, Okt – März, Mi – So 12:00–23:00 Uhr, Jan – Feb, So 12:00–18:00 Uhr, Mo u. Di Ruhetag.

Anreise
Mit dem Auto:
Die Burg Steinsberg liegt in Sinsheim-Weiler, ca. 6 km von der Autobahn A 6 entfernt. Die Zufahrt ist gut ausgeschildert. Parkmöglichkeiten sind ausreichend direkt am Fuße der Burg vorhanden.

Go green:
Es bietet sich eine Wanderung über ca. 18 km vom Bahnhof in Sinsheim aus an. Vom Bahnhof am Busbahnhof entlang gehen, nach rechts in die Schwarzwaldstraße durch die Unterführung. Am Ende des Radwegs den Wegweisern 1, 2, 3, 29 folgen, gleich wieder rechts, dann links in den Quellbergweg. Auf dem Quellbergweg leicht bergauf, über die Brücke (unten die Autobahn), dann links Weg 29 einschlagen. Oben am Berg ist bereits die Burg Steinsberg zu sehen. Durch Felder den Schotterweg hinauf und oben nach links bis zur Fahrstraße am Parkplatz des Stadions. Auf der Fahrstraße nach rechts, bis rechts der Weg Nr. 29 abgeht, Richtung Wertholzplatz. Am Wertholzplatz links aufwärts am Waldrand entlang bis zum Immelhäuserhof. Bald Weg 29 verlassen. An der Kreuzung nun Weg 1 Richtung Birkenauer Hof folgen. In Hammerau wechselt die Wegnummer auf Weg 5. Von nun an aufwärts bis zur Burg Steinsberg. Dem Weg bis zum Parkplatz mit Schutzhütte folgen. An der Fahrstraße rechts halten, dann hinauf zur Burg.

Die Stauferpfalz in (Bad) Wimpfen – die größte Pfalz nördlich der Alpen

Die Stauferherrscher verwalteten ihr Reich dezentral und errichteten an vielen Orten sogenannte Pfalzen (vgl. Kaiserslautern, Gelnhausen), bewehrte Burganlagen, in denen sie Hof hielten und Recht sprachen. Die staufischen Pfalzen des hohen Mittelalters waren repräsentative Herrschaftsmittelpunkte und hatten ihre Vorläufer in entsprechenden Anlagen der Karolinger-, Ottonen- und Salierzeit. In Wimpfen befindet sich die größte erhaltene Pfalz nördlich der Alpen und zugleich die einzige in Baden-Württemberg. In ihrem Schatten entwickelte sich die staufische Stadt, aus der später die Reichsstadt Wimpfen erwuchs. Pfalz und das staufische Wimpfen am Berg erlangten rasch eine viel stärkere Bedeutung als das weitaus ältere Wimpfen im Tal, das bereits zur Römerzeit als ummauerte Siedlung am Neckarübergang bezeugt ist.

Geschichte

Die Pfalz in Wimpfen liegt auf einem zum Kraichgau ansteigenden Bergrücken über dem Neckar, oberhalb der Siedlung im Tal, in strategisch günstiger Position. Neben starken Mauern schützt bis heute nach Norden und Osten ein steil abfallender Hang die Anlage, im Süden bildete ein Bachlauf einen natürlichen Graben, nach Westen wurde ein künstlicher Graben angelegt.

Die Pfalz, im heutigen Burgviertel der Stadt, wurde ohne größere Unterbrechungen in drei Bauabschnitten zwischen ca. 1160 und 1220 errichtet. Aufgrund fehlender Quellen ist die genaue zeitliche Einordnung schwierig. Möglicherweise begannen die Bauarbeiten

auf Wormser Kirchengut unter Kaiser Friedrich I. Barbarossa oder Heinrich VI., denn dendrochronologische Holzuntersuchungen eines Balkens am Roten Turm erbrachten ein Fälldatum zwischen 1181 und 1201. Vermutlich hielt sich Kaiser Friedrich I. 1182 in Wimpfen auf. Heinrich VI. hat nachweislich mindestens dreimal in Wimpfen Hof gehalten, Friedrich II. mindestens achtmal. Wimpfen war staufisches Lehen des Wormser Bischofs. Friedrich II. verzichtete zunächst 1212 aus politischen Gründen auf den Ort, wurde 1227 aber wieder damit belehnt. Der für Wimpfen wichtigste Stauferherrscher war jedoch König Heinrich (VII.). Allein von ihm sind hier 14 Aufenthalte bezeugt und die Pfalz wurde eines der Zentren seines Reichs. Viele seiner Schenkungen, etwa die Übertragung des Nutzungsrechts eines Waldes für alle Bürger, trugen jahrhundertelang zum Wohlstand der Stadt bei. Mit der tragischen Unterwerfung Heinrichs (VII.) unter seinen Vater und seinem nachfolgenden Tod in Gefangenschaft endete auch die Bedeutung des Orts. Nach dem Niedergang der Staufer war die Pfalz Sitz der Landvögte für Oberfranken, später für Niederschwaben. Bürger und Gemeinde konnten nun innerhalb des Pfalzareals Besitz erwerben, und eine starke Bebauung des Gebiets setzte ein. Das Bürgertum erlebte mit der Erhebung zur Reichsstadt Mitte des 14. Jahrhunderts seine Blüte, wie die stolzen Häuser im alten Zentrum der Stadt zwischen dem Wormser Herrenhof und der

Das Hohenstaufentor,
der ehemalige südliche Zugang zur Pfalz

Pfarrkirche deutlich belegen. Auseinandersetzungen im Zuge der Reformation, die in Wimpfen unerbittlich eingeführt wurde, traten durch den 30-jährigen Krieg in den Hintergrund. Wimpfen wurde mehrfach zerstört, die Schlacht bei Wimpfen zwischen den katholischen Truppen unter Generalleutnant Tilly und dem protestantischen Heer des Markgrafen Georg Friedrich von Baden ging als eine der blutigsten im Verlauf dieses Krieges in die Geschichte ein. Erst im 19. Jahrhundert stellte sich durch die Soleförderung und damit einhergehender Errichtung eines Kurbades wieder ein bescheidener Wohlstand ein. Zwischen 1803–1952 gehörte Wimpfen zu Hessen, heute zu Baden-Württemberg. Die Zerstörungen des Zweiten Weltkriegs überstand der Ort fast ohne Schäden, wovon die denkmalgeschützte Altstadt, eine der am besten erhaltenen in Süddeutschland, mit ihren zahlreichen Baudenkmälern kündet.

Rundgang Pfalz

Trotz beeindruckender Baureste ist die Gesamtanlage der ehemaligen Pfalz derzeit durch die Überbauung mit Wohnhäusern schwer zu überblicken. Zwei Drittel der einst 560 m langen und mindestens 5 m hohen Ringmauer mit einem begehbaren Wehrgang im Norden, Süden und Osten umziehen bis heute das trapezförmige Burgareal. Die ursprünglich verputzte und mit Zinnen versehene Mauer war die erste Baumaßnahme auf dem Bergsporn. Ihre einstige Ausdehnung markieren die erhaltenen Bergfriede, im Westen der Blaue und im Osten der Rote Turm. Dazwischen liegen das romanische

EXTRA Wissen

Heinrich (VII.) – Deutscher König und Rebell

Im Juli 1235 ereignete sich in der Wimpfener Pfalz eine familiäre und politische Tragödie: Der eigens aus Italien angereiste Kaiser Friedrich II. forderte den Gehorsam seines aufständischen Sohns ein. Nach anfänglicher Weigerung unterwarf sich Heinrich (VII.) öffentlich in Worms dem Vater, wurde von diesem besiegt und als deutscher König abgesetzt.

Vorausgegangen waren Heinrichs Versuche, eigenständig Politik zu betreiben. Seit 1230 entwickelte er, ausgehend vom mittleren Neckarraum und vor allem von seiner bevorzugten Pfalz Wimpfen, durch Privilegierung von Städten den planmäßigen Ausbau seines Territoriums. Dadurch zog er sich die Feindschaft vieler Reichsfürsten zu, auf deren Unterstützung jedoch sein Vater, Kaiser Friedrich II., bei der Verwirklichung seiner imperialen Ziele in Italien und darüber hinaus dringend angewiesen war. Der Kaiser hatte die geistlichen und weltlichen Reichsfürsten mit weitreichenden Privilegien und königlichen Rechten (Regalien) ausgestattet und somit die Bildung eines mächtigen Reichsfürstenstandes begünstigt, der nun durch die Stärkung der Städte Gefahr witterte. Friedrich II. verbot dem Sohn 1232 weitere Eigenmächtigkeiten und ließ ihn 1234 durch den Papst bannen. Der aktuelle Konflikt gipfelte in dem Zug Friedrichs nach Wimpfen. Es folgte die tragische, 1242 mit seinem Tod in Apulien endende Gefangensetzung Heinrichs.

Das Modell der Pfalz

Steinhaus, die ehemalige Pfalzkapelle sowie der Palas, das Zentrum der Pfalz. Zwei Tore bildeten die einzigen Zugänge.

Als Ausgangspunkt für einen Gang durch die ehemals weitläufige Anlage bietet sich der **Blaue Turm** an, das 58 m hohe Wahrzeichen von Bad Wimpfen. Der mehrgeschossige Bau, dessen romanische, 3 m dicken Mauern noch 25 m hoch aufragen, schützte insbesondere den Hauptzugang der Pfalz, der westlich davon lag. Der quadratische Turm mit dem im Süden vorkragenden Aborterker war ursprünglich ein ungedeckter Wehrturm und nur über einen höher gelegenen Eingang auf der Ostseite erreichbar. Nach einem Brand 1848 erhielt er seine heutige Gestalt mit ebenerdigem Eingang, einem neugotischen schiefergedeckten Dachaufbau sowie hohen Eckürmchen. Von dem massiven Umgang aus öffnet sich ein schöner Blick ins Neckartal und über die Dächer der Altstadt. Der zum Bau des Turms verwendete Blaustein oder der bläuliche Schiefer des Daches führte zu seinem heutigen Namen. Auf dem Turm wohnt seit 650 Jahren ununterbrochen ein Türmer.

Hinter dem Turm ragt linkerhand das imposante **Steinhaus** empor (Burgviertel 15), eines der größten erhaltenen deutschen Wohnhäuser der Romanik. Der aus Bruchstein errichtete Bau war ursprünglich mit Ausnahme der Eckquader verputzt. Die romanischen Doppelfenster stammen aus der Erbauungszeit zu Beginn des 13. Jahrhunderts. Ursprünglich verfügten zwei der drei Geschosse über einen zweischiffigen Saal mit hölzerner Stützenreihe in der Mitte. Zudem haben sich Reste zweier romanischer Kamine erhalten. Während des 14./15. Jahrhunderts wurden die Säle in kleinere Räume unterteilt und teilweise dekorativ ausgemalt. An der fensterlosen Ostseite des Steinhauses schloss vermutlich ein weiteres Gebäude an, durch das eine direkte Verbindung zum Palas möglich war. Vielleicht diente das Haus mit seinen heizbaren Räumen in staufischer Zeit als repräsentative Wohnstatt des Königspaares oder als Amtssitz des Verwalters. Im Zuge des 1566 erfolgten Umbaus zum Kornspeicher erfuhr der Dachstuhl eine Aufstockung und Erweiterung um den Stufengiebel. Heute befindet sich in diesem Haus ein Museum mit Exponaten zur Geschichte Wimpfens und der Staufer.

Westlich davon steht der einst riesige **Palas,** das Wohngebäude des Herrschers. Von dem eigentlichen Mittelpunkt der weitläufigen Pfalz steht heute nur noch die nördliche Außenwand. Im Erdgeschoss des zweistöckigen Hauses gab es zwei gleich große und einen saalartigen Raum. Das Glanzlicht der Wimpfener Anlage bilden die Arkadenreihen an der Nordseite des ehemaligen Palas, die in die Wehrmauer eingebaut sind. Sie gehörten zum großen, sehr repräsentativen Saal im ersten Obergeschoss. Dieses war der offizielle Versammlungsraum und politischer Mittelpunkt der Pfalz. Die hier befindlichen Arkadenbögen waren nie verglast. Man kann sie sich entweder als offene Bogenfenster vorstellen, aber auch als eine Art Galerie, die dem Palassaal vorgelagert und durch eine spezielle Fensterwand von ihm abgetrennt war. Ihre reich gestalteten Säulchen mit ihren vielfältig ornamentierten Würfelkapitellen vermitteln einen guten Einblick in

die Ausstattung romanischer Profanarchitektur. Stilistisch können sie mit elsässischen Werken verglichen werden und dürften um 1160/70 entstanden sein. Von den Arkadenreihen der Königspfalz öffnet sich ein weiter Blick über das tief unten liegende Tal, wo Kocher und Jagst in den Neckar münden. Westlich des Saals schließt ein kleinerer Raum mit aufwendiger Fensteröffnung an, ähnlich einem Raum in der Pfalz zu Gelnhausen. Möglicherweise handelte es sich hier um die Wohnung des Königs. Die Errichtung eines Hauses in der 1. Hälfte des 15. Jahrhunderts zerstörte die einst prachtvoll gehaltene Schauseite zum Innenhof der Pfalz völlig. Es handelt sich heute um eines der ältes-

Der Blaue Turm,
um 1200 als Bergfried der Pfalz erbaut

EXTRA Feste und Feiern

Märkte mit Tradition

Zahlreiche beliebte Wimpfener Feste blicken auf eine lange mittelalterliche Tradition zurück, so der **Talmarkt,** einer der ältesten Märkte in Deutschland, der jährlich Ende Juni um St. Peter und Paul (29.06.) gefeiert wird. Aus dem Jahr 965 ist die älteste Wimpfener Urkunde überliefert, in der Kaiser Otto I. dem damaligen Bischof von Worms die bereits von früheren Kaisern und Königen erhaltene Immunität bestätigte und diese Immunität eigens den Wormser Kirchen in Ladenburg und Wimpfen zusicherte. Somit gelangte die Kirche St. Peter zu Wimpfen im Tal unter anderem auch in den Besitz des Marktrechtes; aus Pilgerströmen zum Patroziniumsfest St. Peter und dem damit verbundenen Handel vor über 1.000 Jahren wurde der Besuchermagnet der Gegenwart, das „größte Volksfest im Unterland".

Jedes Jahr am letzten Augustwochenende zieht mittelalterliches Handwerk in Bad Wimpfen ein. In der Tradition des ehemaligen Hafenmarktes, den König Wenzel im Jahr 1391 der reichsstädtischen Töpferzunft gewährte, erfreut der **Zunftmarkt** mit Handwerkskunst, Tanz und Musik seine Besucher.

Immer an den ersten drei Wochenenden im Dezember findet einer der traditionsreichsten **Weihnachtsmärkte** vor historischer Kulisse statt, denn bereits im Jahr 1487 verlieh Kaiser Friedrich III. der Stadt Wimpfen das Privileg, vor Weihnachten einen Markt abhalten zu dürfen.

Das Steinhaus im Burgviertel

ten Fachwerkhäuser des Burgviertels (Burgviertel 23).

Östlich des Palas schließt die um 1200 erbaute **Pfalzkapelle** an, ein einfacher Saalbau, dessen eingezogene Apsis um 1330 einem gotischen Chor weichen musste. Sie war, wie in Pfalzen üblich, vom Palas über die Herrscherempore zugänglich. In Emporenhöhe befindet sich seitlich je ein Fenster mit einer Doppelarkade, während sonst nur einfache Rundbogenfenster den Raum erhellen. Zwei Fassaden des eher schlichten Baus wurden als Schauseiten aus Hausteinen gemauert und sorgfältig ausgeziert: Die Südfassade mit Zahnschnittfriesen sowie Lisenen- und Rundbogengliederung und der mit einer Firstsäule verzierte Ostgiebel. Das 1293 erstmals bezeugte Patrozinium St. Nikolaus verweist auf das Bistum Worms, in dessen Dom sich eine von den Staufern sehr verehrte Nikolausreliquie befand.

Die Kapelle war bereits vor dem 30-jährigen Krieg zu einem Lagerhaus geworden. 1833 wurde das Gebäude an Wimpfener Bürger verkauft. Diese nutzten es als Wohnhaus mit Stallungen. 1908–1911 versetzte man die Kapelle wieder in ihren ursprünglichen Zustand. Der Chor entstand in gotischen Formen neu und nachträglich eingebrochene Fenster in den Seitenwänden wurden wieder entfernt. Heute dient die Kapelle als kirchenhistorisches Museum.

An der Ostspitze des Burgviertels steht der wuchtige **Rote Turm** (Burgviertel 31), der zweite erhaltene Bergfried. Der 23 m hohe Bau aus groben Buckelquadern mit seinen rund 3 m dicken Mauern wurde um 1200/1220 errichtet. Über einen hoch gelegenen Eingangsvorbau erfolgt der Zugang ins Innere, wo sich ein kleiner, aber vielfältig durch Wandnischen und ein Fenster gegliederter Raum befindet. Dieser verfügt zudem über einen nie fertiggestellten romanischen Kamin und einen Zugang zum Aborterker. Der eher wohnlich gestaltete Bereich gab Anlass zu vielen Spekulationen, sein Zweck ist bis heute ungeklärt: Handelte es sich hier um eine Rückzugsmöglichkeit für den König oder um einen Fluchtturm für die königliche Familie? Im späten Mittelalter wurde der Turm um 4 m erhöht. Während die alten Öffnungen im unteren Bereich Lüftungsschlitze sind, handelt es sich bei den Öffnungen der letzten Erweiterung bereits um Schießscharten. Der Turm brannte 1645 völlig aus, das massive Mauerwerk blieb jedoch erhalten. Nach dem 30-jährigen Krieg wurden die Befestigungsanlagen am Roten Turm mit Hilfe der Stadt Nürnberg erneuert und zum Dank um das kleine Nürnberger Türmchen ergänzt.

Auf halbem Weg zwischen Rotem Turm und Schwibbogentor steht ein weiteres **romanisches Wohnhaus** (Schwibbogengasse 16), dessen Untergeschoss mit Rundbogenportal auf die Zeit der Er-

Die evangelische Stadtkirche Bad Wimpfen, 13.–16. Jh.

richtung der Pfalz zurückgeht. Eine prächtige romanische Fenstersäule aus diesem Gebäude befindet sich heute im Museum Steinhaus. Sie nimmt die Formen einer Kaminsäule der Pfalz zu Gelnhausen auf. Der Bau dokumentiert die Wohnbebauung innerhalb des Pfalzareals und war ursprünglich vermutlich von einer Burgmannenfamilie bewohnt. Nach Ausweis eines datierten Wappens wurde das Gebäude 1525 durch die Bürgerfamilie Erer umgebaut. Seit der 2. Hälfte des

Blick durch die staufischen Arkaden des Palas

18. Jahrhunderts ist der Bau in zwei eigenständige Häuser geteilt. Damals entstand das Fachwerk des Ostteils.

Das **Schwibbogentor** (auch Hohenstaufentor) war einer der Tortürme und durchbrach die Ringmauer an der tiefsten Stelle. Es ist weitgehend in seiner ursprünglichen Form erhalten geblieben. Ein davorliegender Graben wurde zur Zeit der Pfalz wahrscheinlich mit einer Zugbrücke überwunden. An der Südseite sind einige vermauerte romanische Fenster zu erkennen. Das oberste Geschoss und die Dachhaube wurden nachträglich aufgesetzt.

Archäologisch gesichert ist ein **dritter quadratischer Bergfried**, dessen Fundamente bei Sanierungsarbeiten gefunden wurden. Er stand zwischen Schwibbogentor und Blauen Turm am Bürgermeister-Elsässer-Haus (Obere Turmgasse 1).

Die Wimpfener Kaiserpfalz zählt zu den besterhaltenen der Stauferzeit. Ihre künstlerische Qualität ist aber eher einfach und bescheiden. Grundriss und Formen lehnen sich an die unter Friedrich I. Barbarossa errichtete Pfalz in Gelnhausen an und stellen sich bewusst in diese Tradition.

Stadt Wimpfen

Viele Gebäude der Stadt Wimpfen am Berg, darunter die Stadtkirche, das Dominikanerkloster und das außerhalb der Stadtmauern liegende Spital haben ihren Ursprung im 13. Jahrhundert, als die Stadt im Schutz der Stauferpfalz erstarkte.

Die nördliche Wehrmauer der Pfalz reicht westlich über den Pfalzbereich hinaus zum **Wormser Hof** (Mathildenstraße 2), der ähnlich wie die Pfalzbauten mit der Stadtmauer verbaut ist. Der gleichzeitig mit Kaiserpfalz und Stadtkirche erbaute Hof diente den Bischöfen von Worms als Verwaltungssitz mit Zehntscheuer und Wirtschaftsgebäuden. Der älteste Flügel befindet sich an der Neckarseite des Wirtschaftshofs und weist gekuppelte romanische Fenster (um 1220) auf. Die Stadtseite wurde 1551 und 1556 im Stil der Renaissance umgebaut.

Ein besonderes Kleinod der Gotik ist die evangelische **Stadtkirche** (Kirchplatz 1), die als Pfarrkirche über einem Vorgängerbau errichtet wurde. Bereits der in romanischen Formen errichtete erste Bau bildete den Mittelpunkt der bürgerlichen Stadt Wimpfen. Im 13. Jahrhundert kam es zum Neubau des Chors in frühgotischen Formen. 1517 war schließlich das Kirchenschiff in Form einer gotischen Halle vollendet. Ihr gewaltiges Satteldach und die schlanken Türme bestimmen bis heute die Stadtansicht. Sehenswert ist das reich ausgestattete Innere mit bedeutsamen Kunstwerken des 13.–15. Jahrhunderts, darunter einige Glasmalereien, mehrere spätgotische Altäre sowie das eindrucksvolle spätgotische Kruzifix mit beweglichem Kopf und Armen von 1481, das innerhalb der Osterliturgie das Passionsgeschehen illustrierte. Neben der Kirche befindet sich eine monumentale, ausdrucksstarke Kreuzigungsgruppe des 16. Jahrhunderts aus Stein, die dem bekannten Bildhauer Hans Backoffen zugeschrieben wird.

In die Erbauungszeit der Stiftskirche fällt auch die Errichtung des **Bürgerspitals** (Obere Hauptstraße 45). Das um 1230 als Heilig-Geist-Spital errichtete Haus geht auf eine Stiftung des staufischen Ministerialen und Wimpfener Vogts Wilhelm von Wimpfen zurück. Die langgestreckte Zweiflügelanlage ist im Kern noch romanisch. Ihr Obergeschoss in Fachwerkbauweise stammt aus dem

15./16. Jahrhundert. Das hier untergebrachte Reichsstädtische Museum widmet sich der Geschichte der Stadt.

Die Gründung des **Dominikanerklosters**, heute katholische Pfarrkirche zum Heiligen Kreuz (Pfarrei Klostergasse 13), fällt ebenfalls in staufische Zeit. 1713 erfolgte eine Barockisierung der ab 1273 erbauten, schlichten gotischen Kirche mit Dachreiter unter Beibehaltung der alten Mauern. Sie besitzt eine ungewöhnlich reichhaltige mittelalterliche und barocke Ausstattung, darunter eine Michael Erhart zugeschriebene Kreuzigungsgruppe um 1480/85, ein wertvolles Vesperbild aus Terrakotta von 1416 sowie einen barocken Hochaltar von 1737.

Zudem belegen viele Bürgerhäuser des 15. bis 19. Jahrhunderts die Vielfalt bürgerlicher Wohnkultur in Wimpfen und den Reichtum ihrer Besitzer. Hervorzuheben sind innerhalb des historischen Stadtkerns das älteste derzeit bekannte Fachwerkhaus in Süddeutschland von 1266 (Marktplatz 6), sowie die sogenannte Badstube (Klostergasse 9) von 1534 oder das Riesenhaus (Haus Koberer, Langgasse 5) mit spätgotischem Giebel und Fachwerk von 1523.

In **Wimpfen im Tal** ist seit dem 10. Jahrhundert die zum Bistum Worms gehörende Stiftskirche St. Peter belegt, die als Sitz eines Archidiakons besondere Bedeutung erlangte. Heute steht hier ein frühgotischer Nachfolgebau, der zusammen mit dem frühromanischen Westbau, einem Zentralbau nach Vorbild der Aachener Pfalzkapelle Karls des Großen, zu den bedeutendsten Kunstdenkmälern Baden-Württembergs zählt. Die großartige Architektur entstand Ende des 13. Jahrhunderts und ist maßgeblich durch Notre-Dame in Paris und das Straßburger Münster beeinflusst. Besondere Beachtung verdienen die als Schauseite ausgezierte südliche Querhausfront und der Figurenschmuck innen und außen.

Adressen und Auskunft

Tourist Information
Bad Wimpfen/Gundelsheim
Carl-Ulrich-Str. 1
74206 Bad Wimpfen
Tel. +49(0)7063 - 97200
www.badwimpfen.de
info@badwimpfen.org

Museen und Sehenswertes

Historisches Museum im Steinhaus
Burgviertel
74206 Bad Wimpfen
Tel. +49(0)7065-8779
www.badwimpfen.de
Öffnungszeiten: 1. April – 15. Okt,
Mo geschlossen, Di – So 10:00–12:00
Uhr u. 14:00–16:30 Uhr

Blauer Turm
Burgviertel
74206 Bad Wimpfen
Öffnungszeiten: 1. April – 15. Okt,
Wintermonate nach Witterung,
Di – So 10:00–18:00 Uhr,
Mo geschlossen.

Roter Turm – Staufischer Wehrturm
Burgviertel
74206 Bad Wimpfen
Öffnungszeiten: 1. April – 15. Okt,
Wintermonate nach Witterung,
Sa – So u. Feiertage 11:00–17:00 Uhr.
Weitere Besichtigungen im Rahmen
von Führungen.

Kirchenhistorisches Museum
In der Pfalzkapelle der Kaiserpfalz
Burgviertel 25

74206 Bad Wimpfen
Öffnungszeiten: 1. April – 15. Okt,
Di – So 10:00–12:00 Uhr u. 14:00–
16:30 Uhr, Mo geschlossen.

*Reichsstädtisches Museum im Alten
Spital*
Hauptstraße 45
74206 Bad Wimpfen
Öffnungszeiten: Di – So 10:00–12:00
Uhr und 14:00–17:00 Uhr, Mo
geschlossen.

Galerie der Stadt im Alten Spital
Hauptstraße 45
74206 Bad Wimpfen
Öffnungszeiten unter:
Tel. +49(0)7063-950313
Sofern keine gesonderten Telefon-
nummern angegeben sind, gilt die
Nummer der Tourist-Information.

Anreise

Mit dem Auto:
Bad Wimpfen ist gut erreichbar über
die Autobahn A 6 Ausfahrt Bad Rappenau aus Richtung Mannheim oder
Ausfahrt Untereisesheim aus Richtung Stuttgart bzw. Heilbronn kommend. Auf der anderen Neckarseite
führt die B 27 von Mosbach nach
Neckarsulm/Heilbronn. Die Burgenstraße verläuft durch den Ort.

Go green:
Bad Wimpfen liegt an der Bahnstrecke Mannheim-Sinsheim-
Heilbronn. Vom Bahnhof aus ist es
nicht weit ins Zentrum.

Hessen

Routenvorschlag Hessen

„Burgen und Pfalzen"-Tour – vom Odenwald bis in die Wetterau

Der Odenwald hat wunderbare Landschaften, in denen sich blühende Felder, Wiesen und Wälder abwechseln. Die Tour über rund 140 km führt von der Burg Breuberg durch eine liebliche Hügellandschaft hinab zum Main und von dort ins Tal der Kinzig nach Gelnhausen in der südlichen Wetterau. Diese Region zählt zu den ältesten Kulturlandschaften Deutschlands. Die Ertragskraft der Wetterau wurde seit der Zeit Friedrichs I. durch die gezielte Förderung der städtischen Zen-

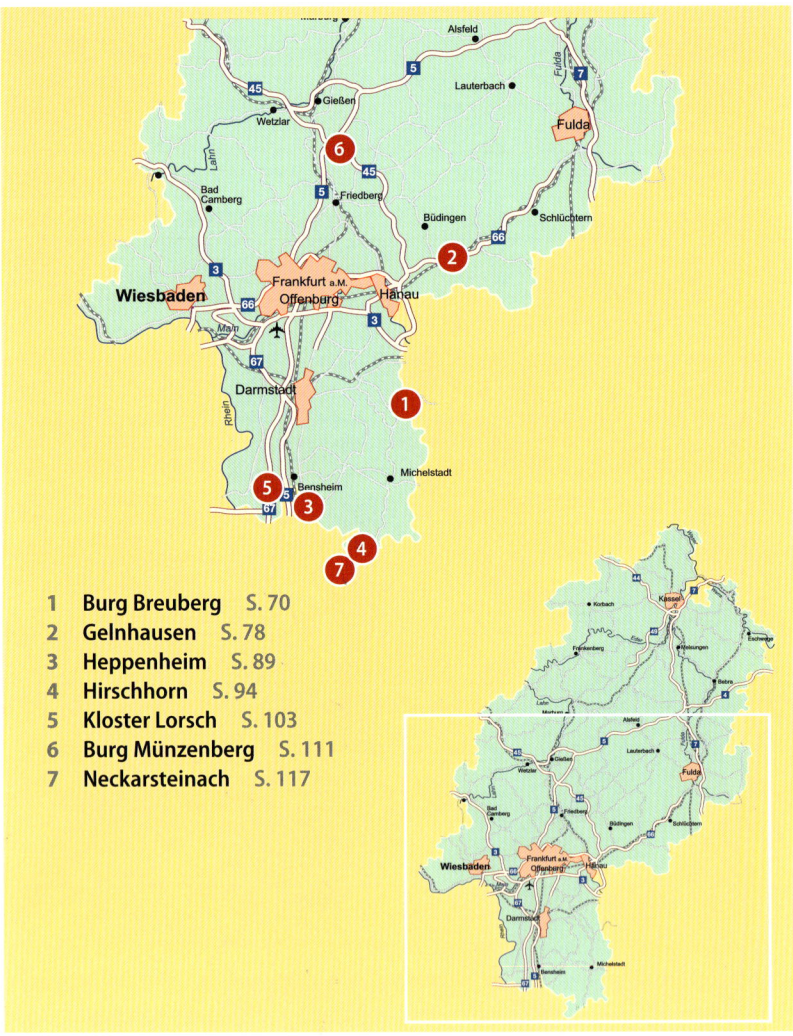

tren, darunter auch Gelnhausen, erhöht. Die Wetterauer Städte mit ihren repräsentativen Bauten waren bei der königlichen Reisetätigkeit wichtige Stützpunkte.

Die Burg Breuberg (S. 70) im Odenwald, der Ausgangspunkt der Fahrt, ist ungewöhnlich gut erhalten. Dort kann man sämtliche Epochen des Burgenbaus studieren – von der Stauferzeit bis zur Renaissance. Der aus Buckelquadern gebaute Bergfried stammt aus dem 12. Jahrhundert. Von hier geht es nach Seligenstadt, das einen kurzen Abstecher lohnt. Nicht nur die Basilika, die um 830 unter Einhard, dem Vertrauten und Biographen Karls des Großen erbaut wurde, ist sehenswert. Am Mainufer, entlang der historischen Stadtmauer, gelangt man zu den Resten des Palatiums, der staufischen Kaiserpfalz, die Kaiser Friedrich I. Barbarossa Ende des 12. Jahrhunderts errichtete. Nach dem Niedergang der Staufer diente das „rote Schloss" den Bürgern als Steinbruch. Die Ostfassade überdauerte, da sie in die spätere Stadtbefestigung einbezogen wurde. Ein weiteres Kulturdenkmal der Stauferzeit befindet sich inmitten der Altstadt. Das „Romanische Haus", das 1187 anlässlich eines Hoftags erbaut wurde, diente einst als Vogtei.

Die an der Kinzig gelegene Kaiserpfalz Gelnhausen (S. 78) ist die nächste Station. Die Pfalz beherbergte viele Herrscher aus dem Geschlecht der Staufer, allein schon hierin zeigt sich die Bedeutung des Orts für die deutsche Geschichte. An der Ruine beeindrucken die fein gearbeiteten Mauern und die außerordentlich dekorative Bauplastik. Auch die imposante Marienkirche ist im Wesentlichen ein Bau der Stauferzeit. Besondere Aufmerksamkeit verdient der figurenreiche Lettner, der von einem Bildhauer aus dem Umkreis des Naumburger Meisters geschaffen wurde.

Die Burg Münzenberg (S. 111) – das Idealbild einer stauferzeitlichen Burganlage – beherrscht die nördliche Wetterau durch ihre eindrucksvolle Silhouette. Sie gehörte zu den wichtigsten Stützen staufischer Macht in der Region und besaß sogar die Münzgerechtigkeit, worin sich die hohe Wirtschaftskraft des Gebiets ausdrückte.

· *Von der Burg Breuberg über die B 426 nach Obernburg, von hier über die B 469 nach Seligenstadt.*
· *Über die B 45 zur B 43a (in Richtung A 45/A 66 Dortmund/Gießen), dann auf der A 45/66 Richtung Dortmund/Gießen/Fulda, Ausfahrt 42, Langenselbolder Dreieck, hier auf die A 66 Richtung Fulda/Gelnhausen nach Gelnhausen fahren.*
· *Von Gelnhausen zum Langenselbolder Dreieck (Ausfahrt 39), von hier über die A 45 in Richtung Gießen.*
· *Die Ausfahrt 36 führt ausgeschildert nach Münzenberg.*

Die Burg Breuberg – ein stauferzeitlicher Adelssitz

Die Burg Breuberg im landschaftlich reizvollen Odenwald gehört mit ihrer traditionsreichen, über 850-jährigen Geschichte zu den größten und am besten erhaltenen Burgen in Südhessen, viel mehr noch, im ganzen süddeutschen Raum. Die Tatsache, dass die Burg immer bewohnt war, erklärt den heute noch guten Zustand der gesamten Anlage und macht sie zu einem lohnenden Ausflugsziel.

Geschichte

Auf dem nach drei Seiten ins untere Mümlingtal steil abfallenden Breuberg liegt die gleichnamige Burganlage. Auf dem bereits in der älteren Eisenzeit besiedelten Bergkegel wurde im 12. Jahrhundert die Burg durch die Reichsabtei Fulda gegründet. Damit wollte diese ihre Besitzungen im Odenwald sowie das Kloster Höchst gegenüber dem Mainzer Erzbischof sichern. Abt Marquard I. setzte die edelfreien Herren von Lützelbach als Burgvögte zur Verwaltung des Klosterguts ein, die sich seit 1229 nach ihrem Wohnsitz Herren von Breuberc nannten. Unter Reiz von Lützelbach entstand um 1200 eine typisch stauferzeitliche Kernburg mit einem Bergfried, der 10–14 m hohen polygonalen Ringmauer und dem bis heute erhaltenen romanischen Burgtor. Reste weiterer Bauten aus dieser Zeit dürften im Kern der späteren Bauten stecken.

Die Staufer erwarben ständig neuen Landbesitz, sei es durch Heirat, Kauf, Erbverträge und Eroberungen. Zur Verwaltung dieser Territorien setzte der Kaiser Reichsfürsten als jeweilige Landesherren ein. Mit dem Bau von Burgen und der Anlage befestigter Städte wurden im Mittelalter diese Gebiete geschützt. Die Herren von Breuberg waren fest in der Reichspolitik der Staufer verwurzelt: Sie versuchten eine gewisse Unabhängigkeit von Fulda zu erreichen und eine selbständige Herrschaft aufzubauen. Doch bereits 1323 starb das Geschlecht der Breuberger mit Eberhard III. aus. So kam es, dass der Besitz mehrfach zersplittert wurde und verschiedenen Adelsgeschlechtern als Ganerbenburg diente, d. h. er war von mehreren Familien oder Familienzweigen bewohnt. In diese Zeit fällt die Errichtung der Vorburg. Im Jahr 1497 fiel die Burg schließlich an die Grafen von Wertheim. Unter ihnen erfolgte die Anlage einer spätmittelalterlichen Festung, denn nach dem Aufkommen von Feuerwaffen war eine stärkere Sicherung der Anlage unumgänglich. Es wurden mehrere Ebenen angelegt, die leichte und schwere Geschütze aufnehmen konnten und die Vorburg um Zwingeranlagen erweitert. Zu Beginn des 16. Jahrhunderts kam es zur Anlage eines Plateaus zur Aufstellung von Kanonen im Westen der Burg. Doch die ehrgeizigen Pläne, aus der Burg eine hochmoderne, kriegstaugliche Festung zu machen, wurden möglicherweise aus Geldmangel nicht gänzlich durchgeführt. Nach dem Aussterben des Wertheimer Grafenhauses ging die Burg 1556 je zur Hälfte an die Grafen von Erbach und die Grafen von Stolberg-Königstein. Der nunmehr geteilte Besitz verfügte nicht über genügend Wohn-

Der Aufgang zur Kernburg: Altbau romanisches Tor, Münze und Bergfried

und Nutzraum, so dass die Grafen von Erbach zunächst im 16. Jahrhundert die Vorburg schlossartig ausbauten. Der Wohnkomfort auf der Burg gewann zunehmend an Bedeutung. Seit Beginn des 17. Jahrhunderts gehörte der Stolberg-Königsteiner Anteil der Burg in die Erbnachfolge der Grafen von Löwenstein-Wertheim. Unter diesen wandelte sich die Vorburg von einem Wirtschaftshof zum repräsentativen Burghof mit Kanzlei (sogenannter Föppelbau) und Stallanlagen. Graf Johann Casimir zu Erbach ließ zu Beginn des 17. Jahrhunderts den Marstall prächtig ausbauen und mit dem Föppelbau verbinden. Das Ergebnis war eine eindrucksvolle Hoffront.

Zudem erfolgte in diesen Jahren eine erneute Verstärkung der Befestigungen durch Geschützplattformen und Schießscharten, was sich angesichts des nahenden 30-jährigen Krieges als berechtigte Vorsichtsmaßnahme erwies. Die unterschiedlichen Konfessionen der Burgbesitzer bereiteten in den schweren Kriegsjahren viele Probleme. Die Grafen von Löwenstein-Wertheim waren katholisch. Die evangelischen Grafen von Erbach wurden von dem vordringenden Schwedenkönig Gustav Adolph auf seine Seite gezwungen, und die Burg war zunächst protestantisches Terrain. Je nach Verlauf des Krieges wechselte die Zugehörigkeit der Anlage zwischen den Löwensteinern und Erbachern. Auch in den nachfolgenden Auseinandersetzungen im 17. Jahrhundert wurde die Burg mehrfach besetzt, trotzdem blieb sie von allen Zerstörungen verschont und diente weiterhin als Verwaltungs-, wenn auch nicht mehr als Wohnsitz der Löwensteiner und Erbacher Grafen. Im 19. Jahrhundert erfolgte eine Verlegung der Amtsverwaltung nach

EXTRA Wissen

Die Sage um den Breilecker

Während einer Belagerung krachte eine Kanonenkugel gegen den mächtigen Burgturm. Das Geschoss prallte ab und landete in einen Kessel voller Hirsebrei. Der heiße Brei spritzte heraus, aber ein Verteidiger namens Werner leckte ihn vom Boden auf. Dann sprang er auf die Mauer und streckte den Feinden die Zunge

entgegen. Diese schossen sofort auf ihn, verfehlten ihn jedoch, worauf seine Kameraden riefen: „Werner, du bist unser Kühnster, du sollst uns allezeit die Burg bewachen!" Durch das demonstrative „Breiessen" hatte er die Angreifer über die vorhandenen Vorräte solange getäuscht, bis diese die Belagerung aufgaben. Ein Steinmetz meißelte daraufhin „Werner, den Breilecker" in Stein und fügte diesen in die Mauer neben dem Burgtor ein, von wo er noch heute auf die Besucher herab blickt.

Der Kopf des Breileckers

Neustadt und in deren Folge kam es zu ersten Abbrucharbeiten, die schließlich durch das energische Einschreiten des Grafen von Erbach aufgehalten werden konnten. Dieser trat zudem für die Instandsetzung des Baukomplexes ein. 1806 wurde die Herrschaft Breuberg dem neuen Großherzogtum Hessen-Darmstadt zugeschlagen. Die Grafen von Löwenstein und Erbach blieben bis 1942 Besitzer der Burg, dann wurde sie an das Deutsche Jugendherbergswerk verkauft. Im und kurz nach dem Zweiten Weltkrieg lebten Zwangsarbeiter in der Anlage. Heute befinden sich in der seit 1949 dem Land Hessen gehörenden Burg eine Jugendherberge und ein Museum.

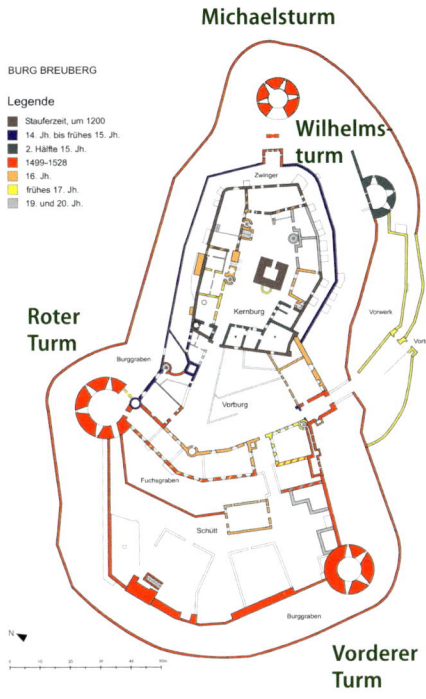

Rundgang

Die wehrtechnisch bedeutsame Anlage hat sich größtenteils erhalten. Um in die Kernburg, den ältesten Teil, vorzudringen, muss zunächst die Verteidigungsanlage mit Geschütztürmen, Wällen und Gräben durchschritten werden. Durch das Vortor (16./17. Jh.), das den Zugang zum Burggraben sicherte, geht es über eine steinerne Brücke von 1812, die eine hölzerne Zugbrücke ersetzt und über den tiefen Burggraben führt, zum unteren Burgtor (um 1500) mit der Torhalle, durch die man in die Vorburg gelangt. Dieser Torbau trägt das Wappen des Grafen Michael II. von Wertheim (1481–1531), unter dem umfangreiche Befestigungsanlagen errichtet wurden. Östlich davon grenzt ein Wohnbau des 16. Jahrhunderts an, in dessen äußerem Mauerwerk der sogenannte Breilecker eingelassen ist. Betritt man den Hof, so befindet sich rechts, im eben erwähnten Wohntrakt, die Burgschänke. Links dagegen schließt der 1606–1613 errichtete Johann-Casimir-Bau an. Im Untergeschoss dieses schönen Renaissancebaus hat sich die gewölbte Mar-

stallhalle erhalten. Im Obergeschoss liegt der sogenannte Rittersaal, ein Festsaal mit einer prachtvollen Renaissance-Stuckdecke von 1613, einer der bedeutendsten Arbeiten der Spätrenaissance und des Manierismus im süddeutschen Raum. Diese zeigt neben einer Wappenfolge der Ahnen des Grafen Johann Casimir auch Medaillons mit Sagengestalten aus der griechischen Mythologie und einen Fries mit einem Zug von griechischen und römischen Göttern, wie es im 16. Jahrhundert für die repräsentative höfische Ausstattung üblich wurde, nachdem das Ideal der Antike wiederentdeckt worden war. Die heute einfarbig weiß gehaltene Decke stammt vermutlich von Eberhardt Fischer aus Babenhausen, der auch das Einhard-Haus in Seligenstadt stuckierte, und war wohl ursprünglich farbig gefasst. Auffallend bei dieser Arbeit ist, dass bei den Figuren Arme, Beine und Köpfe oft voll-

Blick vom Bergfried in die Kernburg

plastisch gestaltet sind und wesentlich „lebendiger" wirken als die üblichen flachen Reliefs. Zwischen Casimir-Bau und Kanzleibau führt ein Portal in die Schütt, der Burgerweiterung des frühen 16. Jahrhunderts. Hinter einer Steinbrücke erhebt sich dort das Erbacher Zeughaus von 1563, ein äußerlich eher unscheinbarer Bau mit Resten von Renaissancemalereien im Innern. Dieser Bereich ist nicht frei zugänglich.

Dem Casimirbau schließt der heute verfallene sogenannte Föppelbau oder Löwenstein'sche Kanzleibau aus dem 16. u. 17. Jahrhundert an. Nördlich, das heißt direkt gegenüber dem Burgtor, wird der Vorburghof durch die Ruine des Wertheimer Zeughauses von 1528 begrenzt. In der Nische über dem Portal befindet sich die hervorragende Halbfigur eines Armbrustschützen mit der Inschrift „Hanns Stainmiller macht mich".

Während die Vorburg durch Neu- und Umbauten des 16. und 17. Jahr-

hunderts ihr wehrhaftes Aussehen ablegte und eher repräsentativen Charakter erhielt, ist das Aussehen der Kernburg noch weitgehend mittelalterlich. Besonders schön ist das romanische Burgtor mit Rundbogenfries, palmettengeschmückten Würfelkapitellen und figürlichen Konsolen der Zeit um 1200, durch das der Zugang zur Kernburg ermöglicht wird. Über dem Tor lag vermutlich in romanischer Zeit eine Kapelle. In der Mitte des Burghofes erhebt sich der freistehende, mächtige Bergfried. Der quadratische, 25 m hohe Turm mit mächtigen Buckelquadern ist fensterlos und mit hoch liegender Eingangspforte versehen. Über einen ebenerdigen, neuen Eingang gelangt man zur Aussichtsplattform, von der sich ein atemberaubender Fernblick über die ehemalige Herrschaft Breuberg bietet. Die Turmhaube und der obere Abschluss der Plattform stammen aus dem Jahr 1612. Kyrillische Inschriften im Zinnenkranz des 19. Jahrhunderts zeugen von russischen Zwangsarbeitern, die hier im Zweiten Weltkrieg interniert waren.

Direkt links neben dem Tor steht der sogenannte Altbau (15.–16. Jahrhundert). Höhepunkt jeder Führung ist die hierin befindliche Brunnenhalle mit dem heute noch 85 m tiefen Brunnen und seinem rekonstruierten Laufrad. An das Gebäude schließt der im Kern gotische Neubau an. Nach Erneuerungen im 16./17. Jahrhundert erhielt er 1824 eine neue Hoffront. Östlich neben dem Altbau steht der Kapellenbau (1357 erstmals erwähnt). An der östlichen Schmalseite des Hofs befindet sich der Obere Saalbau (auch Frauenhaus genannt), dessen heutiges Aussehen auf die Spätgotik zurück geht (15./16. Jh.). Im zweiten Stock liegt ein einfacher Festsaal (1553) mit netzgewölbtem Erker. In der Südostecke des Hofs steht der in den 1980er Jahren erbaute Trakt der Jugendherberge. Daran grenzt das Erbacher Herrenhaus (oder gotischer Palas) von 1568 mit Schildgiebel. Daneben steht die Rentschreiberei des ausgehenden 15. Jahrhunderts und die ehemalige Burgküche des 16. Jahrhunderts, die sehenswertes Fachwerk enthalten und zu den ältesten Fachwerkgebäuden im Odenwaldkreis gehören. Auf der Westseite neben dem Torbau ist das Münz-

gebäude aus dem 16. Jahrhundert mit dem spätgotisch gewölbten Untergeschoss und einem Oberbau von 1709 zu sehen.

Umfangreiche Baumaßnahmen des 15. und 17. Jahrhunderts prägen bis heute die Baugestalt der Anlage. Die Kernburg wurde in mehren Bauabschnitten von einem schmalen Zwinger umgeben. Vollständig erhalten ist das umfangreiche, auf die Entwicklung der Schusswaffen eingestellte äußere Befestigungssystem, das aus einem tiefen Wehrgraben, Böschungsmauern und vier Geschütztürmen sowie dem Vorwerk besteht. Direkt am Vorwerk steht der halbrunde Wilhelmsturm (vor 1482), östlich liegt der Michaelsturm (1504), der als einziger frei im Graben errichtet wurde. Westlich erhebt sich der große Rote Turm (1507) und im Südwesten schließlich der Vordere Turm von 1505. Entlang der äußeren Burggrabenmauer lädt ein Pfad zum Umrunden der Anlage ein.

Breuberg-Neustadt

Am Fuß der Burg entstand als Burgmannen- und Handwerkersiedlung der Ort Neustadt, dem 1378 Kaiser Karl IV. Stadtrechte verlieh. Im frühen Mittelalter bestimmten die Burgherren die Lage und Anlage des Städtchens, das sich vom 14. Jahrhundert an zu einer befestigten

EXTRA Feste und Feiern

Historischer Markt in Neustadt

Seit 1978 organisiert der Vereinsring Neustadt am Breuberg e. V. alle zwei Jahre (ungerade Jahreszahl) zur Feier der Wiederkehr der Stadtrechtsverleihung in der zweiten Junihälfte einen historischen Markt vor malerischer Kulisse. Dieser soll zeigen, wie früher in einer kleinen Stadt mit eigener Gerichtsbarkeit und eigenem Marktrecht gearbeitet und gehandelt wurde. Im Mittelpunkt steht dabei immer ein wechselndes Leitthema. Weitere Infos unter www.breuberg-neustadt.de.

Das Rodensteiner Herrenhaus (1569) und das Marktkreuz in Breuberg-Neustadt

Markt- und Landstadt mit eigener Gerichtsbarkeit entwickelte. Ende des 15. Jahrhunderts wuchs Neustadt zur Hauptstadt der Herrschaft Breuberg heran.

Unter den malerischen Fachwerkhäusern des 16. bis frühen 19. Jahrhunderts ragt das **Rodensteiner Herrenhaus** (Geisrain 1) aus dem Jahr 1569 hervor. Davor erhebt sich ein einfaches **Holzkreuz** mit einer aufrechten Schwurhand und einem nach unten hängenden Schwert. Es ist als Zeichen der Marktgerechtigkeit zu deuten, d. h. hier konnte innerhalb eines Burgfriedensbezirks zu bestimmten Tagen Handel getrieben werden. Das in Deutschland einmalige Kreuz ist seit der Mitte des 17. Jahrhunderts urkundlich erwähnt und mehrfach erneuert worden. Die **evangelische Pfarrkirche** des 18. Jahrhunderts reicht in ihren Grundmauern ins 15. Jahrhundert, der Turm datiert 1480. Vom **Marktbrunnen** (19. Jahrhundert) am historischen Marktplatz führen ausgeschilderte Fußwege zur Burg.

Adressen und Auskunft

Touristik Service
der Stadt Breuberg
Ernst-Ludwig-Str. 2–4
64747 Breuberg
Tel. +49(0)6163-7090
info@breuberg.de
www.breuberg.de

Ludwig Eckhardt
Burg- und Museumsführer
Gästeführer im Odenwald
Telefon: +49(0)6165-387600
l.eckhardt@web.de

Museen und Sehenswertes

Museum Burg Breuberg
Stadtverwaltung Breuberg
Ernst-Ludwig-Str. 2–4
64747 Breuberg
Tel. +49(0)6163-7090
info@breuberg.de
www.breuberg.de
Öffnungszeiten: Die Burg ist an den
Wochenenden im Sommerhalbjahr
und nach Bedarf innerhalb regelmä-
ßig stattfindender Führungen zu be-
sichtigen. Der Außenbereich ist frei
zugänglich.

Breuberg-Bund e.V.
Geschäftsstelle des Vereins zur Erfor-
schung des Odenwalds auf der Burg
Breuberg.
Ernst-Ludwig-Str. 2–4
64747 Breuberg
Tel. +49(0)6163-70922
ziebler@breuberg.de
www.breubergbund.de

Essen und Trinken

Burgschänke Burg Breuberg
Familie Bechtler
64747 Breuberg
Tel. +49(0)6163-912559

bechler@burgschaenke.de
www.burgschaenke.de
Di Ruhetag.

Jugendherberge Burg Breuberg
64747 Breuberg
Tel. +49(0)6163-3403
burgbreuberg@djh-hessen.de
www.djh-hessen.de

Anfahrt

Mit dem Auto:
Gemeinde Breuberg-Neustadt,
Odenwaldkreis – Hessen
Anfahrt über die Autobahn:
A 3 – Ausfahrt 57 und weiter über
die Bundesstraßen B 469 und dann
B 426.
A 5 – Ausfahrt 5 und weiter über die
Bundesstraßen B 460, B 38 und
schließlich B 45.
A 6 – Ausfahrt 37 und weiter über
die Bundesstraßen B 27, B 37 und
B 45.

Go green:
Von Mo – Fr ab Bahnhof Höchst
i. Odw. mit den Linienbussen
Richtung Mömlingen oder Lützelbach. Ausstieg möglich:
- entweder an der Haltestelle
„Metzeler", von hier bequem über die
Burgstraße (Auffahrtsstraße) in etwa
20 Minuten hinauf zur Burg
- oder am historischen Marktplatz in
Breuberg-Neustadt. Von dort zu Fuß
über den „Erlebnispfad" ca. 1 km
bergauf.
An Samstagen und Sonntagen mit
dem Rufbus des RMV – Haltestelle
direkt am Aufgang zur Burg. Auskünfte und Buchungsmöglichkeiten
unter +49(0)6061-9799-77 oder im
Internet unter www.rmv.de.

Gelnhausen – eine kaiserliche Gründung der Staufer

Die an der Kinzig gelegene Stadt Gelnhausen bildete einst ein Zentrum der Macht in Europa. Kaiser regierten von hier das Heilige Römische Reich Deutscher Nation. Bis heute zeugt die Kaiserpfalz mit ihrer vollständigen Ringmauer und den Resten des Palas als die besterhaltene Pfalz der Stauferzeit davon.

Geschichte

Kein geringerer als Kaiser Friedrich I. gründete im Rahmen seiner Reichslandpolitik in der Wetterau im Jahr 1170 die Stadt Gelnhausen. Drei wesentlich ältere, dörfliche Siedlungen wurden zur neuen Stadt zusammengefasst und im weiteren Verlauf ausgebaut. Auf der südöstlich vor der Stadt gelegenen Kinziginsel, die Friedrich I. schon vor der Stadtgründung in seinen Besitz brachte, entstand gleichzeitig mit der Kaiserpfalz ein repräsentativer Herrschersitz, der zudem stark befestigt war. Die kleine Anlage ist bis heute trotz großer Zerstörungen sehenswert. Ihre Steinmetzarbeiten gehören zu den künstlerisch wertvollsten der profanen Architektur des 12. Jahrhunderts. Von Anfang an sollten Pfalz und Stadt den imperialen Anspruch der Herrscher widerspiegeln. Fast 30 Aufenthalte der Staufer in der Stadt sind bezeugt. Bereits 1180 tagte ein bedeutender Reichstag in Gelnhausen, auf dem Friedrich I. einen Prozess gegen seinen Vetter, den Welfenherzog Heinrich den Löwen führte. In Abwesenheit wurde dieser auf dem Reichstag verurteilt und seine Länder neu verteilt.

Doch nicht nur als Pfalzort erlangte Gelnhausen bald große Bedeutung: Hier kreuzten mehrere wichtige Verkehrswege und die Handelsstraße Frankfurt – Leipzig führte vorbei. Zudem war der Main über die schiffbare Kinzig rasch auf dem Wasserweg erreichbar. Friedrich I. förderte durch entsprechende Privilegien den Handel und Gelnhausen entwickelte sich zu einem oft frequentierten Warenumschlagplatz. Bereits im 13. Jahrhundert gehörte der Ort zu den großen und wohlhabenden Städten des Reiches und konnte, was Steuerumfang und Kapitalkraft betraf, auch mit Frankfurt am Main konkurrieren. Durch die Befreiung der Gelnhäuser Bürger von Zöllen siedelten sich viele reiche Kaufleute in die Stadt an. Dieser Reichtum machte sich vor allem im Stadtbild bemerkbar, sowohl in öffentlichen als auch in privaten Bauten. Ein langsamer Niedergang setzte im 14. Jahrhundert ein. 1349 verpfändete Kaiser Karl IV. Burg und Stadt, die nach mehreren Besitzerwechseln schließlich an die Grafschaft Hanau und 1736 an Hessen-Kassel kamen. Während des 30-jährigen Kriegs dienten die Handelsstraßen als Heerstraßen, Gelnhausen wurde damals mehrfach von plündernden Söldnertruppen überfallen und gebrandschatzt. Zerstörungen, Hungersnöte und Seuchen führten dazu, dass die Stadt zeitweilig nahezu unbewohnbar und entvölkert war. Der um 1620 in Gelnhausen geborene Johann Jacob Christoph von Grimmelshausen, der die Schrecken dieses Kriegs in der Stadt miterlebte, schildert die Verwüstung in seinem Roman „Der abenteuerliche Simplicissimus" in großer Deutlichkeit. Zu Beginn des 18. Jahrhunderts erfolgte langsam eine erneute Besiede-

Die Hoffassade der Torhalle/Torkapelle

lung und damit einhergehend ein Wiederaufbau. Auf den alten Keller- und Sockelgeschossen der zerstörten Bauten errichtete man einfache Fachwerkhäuser. Daher konnte sich der Ort bis heute seinen mehr oder weniger regelmäßigen mittelalterlichen Grundriss bewahren, der typisch für eine planmäßig angelegte staufische Stadt ist, obwohl die meisten aufgehenden Mauern aus dem 17. und 18. Jahrhundert stammen. Durch den Reichsdeputationshauptschluss im Jahr 1803 verlor Gelnhausen die Reichsfreiheit und war keine Reichsstadt mehr. Im Zuge der Industrialisierung ab der Mitte des 19. Jahrhunderts kam es zum wirtschaftlichen Aufschwung und einer regen Bautätigkeit im Stadtkern. Der Anschluss an die Eisenbahnstrecke Frankfurt – Bebra förderte die Entwicklung. Bis heute profitiert die Kreisstadt des Main-Kinzig-Kreises von der Nähe zu Frankfurt und dem Rhein-Main-Gebiet. Eine weitere Auszeichnung erhielt die Stadt

2007: Das Nationale Geographische Institut Frankreichs errechnete den neuen geographischen Mittelpunkt der Europäischen Union: Er liegt im Gelnhäuser Stadtteil Meerholz.

Pfalz

Im Mittelalter gab es noch keine Hauptstadt im Reich. Könige und Kaiser waren Reisende, die von Pfalz zu Pfalz zogen und überall präsent waren. Eine dieser Pfalzen (vgl. Kaiserlautern, Wimpfen) wurde von Kaiser Friedrich I. Barbarossa strategisch günstig auf einer Kinzig-Halbinsel, südöstlich der 1170 gegründeten Stadt Gelnhausen errichtet. Am gleichen Platz bestand möglicherweise bereits eine dem Erzbischof von Mainz gehörende Burg „castrum Gelenhusen", die Friedrich I. nach 1165 als Mainzer Lehen erhielt. Die freie Lage der Pfalz neben der Stadt Gelnhausen verdeutlicht die jahrhundertelange Trennung zwischen eigentlicher Stadt und Pfalzbezirk. Heute ist dies durch die durchgehende Bebauung nicht mehr direkt fassbar. Die Kaiserpfalz war eine Wasserburg, deren Wasserseite einen natürlichen Schutz vor Angriffen bot. Auf der Landseite entstanden zu diesem Zweck Wassergräben (heutige Burgstraße). Das bebaute Pfalzareal gliederte sich in zwei Bereiche, die durch einen Nebenarm der Kinzig voneinander getrennt waren: Im Osten lag die eigentliche Pfalz, die Kernburg, mit Palas und Bergfried, von Mauern umgeben. Im Westen schloss eine Siedlung an, die ursprüngliche Vorburg. Zur Datierung der Pfalz haben sich keine Quellen erhalten. Die Bauten der Kernburg stehen auf einem Rost aus bis zu 20.000 Eichenpfählen. Eine dendrochronologische Holzuntersuchung der Pfähle ergab, dass sie ab ca. 1170 über ca. 15 Jahre hinweg in die Erde gerammt wurden. Demzufolge dauerten die Bauarbeiten der darauf errichteten Gebäude einige Jahre länger, woraus eine Datierung der Bauzeit von den 1180er Jahren bis um 1195 resultiert, was mit den Bauformen ganz gut übereinstimmt. Somit ist die Pfalz Gelnhausen von Kaiser Friedrich I. Barbarossa geplant, begonnen und in wesentlichen Teilen auch vollendet worden. Völlig fertiggestellt wurde sie sicherlich erst unter Kaiser Heinrich VI. Er war der erste Kaiser, der die Pfalz ihrer Funktion entsprechend benutzen konnte. Es sind zahlreiche Kaiserbesuche überliefert, so weilten Kaiser Friedrich I. und sein Sohn Heinrich VI. mehrmals im Jahr, teilweise sogar über mehrere Wochen, in der Pfalz. Mit dem

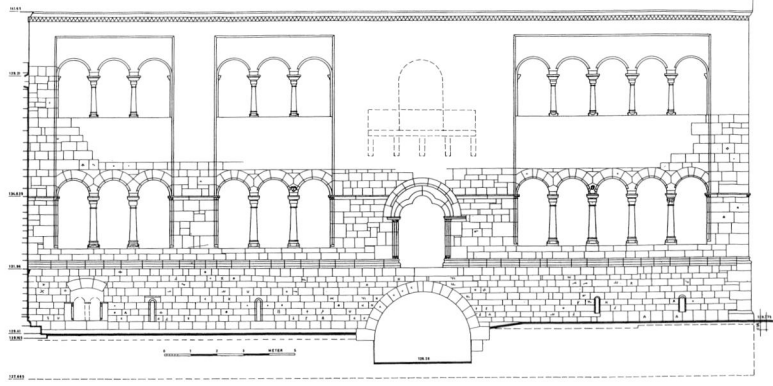

Die Rekonstruktion der Hoffassade des Palas

Die Hoffassade des Palas

Niedergang der Stadt setzte im 14. Jahrhundert auch ein langsamer Verfall des Areals ein. Bis 1816 benutzte man die Gebäude als Steinbruch. Nur die Pfalzkapelle, die im 15. und 18. Jahrhundert baulich verändert wurde, blieb davon verschont, weil sie als evangelische Pfarrkirche diente. Seit der Mitte des 19. Jahrhunderts werden Sicherungsarbeiten durchgeführt, um die Reste der Pfalz für die Nachwelt zu erhalten.

Rundgang Pfalz

Westlich der Pfalz entstand die Vorburg, die in ihren Grundzügen bis heute innerhalb der Bebauung aus verschiedenen Jahrhunderten erhalten blieb. Dort standen die Wirtschaftsgebäude und Wohnhäuser der Burgmannen, die ständig hier lebten. In nachstaufischer Zeit, als die Pfalz zunehmend an Bedeutung verlor, errichteten diese in der Vorburg ihre eigene Siedlung, unabhängig von der Stadt Gelnhausen. Die Befestigung dieser Anlage aus dem 15. Jahrhundert ist fast ganz verschwunden. Geblieben sind davon nur wenige Reste der Ringmauer sowie der untere Teil des spätmittelalterlichen

Haintors, eines von ehemals drei Toren der Befestigung der Kinziginsel. Es besaß früher einen Fachwerkaufbau, in dem der Torwächter wohnte. Da alle vorhandenen Bauten bis höchstens ins 14./15. Jahrhundert zurückreichen, standen offenbar in der staufischen Vorburg zunächst kaum Steinbauten. An der früheren Wohnung des Burgkaplans, einem Bruchsteinbau aus dem 16. Jahrhundert, befindet sich ein schönes Portal (1617) aus einem abgebrochenen Burgsitz. Dieser ehemalige Wohnsitz des Pfarrers, der in der Burgkapelle die Messe las, wird heute als Zehntscheune bezeichnet, entsprechend seiner Verwendung im 19. Jahrhundert. Ein Fachwerkhaus des 14./16. Jahrhunderts steht vor der Kernburg. Das ehemalige Burgmannenhaus zeigt in seinem kleinen Museum Fundstücke aus der Stauferzeit. Von hier aus führt der ehemals einzige Weg in die Kernburg hinein, dem Teil der Pfalz, der dem Kaiser und seinem Hofstaat vorbehalten war.

Die aus polygonaler Ringmauer, Hofgebäuden und Bergfried bestehende Anlage besaß die Form einer Burg und wurde nach einheitlichem Plan erbaut.

Ursprünglich überragte sie mit ihrem mächtigem Turm und den hohen Mauern und Dächern die niedrige Vorburgbebauung und wirkte neben der befestigten Reichsstadt als kleinere befestigte Siedlung. Der Verlauf der einst 7,50 m hohen und von einem Wehrgang bekrönten Mauer folgte dem Wasserlauf der Kinzigarme. Sie ist mit kräftigen Buckelquadern überzogen.

Ein abgestuftes, rundbogiges Tor führt in die Kernburg. Dahinter liegt die dreischiffige, zweijochige Torhalle. Der einzig vollständig erhaltene Raum der Pfalz besitzt romanisches Kreuzgrat- und gotisches Kreuzrippengewölbe. Innerhalb der eher einfachen und schweren Einzelformen ragt das mittlere Kapitell mit Adlerdekor, ein Symbol kaiserlicher Macht, hervor. In der Halle sind zwei Bogenfelder (um 1180) ausgestellt, die früher zu Portalen der Pfalz gehörten. Ein Feld zeigt einen Löwen, der ein Lamm reißt, ein Symbol des Sieges des Starken über den Schwachen. Das zweite Motiv – ein Mann mit Kreuz und Schwert, vor dem ein bärtiger Mann und eine Frau knien – kann als Kaiser, als Herr über Staat und Kirche, gedeutet werden. Von der Torhalle gehen zwei Treppen ab, die nördlich gelegene führte in den Palas und die gegenüber liegende ermöglicht heute den Zutritt zum Obergeschoss des Baus, der nach den oft bei staufischen Burgen anzutreffenden Gepflogenheiten die Pfalzkapelle enthielt. Diese nimmt die Gliederung der darunter liegenden Torhalle auf. Ihre reiche, mehrfach gestufte Wandaufteilung und die Ausarbeitung der baulichen Details verraten den besonderen Rang des Raums. Die zum Hof reichende Ostwand, vor der ein Altar stand, besaß keine Nische, sondern eine vierfache Arkadenstellung.

Von der Kapelle aus führt eine neuzeitliche Stahl-Holz-Treppe in den heute noch 13 m empor ragenden, mit Buckelquadern verkleideten Rechteckturm neben dem Eingangstor, der lange Zeit aus Sicherheitsgründen für Besucher nicht zugänglich war. 2008 erhielt der ursprünglich als Bergfried genutzte Turm eine Treppenanlage. Die Architekten legten die neue Treppenkonstruktion auf vorhandene Rücksprünge im oberen Teil des Turms auf und hängten die unteren Ebenen daran ab. So blieb die historische Gründung unangetastet. Die im Turm neu geschaffenen Ebenen entsprechen der – durch aktuelle Befunde belegten – ursprünglichen Geschoss-

EXTRA unterwegs mit Kindern

Historische Führungen für Jung und Alt

Die Tourist-Information Gelnhausen bietet eine unglaublich große Auswahl an Führungen, bei denen historische Figuren der Stadtgeschichte erwachen und Sie mit auf eine Zeitreise nehmen. So erzählen zwei Frauen aus Leben eines Stauferkaisers und dem Aufbau der Stadt, zwei Rückkehrer vom Kreuzzug flanieren durch die Gassen und Heinrich Vingerhuth, Steinmetz und Baumeister der Marienkirche, erläutert die Baugeschichte des Gotteshauses. Innerhalb spezieller Kinderführungen wird beispielsweise die Kindheit im Mittelalter mit „allerlei Kurzweil" den Jüngeren näher gebracht. Termine und Buchungen über die Tourist-Information.

Die Fachwerkhäuser am Untermarkt

einteilung des Gebäudes. Das einst rundum geschlossene Erdgeschoss diente vermutlich auch der Getreidelagerung oder aber als Gefängnis. Der erste Zugang lag in fast 8 m Höhe auf der Hofseite, dort, wo heute eine kleine Aussichtskanzel vorragt.

Darüber hinaus sollte ein runder Bergfried mit 16 m Durchmesser im östlichen Hofbereich errichtet werden, der jedoch nicht über Sockelhöhe hinaus kam. Sein Fundament ist heute nur leicht im Bodenverlauf erkennbar.

Im Hof waren alle weiteren Wohn- und Wirtschaftsgebäude an die Ringmauer gelehnt. Von ihnen blieben nur zwei Aborterker und ein kleines Fenster in der Außenmauer. Neben den Ruinen von Torbau mit Kapelle und Bergfried hat sich nur der Rest des Palas im nördlichen Burghof erhalten. Die äußerst feine und detailreiche Gestaltung des Hauptwohnbaus verrät herrscherlichen An-

spruch. Aus den baulichen Resten lässt sich ein anschauliches Bild von dem einst dreigeschossigen Haus gewinnen. Im Sockel ist die Öffnung in den Keller erkennbar. Ins hoch angesetzte erste Obergeschoss führte eine Treppe. Das äußerst fein gestaltete Hauptportal wird von einem mit reichem Rankenfries angelegtem Kleeblattbogen bekrönt. Darüber ist seit dem 19. Jahrhundert der sogenannte Barbarossakopf, ehemals wohl ein Symbol der Eitelkeit, eingemauert. Zu beiden Seiten des leicht aus der Mitte versetzten Portals erstrecken sich prachtvolle Fensterarkaden. Grabungen zeigten, dass es in diesem hohen ersten Geschoss einen Vorraum gab, von dem ein kleiner Saal abzweigte. Dieser konnte in der kalten Jahreszeit durch einen Kamin geheizt werden, dessen Reste an der rückwärtigen Wand zu sehen sind. Die Schmuckplatten neben dem Kamin zeigen wunderschönes Flechtbandmuster.

Darüber erstreckte sich jeweils ein halbrundes, mit Zackendekor verziertes Fenster. Auch die Kaminsäulen sind reich mit Zackendekor versehen. Zudem befanden sich noch mindestens zwei weitere Gemächer auf dieser Ebene. Vom zweiten Obergeschoss hat sich außer dem Gewände und dem Bogenfang einer fensterartigen Öffnung nichts mehr erhalten. Hier lag ein Saal, der vermutlich die gesamte Fläche einnahm und für Festlichkeiten oder Verwaltungsgeschäfte diente.

Das am Palas befindliche Bauornament gehört zum formschönsten und detailreichsten an einem Profanbau aus romanischer Zeit. Die Formen verweisen vor allem in die staufischen Kunstzentren am Oberrhein und im Elsass, zum Teil auch nach Südfrankreich. Die Hausteine der Pfalz sind mit fast 60 unterschiedlichen Steinmetzzeichen versehen. Die Vielzahl verschiedener Zeichen und ihr häufiges Vorkommen lassen auf einen sehr lebhaften Baubetrieb schließen.

Rundgang Altstadt

Auch die Baudenkmäler der Stadt Gelnhausen sind einen Rundgang wert. Die Straßenzüge der „mittelalterlichen Metropole" prägten große, massive Steinhäuser, die in repräsentativer Bauweise entstanden. Fachwerkhäuser waren bis ins späte Mittelalter eher in der Minderzahl, da oberhalb der Stadt Steinbrüche lagen. Als Ausgangspunkt für einen Rundgang bietet sich der **Obermarkt** an, dem Zentrum der planmäßig angelegten Stadt, an dem sich früher alle Straßen trafen. Hier hatten die Zünfte ihre Treffpunkte, hier boten die durchreisenden Kaufleute ihre Waren an. Um wetterunabhängig zu sein, wurde im Jahr 1333 an diesem Platz eine überdachte Kaufhalle mit Treppengiebel errichtet, in deren geräumige Erdgeschoßhalle die Wagen der Kaufleute durch zwei gotische Portale hineinfahren konnten. Das Obergeschoss des seit dem 16. Jahrhundert kontinuierlich als **Rathaus** genutzten Baus brannte 1736 ab und wurde im Barockstil neu ergänzt. Im **Heimatmuseum** am Obermarkt (im Haus der Touristeninformation) werden Fundstücke aus über 800 Jahren Stadtgeschichte gezeigt. An gleicher Stelle stand bis zur Reformation ein Franziskanerkloster aus dem 13. Jahrhundert. Die vom Markt abzweigende Holzgasse führt zu einem der wenigen mittelalterlichen Steinhäuser, das den 30-jährigen Krieg überlebte: Der **Klosterhof des Jo-**

Das Innere Holztor
war ein Teil der Stadtmauer

EXTRA Feste und Feiern

Der Barbarossamarkt

Jährlich beginnt am zweiten Wochenende im März mit dem Barbarossamarkt in Gelnhausen die Frühlingssaison. Das große Volksfest des Kinzigtals trägt den Namen des Stadtgründers. Mitten in der Altstadt, auf allen Straßen und Plätzen, laden vor historischer Kulisse viele Stände zum Bummeln ein. Ausgefallene Fahrgeschäfte sind über alle Straßen verteilt. Am historischen Obermarkt durchzieht ein Hauch Mittelalter die Stadt. Attraktive Angebote für die ganze Familie machen einen Besuch zu einem gelungenen Fest.

hanniterordens mit seinem prächtigen Staffelgiebel entstand Anfang des 14. Jahrhunderts. Gegenüber steht das **Deutschordenshaus**, ein ehemaliger Wirtschaftshof der Deutschherren. Von hier blickt man auf das **Innere Holztor** (13. Jahrhundert), das zum ersten Befestigungsring der Stadt gehörte. Der Weg hindurch verläuft zum Äußeren Holztor, dem zweiten Mauerring der Zeit um 1330 zugehörig. Von dort aus führt der Kapellenweg zur hochmittelalterlichen **Godobertuskapelle** (1260 erstmals erwähnt), einer Doppelkapelle, die bereits vor der Stadtgründung entstand und vermutlich zu einer Grafenburg gehörte. Zurück am Obermarkt geht es zur um 1238 errichteten **Peterskirche**. Sie wurde nach der Reformation zeitweise als Zigarrenfabrik, Lazarett und Lager genutzt. Erst 1920 erfolgte erneut eine Weihe zur katholischen Pfarrkirche. Von hier verläuft die Alte Schmidtgasse direkt auf das Geburtshaus von Philipp Reis, dem Erfinder des Telefons. In der Langgasse steht zudem der **Arnsburger Hof,** ein ehemaliger Wirtschaftshof des Klosters Arnsburg, der im 18. Jahrhundert eine Erweiterung und Barockisierung erfuhr. Die Langgasse, ein typischer Straßenzug der Altstadt, setzt sich bis zum Untermarkt fort. Zuvor bietet sich ein Abstecher in die Kuhgasse an, in der das **gotische Haus** (14. Jahrhundert), eines der ältesten Fachwerkhäuser Hessens steht. In unmittelbarer Nachbarschaft erhebt sich eine neuzeitliche Interpretation eines Altstadthauses, das Kunsthaus **Living Room**. Für dieses eigenwillige spitze Wohnhaus wurden fünf Künstler und ein Dichter eingeladen, mit Poesie, Malerei, Skulptur, Licht- und Toninstallation ein kleines Gesamtkunstwerk zu schaffen, zu dessen Besonderheiten eine ausfahrbare Riesenschublade gehört. Durch die Brentanostraße geht es zur **ehemali-**

gen Synagoge, die seit 1986 als kulturelle Begegnungsstätte dient. Als Handelsstadt hatte Gelnhausen schon in mittelalterlicher Zeit eine große jüdische Gemeinde. Sie ist seit 1241 nachgewiesen. Der heutige Synagogenbau stammt aus dem Jahr 1601 und wurde nach Zerstörungen im 30-jährigen Krieg im ausgehenden 17. Jahrhundert wieder aufgebaut. Aus dieser Zeit stammen die meisten Schmuckformen, auch der barocke Thoraschrein im Inneren. Die jüdische Gemeinde existierte bis 1938, danach wurde die Synagoge verkauft und diente als Lagerhaus. Von hier sind es nur noch wenige Schritte bis zum Untermarkt, an dem das sogenannte **romanische Haus** steht, ein dreigeschossiger Bau der Stauferzeit, der um 1180 möglicherweise als Amtssitz eines kaiserlichen Beamten entstand.

Oberhalb des Untermarkts erhebt sich in zentraler Lage die bemerkenswerte **Marienkirche**, die ihre das Stadtbild prägende Silhouette dem ständig wachsenden Reichtum der Stadt verdankt. Ursprünglich war sie eine kleine Dorfkirche, ein einfacher Saalbau der

Das romanische Haus am Untermarkt

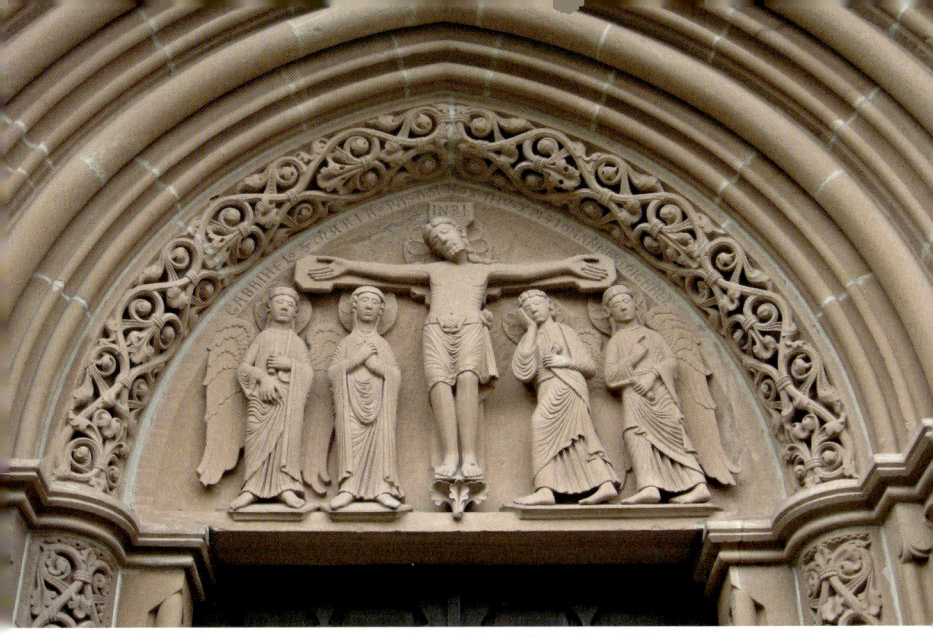

Darstellung der Kreuzigung am Nordportal der Stiftskirche, 13. Jh.

schon vor der Stadtgründung existierte. Dann wurde das architektonische Kleinod in mindestens fünf Bauphasen planmäßig ausgebaut und erweitert. Sind die westlichen Teile des Kirchenbaus noch in einfachem romanischen Stil errichtet, zeigen Querhaus, Osttürme und Chor bedeutende Einflüsse der dekorativen französischen Gotik, so dass sich hier bald nach 1200 der Übergang von der Romanik zur Gotik manifestiert. In dieser Zeit hatte man neue, modernen Ansprüchen genügende Baumeister, die in der aus Frankreich kommenden Gotik geschult waren, nach Gelnhausen geholt. Die 1223 erstmals urkundlich erwähnte Marienkirche gehörte damals dem Prämonstratenserstift Langenselbold und verblieb bis zur Auflösung des Klosters 1543 in dessen Besitz. Zu diesem Zeitpunkt wurde die Kirche laut einem Vertrag mit der Stadt Gelnhausen lutherisch. Dieser friedliche Vorgang und der spätere Widerstand der Stadt gegen die Einführung der reformierten Bekenntnisform in Gelnhau-

sen hatte deutliche Auswirkung auf die Marienkirche. Der Bildersturm blieb aus und das Innere der Kirche wurde im Wesentlichen erhalten. Der in spätstaufischer Zeit um 1240/50 entstandene Lettner zeichnet sich durch schöne Steinmetzarbeiten aus. Gerade das naturalistische frühgotische Blattwerk verdient besondere Aufmerksamkeit.

Von den vielen Stadttoren und Türmen Gelnhausens sind der **Buttenturm**, die beiden **Holztore**, das **Ziegeltor**, das **Schifftor** und das **Haitzer Tor** erhalten geblieben. Das Haitzer Tor wurde im 19. Jahrhundert, nachdem die Straße neben das Tor verlegt wurde, zu einem Wohnhaus umgebaut. Auch der **Halbmond** (im heutigen Stadtgarten gelegen), der einen Rundblick über Gelnhausen bietet, hat als Verteidigungsturm den Jahrhunderten getrotzt. Im **Hexenturm,** einem Befestigungsturm aus der Mitte des 15. Jahrhunderts, wurden der Legende nach Hexen und Hexer gefangen gehalten. Der Zugang ist nur innerhalb einer Stadtführung möglich.

Adressen und Auskunft

Touristik Information
Gelnhausen
Obermarkt 24
63571 Gelnhausen
Tel. +49(0)6051-830300
tourist-information@gelnhausen.de
www.gelnhausen.de
Stadt- oder Themenstadtführungen
von Mai – Okt an jedem So um 14:30
Uhr ab Rathaus am Obermarkt. Stadt-
erlebnisführungen an jedem 1. Fr im
Monat um 20:15 Uhr ab Rathaus.

Museen und Sehenswertes

Kaiserpfalz Gelnhausen
Verwaltung der staatlichen Schlösser
und Gärten Hessen
Burgstr. 14
63571 Gelnhausen
Tel. +49(0)6051-3805
info@schloesser.hessen.de
www.schloesser-hessen.de
Öffnungszeiten: Di – Do, März – Okt
10.00–17.00 Uhr, Nov – Dez, 10.00–
16.00 Uhr
Mo nur mit Voranmeldung, Winterpause von Mitte Dez bis Ende Feb.

Heimatmuseum Gelnhausen
Obermarkt 24
63571 Gelnhausen
Tel. +49(0)6051-472424 oder 12597
Geschichtsverein@gelnhausen.de
www.gelnhausen.de
Öffnungszeiten: Mo – Fr von 8.00–
12.00 Uhr, 14.00–16:30 Uhr, Sa 9.00–
12.00 Uhr.

Essen und Trinken

In den verwinkelten Gässchen der
Altstadt gibt es unzählige Restaurants, Biergärten, Cafes und Kneipen,
darunter auch das Hotel Grimmelshausen in der Schmidtgasse 12, im
Geburtshaus des Schriftstellers von
Grimmelshausen (Tel. 06051-92420,
grimmelshausen-hotel@t-online.de,
www.grimmelshausen-hotel.de)
sowie das Feinschmeckerlokal im
Altstadt-Hotel (Untermarkt 17, Tel.
06051-97798-0, info@altstadthotel-
gelnhausen.de, www.altstadthotel-
gelnhausen.de)

Anreise

Mit dem Auto:
Gelnhausen ist an der A 66 zwischen
Frankfurt und Fulda gelegen, Fulda
liegt ungefähr 60 km in östlicher
Richtung, Frankfurt ungefähr 45 km
in westlicher Richtung. Von Frank-
furt/Aschaffenburg auf der A 45 Abfahrt Langenselbold, dann auf die
A 66 Richtung Gelnhausen fahren.
Für den Besuch der Altstadt eignet
sich die Autobahnabfahrt Gelnhau-
sen-Ost, hier ist der Weg zur Altstadt
auch gut ausgeschildert.

Go green:
Mit der Bahn kann man Gelnhausen
mit dem Regionalexpress oder der
Regionalbahn von Frankfurt am Main
(30–40 Minuten Fahrzeit), Fulda oder
Gießen direkt erreichen. Fulda und
Frankfurt werden mindestens stünd-
lich angefahren.
Durch Gelnhausen verläuft der Hess.
Radfernweg R3: Rhein – Main – Kin-
zig von Rüdesheim nach Tann in der
Rhön (östl. von Fulda). Da man durch
das Kinzigtal fährt, erwarten den Rad-
fahrer keine größeren Steigungen.
Außerdem verläuft der BahnRadweg
Hessen durch die Stadt, so kann man
vom Hohem Vogelsberg über Wäch-
tersbach herabfahren.

Heppenheim – ein Bollwerk des Klosters Lorsch

Ein reizvolles Nebeneinander von Alt und Neu prägt den Charakter der Stadt Heppenheim. Der Schlossberg mit der Ruine der Starkenburg überragt die malerische Altstadt mit ihren zahlreichen Fachwerkhäusern. Ein Besuch des Orts ist lohnenswert, denn hier hat sich ein Stadtgefüge erhalten, das sich ab staufischer Zeit entwickelte und bis heute die Anlage der Altstadt bestimmt.

Geschichte

„Villa heppenheim", das Dorf Heppenheim, wurde erstmals in fränkischer Zeit erwähnt. Nach einer Urkunde vermachte der Weinheimer Ackerbürger Marcharius seinen Heppenheimer Grundbesitz der bereits in vorkarolingischer Zeit gegründeten Kirche, der „basilica sancti Petri". Karl der Große übergab bei einem Besuch im Kloster Lorsch im Jahr 733 diese Siedlung zusammen mit der zugehörigen Waldmark dem dortigen Abt. Durch diese Schenkung ging das Dorf eine enge religiöse, kulturelle aber auch politische Bindung mit dem Kloster ein, dem geistigen und wirtschaftlichen Mittelpunkt der Region. Der Königshof fungierte von nun an als Vogtei des Klosters, Heppenheim wurde zum Verwaltungsmittelpunkt und erhielt um 850 das Marktrecht. Mehrere Jahrhunderte verblieb Heppenheim unter Lorscher Herrschaft. In diese Zeit fällt auch die Gründung der Starkenburg. Das Kloster wurde immer bedeutsamer und erweckte viele Begehrlichkeiten. Kaiser Heinrich IV. schenkte die Fürstabtei 1065 dem Bremer Erzbischof Adalbert. Nachdem Adalbert seine Ansprüche geltend machen wollte, ließ der damalige Abt Udalrich von Lorsch noch im gleichen Jahr die Starkenburg erbauen. Im Notfall sollten hier die Mönche sicheren Unterschlupf finden. Bereits im Erbauungsjahr musste der damals auf

Luftaufnahme der Starkenburg

EXTRA Feste und Feiern

Festspiele vor historischer Kulisse

Seit 1974 finden vor historischer Kulisse des Kurmainzer Amtshofs oder dem „Dom der Bergstraße" Festspiele statt. Jedes Jahr kommen Besucher aus ganz Deutschland zu den Vorstellungen von Ende Juli bis Anfang September, bislang waren es mehr als eine Million. Infos unter www.festspiele-heppenheim.de, Kontakt info@festspiele-heppenheim.de

dem „Burcheldon", dem heutigen Schlossberg, errichtete Bau seine Festigkeit unter Beweis stellen. Das Heer des Bremer Erzbischofs belagerte die Burg. Aufgrund ihrer strategisch günstigen Lage und der starken Mauern zogen die Feinde jedoch unverrichteter Dinge ab. Als 1232 der Niedergang des Klosters einsetzte, schenkte der Stauferkaiser Friedrich II. Burg, Heppenheim und das Kloster dem Erzbistum Mainz. Der Erzbischof ließ sich zur Verwaltung des Mainzer Territoriums in Heppenheim ein neues, wehrhaftes Gebäude errichten, den heutigen Kurmainzer Amtshof, und erweiterte damit den Ort nach Norden. Heppenheim wurde zum Verwaltungsmittelpunkt für die Gegend und Sitz des Oberamts Starkenburg, dem der Burggraf auf der Starkenburg als höchster Beamte des Erzbischofs vorstand. Um 1300 erfolgte die Erhebung zur Stadt. 1461 verpfändete der Mainzer Erzbischof die Mark Heppenheim an seinen Nachbarn, den Kurfürsten von der Pfalz. Vorausgegangen war eine Fehde zwischen der kurmainzischen und kurpfälzischen Territorialmacht, die mit einer Niederlage des Mainzer Erzbischofs endete. Als sich der Kurfürst und neue Herr der Reformation anschloss, wurde Heppenheim evangelisch. Die Kriege des 16. und 17. Jahrhunderts, vor allem der 30-jährige Krieg trafen auch die Stadt. 1689 plünderten französische Truppen den Ort im Pfälzischen Erbfolgekrieg, 1693 zerstörte ein großer Brand bei erneuten Plünderungen viele Häuser. Der ab dem 18. Jahrhundert einsetzende Wiederaufbau prägt bis heute das Aussehen der altstädtischen Häuser. Im 19. Jahrhundert wurde die Stadtbefestigung niedergelegt. Im Zuge des Reichsdeputationshauptschlusses von 1803 kam Heppenheim zum Großherzogtum Hessen-Darmstadt und ist bis heute hessisch. Derzeit gibt es in der Kreisstadt Heppenheim neben mehreren Industriebetrieben viele Verwaltungseinrichtungen und Schulen.

Altstadt-Rundgang

Viele verwinkelte Gassen mit einer Fülle wertvoller Fachwerkhäuser prägen bis heute das malerische Stadtbild des alten Ortskerns. Die Stadt verfügt über zahlreiche Sehenswürdigkeiten, die vom **Marktplatz** aus bequem zu Fuß erkundet werden können. Der Platz bildet den Mittelpunkt der Altstadt und zählt zu den schönsten seiner Art in Deutschland. Hier fällt vor allem das 1551 erbaute **Rathaus** auf, das zur Blütezeit der Stadt unter kurfürstlicher Herrschaft entstand. Nach dem großen Stadtbrand erhielt es im 17. Jahrhundert, wie viele andere Bauten, ein barockes Fachwerk. Gegenüber steht die ehemalige Liebig-Apotheke, in der Justus von Liebig 1817/18 zehn Monate seiner Lehrzeit verbrachte. Der Gasthof **Goldener Engel** ist das einstige Zunfthaus der Schneider. Vom **Marktbrunnen** mit der Mariensäule von 1729 aus erblickt man die Türme der katholische **Pfarrkirche St. Peter**, die 1904 als „Dom der Bergstraße" durch den Mainzer Dombaumeister Ludwig Becker erbaut wurde. An dieser Stelle ist bereits für das Jahr 755 eine Kirche belegt, die vermutlich Bestandteil einer um 700 entstandenen fränkischen Fliehburganlage um den heutigen Großen Markt war und zwischen 773 und 1232 der Fürstabtei Lorsch unterstand. Zu ihrer Ausstattung gehörte die Heppenheimer Madonna, eine bedeutende Statue der Zeit um 1270/80, heute im nördlichen Querschiff. Vor der Kirche steht eine barocke Kreuzigungsgruppe von 1705. Die Amtsgasse führt vom Markt direkt zum **Kurmainzer Amtshof**, der nach 1232 als Verwaltungssitz des Mainzer Erzbischofs erbaut wurde. Teile des Hauptbaus mit Eckbuckelquadern und quadratischem Turm stammen noch aus der staufischen Anfangszeit. Der bei einem Brand 1369 zerstörte erste Bau wurde ab dem späten 14. Jahrhundert wieder aufgebaut, andere Bauteile reichen von der Renaissance bis ins frühe 17. Jahrhundert. Heute befinden sich hier das Museum für Stadtgeschichte und Volkskunde sowie der

Eine Laterne am Scherenschnittpfad

Winzerverein. In der ebenfalls vom Marktplatz abzweigenden Schulgasse steht die **Schloss-Schule**, ab 1824 zunächst Volks-, heute eine Grundschule. Das Gebäude entstand als Stadtschloss unter dem letzten Burggrafen Freiherr

EXTRA unterwegs mit Kindern

Mittelalterlichen Sagen auf der Spur

Wer mittelalterliche Sagen und Mythen Heppenheims erkunden möchte, sollte sich auf den Laternenweg durch die Altstadt begeben. Viele Straßenlaternen erhielten 2004 eine Gestaltung durch kunstvolle Scherenschnitte. Sie stehen am mittelalterlichen Marktplatz und führen von dort durch die engen Gassen an geheimnisvolle und romantische Ecken des Ortskerns. Jede Laterne wird durch ein Schild erläutert, ferner gibt es im Sommer Kostümführungen für Erwachsene.

Der große Markt mit dem Rathaus (1705/06) und der früheren Zunftherberge der Schneider (Goldener Engel, nach 1693)

von und zu Hees um 1700 als schlichter Bau mit schönem Wappenportal. In der Kellereigasse befindet sich die ehemalige **Amtskellerei** (heute Landratsamt), die nach 1648 als Sitz des kurmainzischen Finanzverwalters errichtet und rund 100 Jahre später im Westen erweitert wurde. Am achtseitigen Treppenturm ist ein schönes erzbischöfliches Wappen (um 1750) erkennbar.

Burg

Zur Burg führen von Heppenheims Altstadt aus mehrere gut beschilderte Wanderwege, darunter ein in Koopera-

tion mit der Starkenburg-Sternwarte entstandener Planetenweg.

Die 1065 gegründete Starkenburg zählt zu den ältesten Anlagen ihrer Art an der Bergstraße. In ihrer langen Geschichte erfuhren die Gebäude mehrfache Veränderungen, so dass aus der Erbauungszeit keine Reste erhalten blieben. 1206 erschien zum ersten Mal der Name Starkimberg. Unter den Erzbischöfen von Mainz wurde sie im 13. und 14. Jahrhundert zu einer wichtigen Bastion und immer wieder ausgebaut. Während des 30-jährigen Kriegs belagerten unterschiedlichste Truppen den Bau. Um 1680 erfolgte ein neuerlicher Ausbau zur Festung, von der sich die Reste von Schanzen und Bastionen erhalten haben. Letztmals widerstand sie im Pfälzischen Erbfolgekrieg einer Belagerung. 1765 wurde das Areal versteigert und zum Abbruch freigegeben. 1803 fiel die Ruine an Hessen.

Im Kern datiert die gestreckte, längsrechteckige Anlage mit Halsgraben noch ins 12. Jahrhundert. Ihre Ringmauer erhielt in gotischer Zeit eine Verstärkung durch Ecktürme. Im Süden ist der sogenannte große Zwinger vorgelagert. Der ursprünglich frei im Hof stehende Bergfried wurde aufgrund seiner Baufälligkeit 1924 gesprengt und als Ersatz der heutige Turm, etwas westlicher und baulich verändert, errichtet. Anstelle des 1680 neu erbauten Palas erhebt sich heute ein im Stil angepasster Zweckbau von 1958/59, der als Jugendherberge dient. Im unteren Burghof, der an den Zwinger anschließt, befindet sich ein schöner Biergarten.

Adressen und Auskunft
Tourist Information
Großer Markt 9
64646 Heppenheim
Tel. +49(0)6252-131171
info@stadt.heppenheim.de
www.heppenheim.de

Museen und Sehenswertes
Museum für Stadtgeschichte und Volkskunde
Kurmainzer Amtshof
Amtsgasse 5
64646 Heppenheim
Tel. +49(0)6252-69112
www.heppenheim.de
Öffnungszeiten: Mi, Do, Sa 14:00–17:00 Uhr, So u. Feiertage 14:00–18:00 Uhr.

Burgruine Starkenburg
Jugendherberge
Starkenburgweg 53
64646 Heppenheim
Tel. +49(0)6252-77323
starkenburg@djh-hessen.de
www.starkenburg.jugendherberge.de
Die Ruine ist frei zugänglich. Parkplätze stehen unterhalb der Ruine zur Verfügung.

Essen und Trinken:
Burgschänke Starkenburg
Starkenburgweg 51
64646 Heppenheim
Tel. +49(0)6252-78142
info@burgschaenke-starkenburg.de
www.burgschaenke-starkenburg.de
Öffnungszeiten: Sommersaison (01.04.–31.10.), Di – Fr ab 14:00 Uhr Sa, So u. Feiertage ab 11:00 Uhr, Mo Ruhetag, Wintersaison (01.11.–31.03.) nur Sa u. So ab 11:00 Uhr, Winterpause im Dezember.

Anreise
Mit dem Auto:
A 5 Frankfurt-Basel bis Abfahrt Heppenheim oder A 67 Darmstadt-Mannheim bis Ausfahrt Lorsch. Dann weiter über die B 3 oder von der B 460 kommend bis nach Heppenheim, von hier zur Burg der Beschilderung „Starkenburg" folgen.

Go green:
Zugstrecke Frankfurt-Mannheim bis Bahnhof Heppenheim. Zu Fuß zur Burg über den Wanderweg R1 (Darmstadt-Heidelberg).

Hirschhorn – eine Burgengründung der Stauferzeit

Die heute als Schloss bezeichnete, monumentale Burg Hirschhorn thront weithin sichtbar im sich dahin schlängelnden Neckartal, einer mit Burgenreichtum gesegneten Landschaft. Aufgrund ihres guten Zustandes sowie ihrer Größe, aber auch durch die eindrucksvolle spätmittelalterliche Befestigung zählt das Ensemble zu den sehenswertesten Burganlagen der Region.

Geschichte

Die erste Anlage entstand in der späten Stauferzeit, vermutlich um 1250/60, wehrtechnisch geschickt auf einem Bergrücken zwischen Neckar- und Finkenbachtal gebaut. Die Staufer scheiterten daran, die Ländereien des Reichsklosters Lorsch, zu dem auch Hirschhorn gehörte, in ihr Territorium am unteren Neckar einzugliedern, da die aus einer Staufischen Nebenlinie erwachsene Pfalzgrafschaft hier ebenfalls Interessen verfolgte. Seit 1196 machte der deutsche König Vogteirechte über Lorscher Gebiete geltend. Ihm war sehr daran gelegen, die weitere Einflussnahme der Pfalzgrafen zu unterbinden. Aus diesem Grund übergab Friedrich II. schließlich 1232 die in Verfall geratene Abtei Lorsch dem ehrgeizigen Mainzer Erzbischof Siegfried III. von Eppstein, der diesen Zankapfel nur mit Mühe gegenüber dem Pfalzgrafen behaupten konnte. Das dadurch entstandene Machtvakuum gab einem Ministerialen die Möglich-

Blick zur Hauptburg

Das mittlere Burgtor

Ansicht der Burg von Süden

keit, sich im peripher gelegenen Hirschhorner Raum eine Burg zu errichten und
eine Herrschaft aufzubauen. Bauherren
waren die späteren Herren von Hirschhorn, entweder Rumpoldus von Steinach und seine Gemahlin, eine geborene Hirschberg-Weinheim, oder deren
Sohn Johann I. von Hirschhorn, der erste,
der sich nach der Burg benannte. Burg
und Herrschaft machten die Hirschhorner Ritter zu einer der einflussreichsten
Adelsfamilien des unteren Neckarlandes.
Das Geschlecht hatte wichtige Hofäm-
ter am benachbarten Pfälzer Hof inne,
übernahm Verwaltungsaufgaben für
seinen Lehnsherrn, den Mainzer Erzbischof, wurde sogar dessen Geldgeber
und unterhielt enge Kontakte vom
Pfalzgraf bis hin zum Kaiser. Mit dem
Tode des letzten Herrn von Hirschhorn
1632 starb das Geschlecht aus, die ihnen
eigene Herrschaft wurde aufgelöst, Burg
und Stadt gingen an Kurmainz zurück.

Die Neckaransicht der Burg besticht
durch die auffällige Gestrecktheit der
Bauten, bestehend aus hohen Mauern,
Türmen und mehreren gestaffelten Gie-
belfronten. Dem entgegen tritt der hoch
emporragende, quadratische Bergfried,
der an die ersten Tage der Burg erinnert.
Die ursprüngliche Anlage mit rechteckigem Grundriss dürfte sehr klein gewesen sein. Sie bestand vermutlich nur aus
dem Turm und einer engen Wohn- und
Wirtschaftsbebauung im Schatten der
mächtigen Schildmauer. Ein tiefer Halsgraben trennte damals die Burg vom
Berg. Über eine Brücke gelangte man
zum Torturm und von dort in die Anlage.
Im Kern der innersten Bereiche sind
noch Mauerreste aus der Zeit der Stau-
fergründung vorhanden. Mitte des 14.
Jahrhunderts begann der Ausbau der
Anlage. Der Bergfried wurde durch ein
schlankeres und höheres Modell ersetzt
und die Schildmauer erhöht. Neben

Burgkapelle und einem größeren Wohnbereich entstand eine Vorburganlage (heute obere Vorburg). Je älter die Festung wurde, umso mehr Mauern und Zwinger traten hinzu, um die sich ständig fortentwickelnden Möglichkeiten potentieller Eroberer auszugleichen. Im Zusammenhang mit der Stadtgründung und dem Bau der Stadtbefestigung kam um 1400 die untere Vorburg dazu. Bis in die Jahre 1422/23 folgten die Anlage des inneren und äußeren Zwingers sowie eine Neuanlage der oberen Vorburg. Um 1500 folgten der Bau einer zusätzlichen Zwingermauer mit einem halbrunden, kleinen Bollwerk im Norden sowie ein runder Artillerieturm, der Jacobsturm (heute Gefängnisturm, nach einer späteren Nutzung). Die letzten großen Veränderungen für die nächsten Jahrhunderte sind vom Ende des 16. bis zum Anfang des 17. Jahrhunderts zu verzeichnen. Ludwig I. von Hirschhorn und seine Gattin Maria von Hatzfeld modernisierten das Erscheinungsbild der Anlage entscheidend. Sie ließen einige

Gebäude im Stil der Renaissance um- und überbauen, andere wurden gänzlich neu errichtet. 1636 verpfändete Kurmainz Hirschhorn samt Burg an den kurkölnischen Kämmerer Rudolf Raitz von Frenz, der sich als Pfandherr an dem im 30-jährigen Krieg in Mitleidenschaft gezogenen Bauensemble schadlos hielt. Mit fehlendem Unterhalt begann der Zahn der Zeit an dem Gemäuer zu nagen und sein Zerstörungswerk bewirkte einen raschen Verfall, worauf sogar einige Gebäude abgetragen wurden. Dieser Zustand verstärkte sich, als die Burg 1802/03 an das Großherzogtum Hessen-Darmstadt ging. Der schlechte Zustand der Bausubstanz wurde im 19. Jahrhundert immer dramatischer, bis ab 1884/86 mit der Erneuerung der oberen Vorburgmauern und der Sicherung des Bergfrieds erste Abhilfe geschaffen wurde. Endgültige Erhaltung garantierte erst der Umbau der Anlage zum Schlosshotel ab 1959. Dabei musste allerdings tief in die historische Bausubstanz eingegriffen werden.

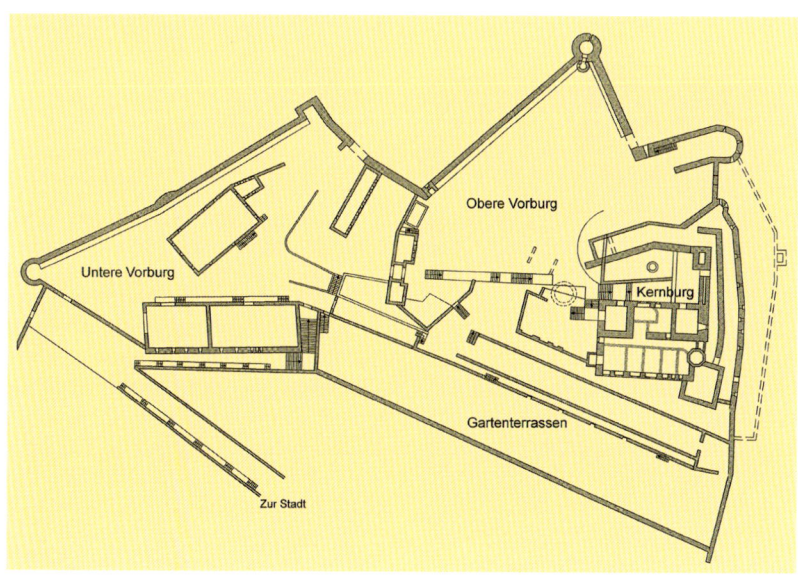

Grundriss

EXTRA unterwegs mit Kindern

Freizeitvergnügen auf der Ritterburg

Auf der Brüstung der Aussichtsplattform unweit des Tors von der oberen in die untere Vorburg ist ein Mühlespiel in den Stein geritzt. Mühlespielfelder wurden dort angebracht, wo gespielt werden sollte: in hölzerne Tischplatten, in Fußbodendielen, in Holzbrettchen aber auch in die steinernen Fensterbänke der Burgen. Brettspiele waren im gesamten Mittelalter sehr beliebt und wurden von allen Bevölkerungsschichten gespielt. Möglicherweise ist das Spielfeld in Zweitverwendung bei einem Umbau der Burg eingefügt worden.

Das Mühlebrett zeigt drei verschieden große, ineinander liegende Quadrate, die an den Seitenmitten durch Linien miteinander verbunden sind. Die Regeln sind denkbar einfach. Abwechselnd setzten zwei Spieler ihre jeweils 9 Steine auf die Ecken und Schnittstellen des Spielbretts. Wer schon beim Setzen der Steine eine Mühle bilden kann (3 gleichfarbige Steine in Reihe auf einer Linie), darf dem Gegenspieler einen Stein wegnehmen. Nachdem alle Steine gesetzt sind, wird gezogen: Man öffnet eine Mühle, um sie beim nächsten Zug wieder zu schließen und dadurch dem Gegner einen Stein abnehmen zu können oder versucht, den Gegner an der Bildung einer Mühle zu hindern. Gezogen wird immer nur um einen Schritt auf ein freies, benachbartes Feld, das über eine Linie verbunden ist. Sobald einer der Spieler nur noch drei Steine hat, darf er auf jedes beliebige Feld springen. Wer nur noch zwei Steine besitzt, hat verloren. So einfach dieses Spiel ist, beruht es doch nicht auf Glück und Zufall, sondern auf richtigem taktischem Vorgehen.

Also, schnell einen Würfel besorgen, verschiedenfarbige Steine suchen und los geht's!

Das Mühlespiel unweit des mittleren Burgtors

Rundgang

Obere und untere Vorburg

Vom Parkplatz vor der Burg erschließt sich die mannigfaltige Staffelung der Anlage. Das Äußere wird durch mächtige Mauern bestimmt. Hinter der im ausgehenden 14. Jahrhundert aufgestockten, 14 m hohen Schildmauer ragt der gotische Bergfried 26 m empor. Davor lag ein tiefer, heute zugeschütteter Halsgraben. Im Mittelalter wurden auf dem verbleibenden Teil des Platzes Pferde abgerichtet bzw. Turnierübungen ausgeführt. Die nördlich vor der Schildmauer angelegten Zwinger sind beide sehr schmal. Der innen gelegene verfügt teils noch über wuchtige Buckelquader, die ins späte 13./ frühe 14. Jahrhundert datieren. In allen

Mauern sind eine Vielzahl von Schieß-scharten, sogenannte tiefe Senkscharten, eingelassen, die eine gute Verteidigung – Belagerungen fanden vor allem im 30-jährigen Krieg statt – ermöglichten. Bemerkenswert dekorativ wirken die Bo-genfriese auf der Maueraußenseite, sie fassen zugleich die Anlage als bauliche Einheit zusammen. Durch das obere Tor, das wahrscheinlich die erste Zugangs-möglichkeit zur Burg über eine frühe Vor-burganlage markiert, führt der Weg hin-ein. In der oberen Vorburg befanden sich Wirtschaftsgebäude und eine Schmiede. Von diesen Anlagen zeugen nur noch einzelne Kragsteine in den Mauern. Un-mittelbar westlich des Torhauses existiert noch ein großer Brunnen.

Die untere Vorburg ist über das durch den Fachwerkaufbau (1598/99) pittoresk wirkende Mitteltor zugänglich. Hier erinnert eine Gedenktafel an den Heimatautor Adolf Schmitthenner (1854–1907), der mit dem Roman „Das Deutsche Herz" 1906 dem letzten Ritter von Hirschhorn ein Denkmal setzte. Im Zuge der Erbauung des Tors sowie der unteren Vorburg gelangte wohlmög-lich eine Spolie mit einem in Stein ge-ritzten Mühlespielfeld in die Mauer der Aussichtsterrasse neben dem Tor.

Der Burgherr hatte meist viele Auf-gaben, er war Gutsverwalter, Steuerein-nehmer, Staatsoberhaupt, Soldat und Richter in einem. Diese Aufgaben ver-langen Raum zur Ausübung, daher sind Wirtschaftsgebäude wie Ställe, Scheu-nen, Gesindehäuser, aber auch Verwal-tungsräume, Archive und Empfangssäle im Burgareal notwendig. In der unteren Vorburg haben sich einige dieser Wirt-schaftsgebäude des 16. und 17. Jahr-hunderts erhalten, darunter der Marstall, den man 1521 von der oberen Vorburg hierher verlegte. Die Bauten werden heute teils zu Wohnzwecken genutzt. Der äußerste Wehrturm, der soge-

Malerische Fachwerkhäuser in der Haupt-straße

nannte Schafsturm, und die Vorburg-mauer grenzen direkt an die Stadtmau-ern von Hirschhorn und entstanden im Zuge der Stadtmauererbauung. Von hier verläuft eine mit Wehrgängen ver-sehene Mauer, unterbrochen von einem viereckigen Turm und einem kleineren Türmchen, bis zum Viehtor, durch das Besucher zu Fuß in den Ort hinab laufen können.

Kernburg
Innerhalb der geräumigen oberen Vor-burg nimmt die Kernburg nur einen kleinen Teil ein. Von der spätstauferzeit-lichen Gründung sind Reste der Funda-mente der Außenmauer sowie des äu-ßeren Torturms geblieben, im Verlauf des Rundgangs folgen Fundamente des ersten Turms sowie einige Spolien. Aus der Erbauungszeit dürften zudem zwei romanische Biforien stammen, die heute als Bänke eingesetzt werden. Der Weg zum Turm führt an Fragmenten eines im 17. Jahrhundert niedergeleg-ten Sommerhauses vorbei. Die älteste Wohnstatt besteht aus dem dreistöcki-

gen, palasartigen Gebäude mit Pultdach, das sich an die Schildmauer lehnt. Ein gekuppeltes Spitzbogenfenster dürfte aus der Erbauungszeit um 1250 stammen und liefert wertvolle Hinweise auf das Alter der Anlage. Eine Treppe führt über die Schildmauer zum heutigen Turmeingang, der ursprüngliche lag deutlich höher über dem Boden. Unter dem großen Pultdach verbergen sich ferner Reste des inneren Torturms, die ehemalige Torhalle dient heute als Hotelrezeption. Neben zwei gotischen Portalen hat sich noch das romanische Innenportal zum Keller erhalten. Über der Torhalle liegt die 1345 gestiftete und 1350 geweihte Kapelle mit Resten von Wandmalereien aus der Erbauungszeit (Szenen aus dem Leben Christi, hl. Katharina und Georg, Himmelsleiter, kluge und törichte Jungfrauen).

An den romanischen Wohnturm wurde unmittelbar der Renaissancepalas angebaut. Das innen und außen gleichermaßen prachtvoll gestaltete Haus belegt deutlich den Reichtum seiner Besitzer. Eine Rekonstruktion der Fassadenbemalung erfolgte mittels erhaltener Fragmente. Im Innern gab es neben einer Apotheke eine Kanzlei- und Schreibstube, Wohnräume, eine Badestube und eine Küche. Bei Bauarbeiten gefundene Fliesenreste, Glasfragmente und Teile von Eisenbeschlägen dokumentieren die einstige Pracht. Im Zuge der Modernisierung erhielten auch die Burggärten ein zeitgemäßes Aussehen, dazu wurde das umliegende Gelände in Terrassen unterteilt und ein Marstallgarten, ein Würz-, ein Mandel-, ein Bienen- und ein Lustgarten angelegt.

Hirschhorn

An der größten Schleife des Neckars durch die Talenge liegt Hirschorn. Einzigartig baut sich das mittelalterliche Städtchen am schmalen Neckarstrand

auf. Hoch über den Dächern ragt die Burg empor. Wie schützende Flügel greifen ihre Mauern die Hänge hinab und umschließen die Altstadt. Der Ort gehörte, ebenso wie das Terrain der Burg, zum Besitz des Klosters Lorsch, ab 1232 dann zum Bistum Mainz, während der größte Teil des umliegenden Landes zum Bistum Worms zählte. Die Siedlung entwickelte sich vor allem ab dem 14. Jahrhundert. 1391 ließen die Brüder von Hirschhorn den Ort mit einer Mauer umgeben, kurz darauf genehmigte König Wenzel den Brüdern „das Dorf um der Hirtzhorn Vesten gelegen zu einem Stetlein" zu machen, d. h. Hirschhorn erhielt das Stadtrecht und der wirtschaftliche Aufschwung setzte ein. 1406 folgte durch die Ortsherren die Errichtung des Karmeliterklosters. Nach großen Zerstörungen im 30-jährigen Krieg sowie dem Aussterben der Herren von Hirschhorn fielen Burg und Ort 1631 dem Erzbistum Mainz zu, das beides verpfändete. 1803 ging Hirschhorn an Hessen-Darmstadt und bildet bis heute eine hessische Enklave in Baden.

Für einen kleinen Spaziergang durch den Ort bietet sich als Ausgangspunkt das **Langbeinmuseum** an (Ecke Grabengasse/Alleestraße in einem ehemaligen Forstgebäude von 1806) an, vor dem auch einige Parkplätze liegen. Das Haus beherbergt die „Naturalien- und Altertümersammlung" des Hirschhorner Gastwirtes Carl Langbein (1816–1881), die bereits Mark Twain bei seinen Reisen begeistert erwähnte. Von hier aus führt der Weg in die Hauptstraße. An deren Eingang erinnert das Stadtwappen mit dem springenden Hirsch an das sogenannte Böcklestor aus dem 15. Jahrhundert, ein Stadttor, das 1830 abgebrochen wurde. In der idyllischen Altstadt, zwischen Hauptstraße und den Richtung Neckarufer abzweigenden Gässchen, haben sich zahlreiche

Die katholische Pfarrkirche und der Mitteltorturm

Fachwerkhäuser erhalten. Die Keller der imposanten Wohnhäuser stammen teils noch aus der Gotik, während die Aufbauten meist nach dem Stadtbrand von 1556 entstanden. Einige der aufwendigen Zierfachwerke sind mit Schnitzereien verziert oder mit Hausinschriften versehen. Der Weg führt zunächst in die **Hirschgasse** zur Hausnummer 16, einem Fachwerkbau von 1610, der der Überlieferung nach dem reichsten Fischer des Orts gehörte. Da der Platz für die Anlage des Städtchens zwischen Berg und Fluss sehr eingeschränkt war, wurden die Häuser teils über die Stadtmauer gebaut. Davon zeugen Häuser unweit des „**Blauen Turms"**, einem Batterieturm der Stadtbefestigung (um 1500). In der Weidgasse 5 steht Hirschhorns einziges **barockes Bürgerhaus** von 1728, in dem einst der Bürgermeister residierte. Über die Hauptstraße weiter bis zur Rathausgasse gehen, denn dort ragt das **Alte Rathaus**, ein schöner Fachwerkbau aus dem 17. Jahrhundert, empor. Möglicherweise war hier die herrschaftliche Jägerei untergebracht, dann eine Gerberei und von 1860–1955 das Rathaus. Zurück zur Hauptstraße geht es vorbei am Haus Nummer 50, das zwischen 1830–1938 als **Synagoge** diente. Am Ende der Hauptstraße steht die katholische **Pfarrkirche zur Unbefleckten Empfängnis Mariä**. Sie wurde 1628 bis 1630 als lutherische Kirche erbaut, im Zuge der katholischen Konfessionalisierung 1636 geschlossen und 1730/31 als katholische Stadtkirche neu ausgestattet. Die Kirche nutzt als Kirchturm den wesentlich älteren Torturm des ehemaligen **Mitteltor**s von 1391/92, der mit dem Wappen der Stadtherren verziert ist. Durch das Tor führt ein Weg durch zur Burg. Auf halber Höhe zwischen Burg und Hinterstadt steht die ehemalige **Karmeliter-Klosterkirche** Mariä Verkündigung aus dem frühen 15. Jahrhundert. 1513 wurde die Anna-Kapelle angebaut. Die kunsthistorisch bedeutsame Kirche war als Grablege der Ritter gedacht und ist reich an mittelalterlichen Epitaphen derer von Hirschhorn. Sie weist nur noch einen kleinen Teil der ehemals reichen Ausstattung auf, darunter einen gotischen Sandsteinlettner. Zur Rechten der Kirche ist das ehemalige Klostergebäude erhalten, das heute als Pfarrzentrum dient.

Auch im Ort haben sich Reste der **Stadtmauer** erhalten. Am Marktplatz zum Neckar hin gelegen sind davon einige zu erkennen. Hier stand einst das Fischertor. Viele Hochwassermarken belegen die Bedrohung der Stadt durch den Neckar. 1651 stieg dessen Pegel derart an, dass man mit dem Boot durch das Fischertor zum Marktplatz fahren konnte.

Vom Marktplatz aus zweigt die Untere Gasse ab. Von hier aus geht es weiter bis zur **Klostergasse**. Dort steht eines der ältesten Fachwerkhäuser der Stadt (um 1500, Klostergasse 9–13) mit einem prachtvollen Renaissanceportal. Das im 17. Jahrhundert im Besitz des Karmeliterklosters befindliche Gebäude und die Nebenhäuser dienten bis ins 18. Jahrhundert als Krankenstation, zunächst für das Kloster, ab 1860 für die Gemeinde. Die Evangelische Kirche, geweiht 1892, steht an der Mündung der Grabengasse.

An der Landspitze der Neckarschleife, gegenüber der Stadt Hirschhorn, liegt der Stadtteil Ersheim, mit der **Ersheimer Kapelle**, die bereits 773 im Lorscher Codex erwähnt wurde. Sie gilt als älteste Kirche des unteren Neckartals.

Adressen und Auskunft
Tourist Information Hirschhorn
Alleeweg 2
69434 Hirschhorn
Tel. +49(0)6272-1742
Fax +49(0)6272-912351
www.hirschhorn.de
tourist-info@hirschhorn.de

Museen und Sehenswertes
Burg Hirschhorn
Die Bereiche außerhalb des Hotels sind jederzeit frei zugänglich. Vor dem oberen Burgtor gibt es einige Parkplätze.

Langbeinmuseum
Alleeweg 2
69434 Hirschhorn
Tel. +49(0)6272-1742
Öffnungszeiten: Gründonnerstag bis 31. Okt: Mi u. So 15:00–17:00 Uhr

Essen und Trinken
Schlosshotel Hirschhorn
Auf der Burg
69434 Hirschhorn
Tel. +49(0)6272-92090
www.castle-hotel.de
info@castle-hotel.de
Mo Ruhetag.

Anreise
Mit dem Auto:
Die Anreise erfolgt über die B 37 im Neckartal. Die Burgenstraße verläuft durch den Ort.

Go green:
Hirschhorn besitzt Anschluss an die S-Bahn Rhein-Neckar. Nächster Fernverkehrshalt ist Heidelberg (ca. 25 Minuten mit der S-Bahn). Der Nahverkehr wird versorgt vom Verkehrsverbund Rhein-Neckar, Auskünfte unter www.vrn.de.

Das Kloster Lorsch – Blick in eine reiche Vergangenheit

Das Kloster Lorsch zählt zu den kulturellen Höhepunkten der Metropolregion Rhein-Neckar. Seine berühmte Königshalle – „ein Juwel karolingischer Renaissance" – ist ein Bauwerk europäischen Rangs und zeugt von dem Glanz und der Größe, die das Kloster einst besaß.

Geschichte

Unter der Regierung des Königs Pippin (751–768) gründeten der fränkische Gaugraf Cancor und seine Mutter 764 das Kloster Petrus und Paulus in Lorsch. Im gleichen Jahr wurde es an Erzbischof Chrodegang von Metz geschenkt. Dieser ließ zur Besiedlung Benediktiner aus dem Kloster Gorze in Lothringen kommen. Bedeutung und Ansehen der jungen Abtei stiegen rasch, als Chrodegang Reliquien des Märtyrerheiligen Nazarius nach Lorsch überführte. Umfangreiche Schenkungen brachten dem Kloster Ländereien von den Alpen bis zur Nordsee, die alle im Lorscher Codex verzeichnet sind, dem ältesten Grundbuch der Region. Nahezu 4.000 Stiftungen nennen die Chronik und das Urkundenbuch der Abtei. Nach dem Tod Chrodegangs fiel die Abtei an seinen Bruder, der sie wiederum samt allem Grundbesitz dem König schenkte. Schon im Jahr 772 erhielt das Kloster

Die Tor- oder „Königshalle" von Westen

durch Karl den Großen die Reichsunmittelbarkeit und das Recht der freien Abtwahl. Er zeichnete den Ort zudem durch seinen Besuch aus: 774 wurde die neue Klosterkirche von Erzbischof Lullus von Mainz in Anwesenheit Karls des Großen und seiner Familie geweiht.

Durch seine umfangreichen Besitzungen geriet das Kloster Lorsch in Konflikte mit dem Bistum Worms. So unterstand das Kloster als Reichsabtei nicht dem Wormser Bischof und schmälerte durch seine Expansion dessen Einfluss in der Region. Um das Lorscher Gebiet am Neckar gegenüber dem Bistum Worms zu sichern, errichtete der Lorscher Abt Thiotroch (863–875) auf dem Heiligenberg bei Heidelberg das Michaelskloster. Als zweites Lorscher Filialkloster auf dem Heiligenberg folgte um 1090 das Stephanskloster und um 1130 entstand als letzte Filialgründung das Stift Neuburg im Neckartal.

Die „deutschen" Karolinger bestimmten Lorsch zu ihrer letzten Ruhestätte: Ludwig der Deutsche, Enkel Karls des Großen und erster „deutscher König", sein Sohn Ludwig der Jüngere, dessen Sohn Hugo und Kunigunde, die Gemahlin Konrads I., wurden hier begraben. In Lorsch lebte und starb auch der Bayernherzog Tassilo nach seiner Absetzung.

Einflussreiche Äbte leiteten geschickt das Kloster und führten es zu hoher Blüte. In der politischen Geschichte des Reiches spielte Lorsch eine bedeutende Rolle. Die ersten deutschen Adelsgeschlechter zählten zu den Lehnsherren von Lorsch. Feste Burgen, darunter die Starkenburg in Heppenheim, wurden zum Schutz seiner ausgedehnten Besitzungen erbaut. Als Lorschs Abt Udalrich (1065–1075) 1066 zum Reichstag nach Trebur reiste, gaben ihm 1.200 Ritter das Geleit, was den großen politischen Einfluss des Klosters bezeugt. König Heinrich IV. verlieh 1067 Lorsch das Münz- und Marktrecht und bestätigte alte Privilegien des Klosters. Wissenschaft und Kunst prägten ebenfalls das Leben in der Abtei. Das Kloster besaß eine der größten Bibliotheken des frühen Mittelalters mit unzähligen kostbaren Handschriften. Bereits um 788 entstand im Scriptorium das Lorscher Arzneibuch, ein einzigartiges Zeugnis frühmittelalterlicher Medizin, und um 810 schenkte Karl der Große der Bibliothek das berühmte Lorscher Evangeliar mit ganzseitigen Malereien. „Diß closter hat gar ein alte Liberei gehabt", schrieb Sebastian Münster 1547 in seiner „Cosmographie". Die berühmte Bibliothek war damals bereits der Heidelberger Büchersammlung „Bibliotheca Palatina" einverleibt worden.

Zur Zeit der Staufer befand sich das Kloster auf dem letzten Höhepunkt seiner politischen Macht und wirtschaftlichen Größe. Baulich dürfte die Anlage in dieser Epoche ihre größte Ausdehnung erreicht haben. Dem erfolgreichen Kloster, das zeitgenössische Quellen als wahres Wunder an Schönheit und Pracht beschreiben, war es gelungen, seine Immunität zu verteidigen. Neue Siedlungs- und Wirtschaftsräume konnten erschlossen werden. Dennoch: Wegen der umfangreichen Territorien, die das Kloster besaß, kam es immer wieder zu Auseinandersetzungen. Die Vögte, weltliche Herren, die für die Klöster den Schutz ihrer Territorien übernahmen, übten zudem die Gerichtshoheit über die ihnen anvertrauten klösterlichen Gebiete aus. Sie handelten dabei immer wieder gegen klösterliche Interessen und versuchten sich deren Eigentum anzueignen. Seit 1196 beanspruchte der deutsche König die Vogteirechte für die Gebiete des Klosters Lorsch. Der Pfalzgraf bei Rhein war jedoch bereits zuvor Klostervogt gewesen und nicht bereit, auf seine angestammten Rechte zu verzichten. Die schwachen Lorscher Äbte dieser Jahre waren nicht imstande, aktiven Einfluss auf die Auseinandersetzung zu nehmen. Da der König keinen anderen Weg mehr sah, die Lorscher Territorien den Ansprüchen des Pfalzgrafen zu entziehen, übertrug er das Kloster Lorsch 1232 an den Mainzer Erzbischof Siegfried III. von Eppstein. Das Kloster verlor 1232 trotz aller Widerstände des Klosterklerus die Reichsunmittelbarkeit, aus der Reichsabtei wurde ein Bischofskloster. Nach dem Willen des Papstes sollte zugleich durch die Übertragung Lorschs an einen anderen Orden eine Reform des geistlichen Lebens einhergehen. Die Zeit der Benediktiner in Lorsch war vorbei. Das Kloster wurde kurzfristig mit Zisterziensern (1232–1248) besetzt und 1248 in ein Prämonstratenserkloster umgewandelt.

Im 14. Jahrhundert fanden erstmals wieder größere Bauarbeiten an der Klosteranlage statt. Die Königshalle erhielt ihr heutiges Aussehen und deren Wandmalereien entstanden. Die Kurpfalz erhob auf Grund ihrer Vogteirechte allerdings weiterhin Anspruch auf das Kloster Lorsch. Der Mainzer Erzbischof Diether von Isenburg-Büdingen verpfändete 1461 im Zuge der Mainzer Stiftsfehde Lorsch zusammen mit Heppenheim und Bensheim an die Kurpfalz. In der Reformationszeit wurde das Kloster aufgehoben. 1623 fiel Lorsch an Mainz zurück. Ein Brand und der 30-jährige Krieg schließlich machten aus dem ehemals glänzenden Benediktinerkloster einen Trümmerhaufen. Von den Schäden sollte sich das Kloster nie wieder erholen. Lange Jahre dienten die Ruinen als Steinbruch. Erst im 19. Jahrhundert begann man, die baulichen Reste zu sichern. Bis heute dauern die Forschungen und Instandhaltungsarbeiten an.

Ein Kapitell an der Ostseite

Seit 1991 ist der Bezirk des früheren Klosters Lorsch vor allem wegen der karolingischen Königshalle, zusammen mit dem Ursprungskloster Altenmünster (ca. 500 m Richtung Osten, gegen die Bergstraße gelegen), in die Liste des Weltnatur- und Kulturerbes der UNESCO aufgenommen worden. Das weitläufige Klosterareal umschloss einige bauliche Kostbarkeiten. Einzig die prächtige Torhalle, die sogenannte **Königshalle**, zeugt noch vom Glanz, in dem die Anlage einst erstrahlte. Sie gilt als ein einzigartiges Juwel der Baukunst der karolingischen Erneuerung und ältestes vollständig erhaltenes Baudenkmal Deutschlands aus nachrömischer Zeit. Im Obergeschoss sind Reste karolingischer Wandmalereien und gotischer Fresken zu sehen. Sie belegen den besonderen Stellenwert der Halle, deren bisher nicht gesicherte Datierung ins 9. Jahrhundert verweist. Das Fragment einer gemalten Inschrift wird derzeit zwischen 820 und 900 eingeordnet. Auch ist die Nutzung der Königshalle

EXTRA aktiv

Lasset es Euch munden! – Kulinarische Zeitreise ins Mittelalter

Seit 2006 ist es möglich, im Rahmen mittelalterlicher Kochkurse im Kloster Lorsch „zu schnippeln, zu schmurgeln" und anschließend „zu schnabulieren". Zusammen mit dem Historischen Seminar der Universität Heidelberg wurden alte Kochbücher und Quellen ausgewertet und Rezepte erarbeitet. Ein Holzfeuer, einfache Zutaten, einige Kräuter und viel Gewürze, so lassen sich noch heute schmackhafte Gerichte zubereiten. Doch bevor es mit dem Kochen losgeht, muss zunächst Holz gehackt und das Feuer angezündet werden. Die Nahrungszubereitung nahm viel Zeit in Anspruch. Neben dem Spaß am Kochen zeigt sich rasch, wie aufwendig das Kochen in früheren Zeiten war. Infos unter: www.kloster-lorsch.de

bis heute unklar. Vielleicht wurde sie zu Ehren Karls des Großen als eine Art Triumphbogen anlässlich seines Besuches in Lorsch erbaut. Sie könnte auch als Denkmal des durch Karl den Großen wiederbelebten lateinischen Kaisertums gedient haben oder als Gerichtsstätte. Es gibt zudem Spekulationen, dass der Bau die einstige Bibliothek beherbergt habe oder einen in die Architektur übertragenen Reliquienschrein darstellt. Derzeit überwiegt in der Forschung jedoch die Annahme, dass es sich bei der Königshalle um einen Raum für den Herrscherempfang, eine dem Herrscher zugedachte Räumlichkeit inmitten des Prozessionswegs zur Klosterkirche handelte.

Mitte der 1980er Jahre wurde die Königshalle einer umfangreichen Restaurierung unterzogen, bei der man die Abfolge mehrerer Putz- und Malschichten untersuchte, die von karolingischer Zeit bis ins späte Mittelalter datieren. In nahezu allen Jahrhunderten gab es bauliche Veränderungen an der Torhalle: Etwa um 1380 wurden das Dach

Karolingisch-gotische Halle im Obergeschoss

und der Giebel steil aufgestellt und im Inneren ersetzte eine Tonne den bis dahin wohl flachen Raumabschluss. Der Mainzer Erzbischof Kurfürst Franz Lothar v. Schönborn nutzte die Königshalle Ende des 17. Jahrhunderts als Kapelle im Anschluss an seine nahe gelegene Jagdresidenz und ließ grundlegende Veränderungen durchführen: Ein Dachreiter mit einer Glocke wurde aufgesetzt, die Zweigeschossigkeit durch den Ausbruch des Fußbodens im Obergeschoss aufgehoben, die westlichen Bögen verschloss man durch Holzportale, und vor den Zugängen zum Obergeschoss entstanden beidseitig kleine Holzemporen. Der Raum erhielt eine flache Stuckdecke und spätbarocken Dekor. Erst mit den 1935 abgeschlossenen Rückbaumaßnahmen erlangte das Gebäude seine heute wieder zu erlebende, spätmittelalterliche Form zurück. Nur das Glockentürmchen blieb als Reminiszenz an die neuzeitliche Kapellennutzung erhalten. Obwohl sich das Erscheinungsbild des Gebäudes im Laufe der Jahrhunderte immer veränderte, blieb der aufwendige Fassadenschmuck über mehr als ein Jahrtausend nahezu unverändert.

Karl der Große leitete einen kulturellen Aufschwung ein, der die gesamte Bildung, Dichtung, Buch- und Baukunst betraf. Im Bereich der Architektur gab es bewusste Rückgriffe auf die Formensprache der römischen Architektur und Kunst, ein Phänomen, das als karolingische Renovatio bezeichnet wird. Die Baukunst erlangte wieder enorme Bedeutung. Der farbige Außendekor der Torhalle wurde aus einer Kombination einer römischen Mauertechnik und einem wirkungsvollen Farbwechsel von Steinen erzielt. Der bauplastische Schmuck, etwa die Halbsäulen mit ihren attischen Basen und klassisch wirkenden Kapitellen im Durchgangsgeschoss, zeigen deutlich die Wiederaufnahme antiker Elemente, aber auch die Übersetzungsbemühungen des antiken Formenguts in die karolingische Gegenwart.

Die Mauern der einstigen Abtei umfassten eine kleine „Stadt", in der natürlich nicht nur Mönche lebten, sondern vor allem die umfangreiche „familia" des Klosters, die für das Kloster arbeitete. Das frühe Kloster Lorsch wurde einst rund 500 m östlich vom späteren Standort auf einer Insel in der Weschnitz gegründet und wird heute gemeinhin **Altenmünster** genannt. Der Standort dieser Kirche ist durch moderne Bebauung mit Wohnhäusern und durch freies Feld von dem Klosterbereich/Museumszentrum getrennt und nur über einen Wirtschaftsweg zu erreichen. An die erste Abtei erinnern noch die Grundmauern der Kirche und die Umrisse des Kreuzgangs.

Aus den Ausgrabungen lässt sich erschließen, dass der gesamte **Kloster- und Kirchenkomplex** zur Stauferzeit seine größte Ausdehnung besaß. Im Westen befand sich ein mehrstöckiges Tor, durch welches man das Kloster betrat und das zugleich den westlichen Abschluss des Atriums bildete. Die Königshalle stand unmittelbar hinter dem einstigen Westeingang frei in einem Hof, an dessen östlichem Ende sich die romanische (Vor-)Kirche erstreckt haben muss. Dahinter erhob sich die nach dem Klosterbrand von 1090 wiederhergestellte dreischiffige Basilika. Im Osten schloss sich an die Basilika die Grab- oder Gruftkapelle an. Im südlichen Teil des Geländes lagen der Kreuzgang und die Klausurgebäude. Eine befestigte Klostermauer mit drei Toren schloss den Gebäudekomplex mit seinen zahlreichen Wohn- und Wirtschaftsbauten ein. Von der dreischiffigen Basilika lassen sich nur Länge und Breite des Langhauses zuverlässig erschließen. Heute existieren noch drei Joche des Schiffs der Kirche, welche die gewaltigen Ausmaße nur andeuten können. Die Vorkirche war anfangs nur ein Vorhof der Kirche und wurde erst um 1090 überdacht. Nach Westen schloss das Mittelschiff mit einem rechteckigen Westbau ab, der etwa 5 m gegenüber den Seitenschiffen hervorragte. Vermutlich handelte es sich um ein turmartiges Westwerk mit dreischiffiger Eingangshalle, das von zwei Türmen flankiert wurde. Weder über die Jocheinteilung noch über das Aussehen der Kirche existieren zuverlässige Befunde. Der Lorscher Codex berichtet jedoch wiederholt von ihrer kostbaren Ausstattung: Eine Kassettendecke war in der Kirche eingezogen worden, der Altar des Nazariusgrabs prächtig mit Gold und Silber dekoriert und der Boden vermutlich reich mit farbigem Marmor ausgelegt. Nach dem Brand im Jahr 1090 und nach der Neuweihe der Kirche im Jahr 1130 fanden weitere Baumaßnahmen statt. Die erhaltenen Pfeilerbasen, Kämpfer und Gesimssteine lassen sich am ehesten ins 12. Jahrhundert datieren. Von der „ecclesia varia", der Gruft- oder Grabkapelle, hat sich nur ein Rest des aufgehenden Mauerwerks der Nordwand erhalten. Funde lassen vermuten, dass es wahrscheinlich ein halbrunder, eingewölbter und mit Fenstern versehener Bau war, der über eine Treppe mit der Basilika verbunden war. In den Schriftquellen wird zudem von einem „Paradies" berichtet, bei welchem es sich wahrscheinlich um einen Vorhof westlich der Basilika gehandelt haben muss. Dem westlichen Atrium war eine Zweiturmgruppe (um 1070–1090) vorgelagert, von der nur noch ein Rest der östlichen Front erhalten ist. Von der übrigen Klosteranlage blieben noch der größte Teil der ehemaligen Ringmauer und die Zehntscheune erhalten. Im Klosterpark befinden sich der in Erinnerung an die 1200-Jahrfeier errichtete Jubiläumsbrunnen von 1964 und ein nach mittelalterlichem Vorbild angelegter Kräutergarten.

Die im Lorscher Codex enthaltene Klosterchronik betont immer wieder die kostbare Ausstattung der Kirche und anderer Bauten. Den reichen bauplastischen Schmuck belegen zahlreiche Fundstücke, die heute in einem eigenen Funddepot in einer alten Zehntscheune aufbewahrt werden. Zur Sammlung der Steinwerke, dem **Lapidarium**, gehört ein aufsehenerregendes Exponat: ein 2,45 m langer Sarkophag, in dem angeblich die Gebeine Siegfrieds lagen. Der Leichnam des sagenumwobenen Helden wurde, so die Handschrift C des Nibelungenlieds, nach Worms zu seiner Frau Kriemhild gebracht. Deren Mutter Ute stiftet nach ihrer Verwitwung eine Abtei, „daz kloster dâ ze Lôrse", und zog sich dorthin zurück. Kriemhild wollte ihr folgen und überführte die Gebeine ihres Mannes in das Kloster, wo sie „in einem langen sarke" ruhen sollten.

Im September 1995 wurde in unmittelbarer Nähe der Königshalle das

Das ornamentierte Mauerwerk auf der Westseite

Museumszentrum Lorsch mit drei verschiedenen Abteilungen eingeweiht: Die klostergeschichtliche Abteilung der Verwaltung der Staatlichen Schlösser und Gärten informiert über die Geschichte des Klosters, der Stadt und ihrer Umgebung. Besuchern wird ein guter Eindruck vom einstigen Lorscher Buchbestand vermittelt und die Inszenierung einer Schreibstube veranschaulicht die Bedingungen, unter denen die Lorscher Bibliothek entstand. Des Weiteren gibt es die Abteilung für Volkskunde des Hessischen Landesmuseums Darmstadt und das Tabakmuseum der Stadt Lorsch.

Klosterpark mit Klosterhalle, der verbliebene Rest der romanischen Kirche, die Klostermauer, Gänsewiese, Kräutergarten und Zehntscheuer sind für Besucher zugänglich. Empfehlenswert ist auch ein Rundgang durch den teilweise historischen Innenstadtbereich der kleinen hessischen Stadt mit liebevoll renovierten Häusern. Schräg gegenüber der Königshalle steht das **„Weiße Kreuz"**, das älteste Lorscher Gasthaus, dessen Anfänge ins Mittelalter zurück reichen. Wie das Kreuz im Schilde andeutet, befand sich die Gaststätte in klösterlichem Besitz. Das Haus, einst Herberge für die zum Kloster kommenden Pilger, Pächter und Kaufleute, war zugleich eine Schankstätte für den Klosterwein, der als Zehntwein aus den Klosterbesitzungen nach Lorsch geliefert werden musste. Der Fachwerkbau stammt aus der Mitte des 18. Jahrhunderts. Am Ende der verkehrsberuhigten Zone ragt das **Alte Rathaus** der Stadt Lorsch empor, das 1715 nach dem Vorbild des Heppenheimer Renaissancerathauses erbaut wurde. Fresken im Nibelungensaal illustrieren Begebenheiten nach der mehrfachen Erwähnung des Klosters Lorsch in Zusatzstrophen der Nibelungenhandschrift.

Adressen und Auskunft

Touristinfo Nibelungenland
Altes Rathaus am Marktplatz
64653 Lorsch
Tel. +49(0)6251-175260
info@nibelungenland.info
info@lorsch.de
www.nibelungenland.info
www.lorsch.de
www.diebergstrasse.de

Museen und Sehenswertes

Kloster und Museumszentrum Lorsch
Verwaltung der staatlichen Schlösser und Gärten Hessen
Nibelungenstr. 35
64653 Lorsch
Tel. +49(0)6251-103820
Museumspädagogik
Tel. +49(0)6251-51446
info@kloster-lorsch.de
muz@kloster-lorsch.de
www.kloster-lorsch.de
www.schloesser-hessen.de
Öffnungszeiten: Di – So u. Feiertage 10:00–17:00 Uhr, außer 24.12., 01.01. u. Fasnachtsdienstag, Mo geschlossen.

Essen und Trinken

Wirtshaus „Weißes Kreuz"
Marktplatz 2
64653 Lorsch
Tel. +49(0)6251-586654
www.weisseskreuz-lorsch.de
info@weisseskreuz-lorsch.de
Öffnungszeiten: Di – So 10:00–23:00 Uhr, Mo Ruhetag.
Über die Wintermonate von 14.00–17.30 Uhr geschlossen.

Anreise

Mit dem Auto:
Beschilderung von den Autobahnen A 5 und A 67, sowie von den Bundesstraßen B 3 (Bergstraße), B 47 (Nibelungenstraße) und B 460 (Siegfriedstraße) aus. Ausreichend Parkmöglichkeiten in unmittelbarer Nähe (auch für Busse).

Go green:
Lorsch ist auch mit Bahn und Bus erreichbar. Vom Bahnhof führt eine Beschilderung zum Museumszentrum und Klostergelände (Fußweg ca. 10 Minuten).

Die Burg Münzenberg – das Idealbild einer stauferzeitlichen Burganlage

Die Burg Münzenberg ist eine der bedeutendsten und größten Burgen des hohen Mittelalters und verkörpert wie keine zweite das Idealbild einer stauferzeitlichen Burganlage. Mit ihren beiden hochaufragenden Bergfrieden beherrscht sie weithin das Land und gilt als Wahrzeichen der Wetterau. Aufgrund ihrer Form wird sie im Volksmund auch als das „Wetterauer Tintenfass" bezeichnet.

Geschichte

Die Burg liegt hoch oben auf einem Basaltkegel, dem Münzenberg oder „Minzinberch". Der Reichsministeriale Konrad II. von Hagen-Arnsburg, der das Vertrauen Kaiser Friedrichs I. genoss, oder sein Sohn Kuno I., sicherten sich um die Mitte des 12. Jahrhunderts den für die Anlage einer Burg bestens geeigneten Berg durch Tausch vom Kloster Fulda. Unter Kuno I. (1152–1207) entstand die Burg, er selbst nannte sich im Jahr 1156 erstmals Kuno von Münzenberg. Spätestens 1174 bezog er die Burganlage, da er in diesem Jahr seinen Wohnsitz Arnsburg dem Orden der Zisterzienser zur Errichtung eines Klosters (Kloster Arnsburg bei Lich) überließ. Kuno stand als Reichskämmerer (seit 1161) in engster Verbindung mit dem staufischen Kaiserhof und mischte kräftig in der Reichspolitik mit. Mit dem Bau von Burgen betrieb man im Mittelalter Politik. Mit ihrer Anlage wurden nämlich Territorien besetzt, man sicherte bereits vorhandenen Besitz gegen den Zugriff Dritter und setzte mit den prachtvollen Bauten auch deutliche Zeichen des eigenen

Das „Wetterauer Tintenfass" von Westen mit beiden Bergfrieden und dem Falkensteiner Palas (um 1260)

Machtanspruchs. Die Höhenburg reiht sich ein in insgesamt zehn Reichs-, Ministerialen- oder Dynastenburgen, die den Anspruch der Staufer auf das Königsland in der Wetterau sichern sollten.

Der Aufstieg der Familien von Münzenberg endete allerdings jäh: 1255 starb sie in männlicher Linie aus. Ihre Burg wurde unter mehreren Adelsgeschlechtern aufgeteilt, die gemeinsam die Anlage verwalteten, darunter die Grafen von Falkenstein, die bis 1286 auf der Burg wohnten. Durch Erwerb und Tausch blieben schließlich bis zum Ende des 13. Jahrhunderts die Grafen von Hanau und Grafen von Falkenstein alleinige Ganerben der Burg. Den Falkensteinern gelang es 5/6 des Besitzes zu erwerben, 1/6 verblieb dagegen bei Hanau. Im Jahr 1418 starben die Falkensteiner mit Erzbischof Werner von Trier aus. Jetzt splitterten sich die Besitzan-teile an der Burg weiter auf, so dass sie ihren strategischen Zweck der Herrschaftssicherung nicht mehr erfüllen konnte. Bezeichnend ist, dass die Grafen von Solms und Eppstein als Besitznachfolger der Falkensteiner nicht mehr in der Burg siedelten, sondern südlich von ihr. Dort ließen sich die neuen Formen der Repräsentation (Wohnschloss) und der Ökonomie (Gutshof) besser verwirklichen. Seit der Zeit um 1600 wurde die Burg nicht mehr unterhalten. Nach Zerstörungen im 30-jährigen Krieg verfiel die Anlage in den Folgejahren immer mehr. Der Anteil der Grafen von Hanau ging 1736 zunächst an Hessen-Kassel. Ab 1846 wurde die Verwendung der Ruine als Steinbruch untersagt, 1894 erfolgen erste Sicherungsarbeiten und Reparaturen. Ein Plan, den Komplex mehr oder weniger originalgetreu wieder zu errichten, gelangte nicht zur Durchführung. Territorial kam die Burg Münzenberg in den Jahren 1806/10 zu Hessen-Darmstadt, der Grundbesitz wechselte 1935 aus überwiegend Solmser Hand an den Staat Hessen. Heute gehört die Burgruine Münzenberg dem Land Hessen und wird denkmalpflegerisch von der Verwaltung der Staatlichen Schlösser und Gärten betreut. Selbst als Ruine ist sie noch aufgrund ihrer territorialgeschichtlichen und baukünstlerischen Bedeutung ein herausragendes Kulturdenkmal der Wetterau.

Rundgang

Zum staufischen Ursprungsbau der letzten Jahrzehnte des 12. Jahrhunderts zählen der östliche und südliche Teil der inneren Ringmauer, der östliche Bergfried bis zum Ansatz der Fenster im oberen Teil und der südliche Palas mit der über dem Torbereich gelegenen Burgkapelle. Die Ringmauer folgt oval gestreckt den natürlichen Gegebenheiten des Bergkegels. Auf der Außenseite ist

Torkapellenkomplex von Südosten

Romanischer Palas von Westen

sie mit den für die Entstehungszeit charakteristischen Buckelquadern verblendet. In der ersten Bauphase war nur die Ost- und Südseite mit einer steinernen Mauer gesichert, die anderen Abschnitte der Befestigung bestanden vermutlich aus Palisaden und Erdwällen. Die Anlage blieb zunächst unvollendet: Der Palas war unverputzt und vom zweiten Bergfried stand nur der Unterbau. Aufgrund der unterschiedlichen Steinfärbung sind die verschiedenen Bauphasen der Mauer gut erkennbar. Unter den Falkensteinern wurden die Mauerzüge um 1260 nicht nur mit den breiten Zinnen versehen, sondern auch erhöht und vollendet.

Wer sich heute der Burg nähert, trifft zunächst auf die Vorwerke und die äußere Zwingeranlage, die im ersten Viertel des 15. Jahrhunderts errichtet wurde. Ausschlaggebend für diese bauliche Erweiterung und Modernisierung war die Erfindung der Feuerwaffen. Mit Hilfe von Zwingern versuchte man die Angreifer auf Distanz zu halten. Die nun errichtete äußere Ringmauer richtet sich in ihrem Verlauf an das Oval der inneren Maueranlage, die um die Kernburg führt. Sie erhielt mehrere flankierende Türme und im Westen ein großes rundes Bollwerk, d. h. einen Geschützturm. Äußere und innere Ringmauer wurden durch mehrere Schottwände verbunden, so dass sich eine Abfolge von Zwingern ergab. Dem inneren Burgtor war nun ein mittleres und ein äußeres Tor vorgeschaltet. Zudem wurde der westlich vorgelagerte, sogenannte „Hirschgarten", ein seit der frühen Neuzeit überlieferter Tiergarten, mit einbezogen.

Durch das mittlere Burgtor, das vielleicht mit dem 1424 benannten Portenturm gleichgesetzt werden kann, betritt man die Kernburg. Das innere Burgtor, das in die Ringmauer eingefügt wurde, und die darüber liegende Burgkapelle sind staufisch. Um 1500/1514 jedoch erfolgte eine grundlegende spätgotische Umgestaltung des Torkapellenkomplexes. Davon zeugen u. a. die gotischen Maßwerkfenster zur Hofseite hin. Bemerkenswert ist auch der nachträglich vor die älteren Burgmauern gesetzte Wehrgang zwischen Tor und der darüber laufenden Ringmauer. Zur Talseite hin sind in der Kapellenwand drei Fenster zu sehen, von denen das mittlere heute vom äußeren Wehrgang aus

Zutritt zum Kirchenraum ermöglicht. Über der Kapelle wurde von den Falkensteinern, wohl um 1260, ein weiteres Obergeschoss für profane Zwecke erbaut.

Der staufische Palas der Münzenberger Ära, um 1165 bis in die Jahre um 1174 erbaut, schließt im Westen an den Tor-Kapellen-Bau an. Bemerkenswert ist, dass dieses herausragende Bauwerk der romanischen Profanarchitektur aus zwei getrennten Teilen bestand, die unter einem Dach vereinigt waren. Möglicherweise lebten zwei Familien hier. Eine Querwand unterteilte den dreigeschossigen Bau in der Mitte. Die südlich gelegene Talseite ist komplett erhalten. Das buckelquaderverzierte Untergeschoss sowie das erste Obergeschoss bildeten eine geschlossene, wehrhafte Mauer. Darüber verweist eine aus acht Bögen bestehende Fensterarkade auf einen herrschaftlichen Saal im zweiten Obergeschoß. Stilistisch gibt es Bezüge zu den reichen Steinmetzarbeiten der Kaiserpfalz in Gelnhausen, auch die Qualität steht nicht hinter der der Pfalz zurück. Im Unterschied zur schlichten Talseite ist das Erscheinungsbild des Palas auf der Burghofseite vielgestaltig:

Rundbogenfenster sind paarweise oder in einer Vierergruppe zusammengefasst. Sie werden jeweils von einem Schachbrett- oder Zackenfries gerahmt. Ein Zugangsportal zu den Obergeschossen mit Kleeblattbogen ist noch vollständig erhalten. Im ersten Obergeschoss gab es einst zwei beheizbare Wohnräume, wie Reste der Kamine bezeugen. Viele der originalen Säulen und Kapitelle wurden bereits im 19. Jahrhundert durch Kopien ersetzt und befinden sich heute zum Schutz vor Verwitterung im Lapidarium der Burg.

Östlich des Tor-Kapellen-Komplexes erstreckt sich der sogenannten Küchenbau (um 1500). Im Burghof selbst befinden sich zwei Bergfriede. Der ältere Bergfried im Osten ist rund, besitzt einen hochliegenden Eingang sowie ein etwa 10 m tiefes, überwölbtes Verlies. Er wurde im Zuge einer Burgzerstörung in der Mitte des 13. Jahrhunderts beschädigt. Zusammen mit seinem Wiederaufbau begannen die Erben der Münzenberger mit der Errichtung eines zweiten Bergfrieds im Westen der Burg. Unter den Falkensteinern entfaltete sich gegen Ende des 13. Jahrhunderts abermals eine rege Bautätigkeit. Der Ost-

EXTRA Feste und Feiern

Mittelalterliches Lager und Markt

Jährlich zu Pfingsten verwandelt sich das „Wetterauer Tintenfass" in einen Schauplatz mittelalterlichen Lebens. Dann nämlich lädt die „freye Ritterschaft" aus Münzenberg zu ihrem Spektakulum auf die Burg ein. Dort erwarten Troubadoure, Musikgruppen und Tänzer die Gäste. Holde Frauen, stolze Ritter und verwegene Schwertkämpfer verzaubern mit ihren Darbietungen das Publikum. Märchenerzähler berichten von wundersamen Begebenheiten, und Handwerker demonstrieren ihre Künste. Tollkühne Feuerspucker, Gaukler, Bauern, Bettler und Marketender ziehen Groß und Klein in ihren Bann. An vielen Buden wird nach Minnesang, ritterlichem Kampf und buntem Markttreiben mit allerlei Köstlichkeiten für das leibliche Wohl gesorgt.

Hoffassade am romanischen Palas

turm erhielt das oberste Geschoss, am Westturm wurde weitergebaut und der zweite Palas, der sogenannte „Falkensteinerbau" (Nordpalas, um 1260) entstand vermutlich anstelle zerstörter romanischer Fachwerkbauten. Philipp von Falkenberg, der Münzenberg als Residenzort wählte, ließ ihn dreistöckig bauen und mit einem Saal ausstatten. Im Vergleich zum stark verzierten romanischen Bau fällt dieser Palas sehr nüchtern und schmucklos aus. Aber auch hier waren die Wohnräume mittels offener Kamine beheizbar. Alle weiteren Teile der Anlage, etwa die steinernen Bauten neben dem Nordpalas oder die obere Hälfte des Westturms, entstanden zu Beginn des 15. Jahrhundert während der letzten Ausbauphase.

Die Burg Münzenberg verkörpert – mit Ringmauer, Bergfried und Palas –

selbst als Ruine das klassische Musterbeispiel einer stauferzeitlichen Adelsburg.

Ort Münzenberg

Zur Burg gehört der Ort Münzenberg, der durch die Ansiedlung zahlreicher Burgmannen entstand und über einen Fußweg in 5 Minuten erreicht werden kann. Von der ersten Siedlung sind nur noch Reste der vor 1241 entstandenen Stadtmauer, darunter die Altstädter Pforte, erhalten. Wahrscheinlich erhielt der Ort im Zuge der Burgerrichtung die Stadtrechte. Im 13. Jahrhundert kam es zur Ausweitung des Ortskerns durch die Anlage von Vorstädten. Außerhalb der Stadtmauern befanden sich das Hospital und die Nikolauskapelle. Doch das Aussterben der Falkenberger sowie die Aufgabe der Burg setzte der Stadtentwicklung ein Ende.

Der historische Stadtkern im Norden der Burg gruppiert sich um den rechteckigen Kirchhof und den **Marktplatz** mit dem 1551–1541 neu errichteten **Rathaus**, einem Rechteckbau mit Treppengiebeln. Vom Marktplatz geht es über die Kirchgasse zur bemerkenswerten **evangelischen Pfarrkirche**, ehemals eine kleine dreischiffige Basilika aus der 2. Hälfte des 12. Jahrhunderts, von der außer dem kleinen Rundbogenfenster der Nordwand und Teile der Mittelschiffarkaden nichts erhalten blieb. Chorturm und südliches Seitenschiff entstanden im Zuge einer Kirchenerweiterung, nachdem die Stadt größer geworden war. Bis ins 16. Jahrhundert folgten weitere Veränderungen baulicher Art. Zu der höchst qualitätsvollen Ausstattung des malerischen Innenraums zählen das Altarziborium der Zeit um 1250 und das überlebensgroße spätgotische Holzkruzifix (mit echtem Haar, um 1500). Das historische Stadtbild wird durch viele Fachwerkhäuser des 16.–18. Jahrhunderts geprägt. Zu den „schönsten Straßen Oberhessens" zählt der Steinweg, den malerische Hausgiebel und hohe Tore säumen. Er ist zugleich eine der ältesten Straßen des Orts und führt direkt zum Zentrum, dem Marktplatz, bzw. weiter zur Burg oder in die andere Richtung zum Hospital nebst Kirche. Die ehemalige Hospitalkirche, heute **katholische Pfarrkirche**, wurde vor 1284 erbaut und ist ein einfacher Rechteckbau mit Satteldach.

Adressen und Auskunft

Stadtverwaltung Münzenberg
Hauptstr. 22
35516 Münzenberg
Tel. +49(0)6033-960313
www.muenzenberg.de

Museen und Sehenswertes

Burgruine Münzenberg
Verwaltung der staatlichen Schlösser und Gärten Hessen
35516 Münzenberg
Tel. +49(0)6172-9262101
info@schloesser.hessen.de
www.schloesser-hessen.de
Öffnungszeiten: März, April, Okt, Nov, Di – So 10:00–16:00 Uhr, Mai – Sept, Di – So 10:00–19:00 Uhr, Juli, Aug auch Mo geöffnet, Dez – Feb Winterpause, Einlass bis eine halbe Stunde vor Schließung.

Essen und Trinken

Auf der Burg gibt es nur einen kleinen Kiosk. Lokale sind in Münzenberg, z. B. www.burghotelmuenzenberg.de.

Anfahrt

Mit dem Auto:
Anfahrt über: Autobahnkreuz A 5/A 45 Gambacher Dreieck; A 45 Ausfahrt Münzenberg.

Go green:
Werktags DB Zielbahnhof Butzbach Bus Linie 200 und 210 Zielhaltestelle Münzenberg, Falkensteiner Straße (Fußweg ca. 7 Minuten).
Auch nostalgisch können Sie die Burg erreichen: Im Sommer fahren jeden 1. und 3. Sonntag Museumszüge der Butzbach-Licher-Eisenbahn von Bad Nauheim nach Münzenberg und zurück. Die Eisenbahnfreunde Wetterau bringen Sie in einer beschaulichen Fahrt durch die Wetterau zur Burg, Informationen und Fahrplan unter www.ef-wetterau.de

Neckarsteinach – Vier Burgen aus der Stauferzeit

Das romantische Städtchen Neckarsteinach liegt im schönsten Teil des Neckartals nahe Heidelberg umgeben von den bewaldeten Bergen des südlichen Odenwalds. Bis heute einmalig in Deutschland ist das mittelalterliche Ensemble aus vier Burgen der Stauferzeit, die den Ort geradezu einrahmen.

Geschichte

Neckarsteinach wurde unter dem Namen „Steinach" zum ersten Mal 1142 urkundlich benannt. Die Siedlung gehörte zum Besitz der Bischöfe von Worms, die das Rittergeschlecht der Edelfreien von Steinach als Lehensträger eingesetzt hatten. Unter ihnen entstanden ab dem 12. Jahrhundert die vier Burgen. Um 1300 benannte sich das Geschlecht derer von Steinach um in Landschaden von Steinach. Der Leitvorname des Geschlechts blieb „Bligger", nach dem germanischen Wort für Blitzspeer. Sein bekanntester Namensträger war der Minnesänger Bligger von Steinach II. (um 1152–1209/10), der bereits die Harfe in seinem Wappen führte, die bis heute das Stadtwappen Neckarsteinachs schmückt. Allerdings ist sich die Forschung uneins, ob es sich wirklich um Bligger II. oder nicht etwa Bligger III. gehandelt habe, den Gottfried von Straßburg oder Rudolf von Ems als einen der bedeutendsten Dichter ihrer Zeit lobten. Zweifelsfrei wurden jedoch Minnesänger mit dem Namen Bligger von Steinach mehrfach am Hofe und in der Begleitung der Stauferkaiser Friedrich I. Barbarossa und Heinrich VI. bezeugt. Ein Bligger begleitete Heinrich VI. bis nach Apulien. In der Manesseschen Liederhandschrift (um 1300–1340) ist ein Bild des Minnesängers Bligger von Steinach zu finden, auf dem er einem Schreiber Verse diktiert, die er in der Tradition des Minnesängers Friedrich von Hausen (vgl. Mannheim/Heidelberg) dichtete.

Blick auf den Neckar, Neckarsteinach und Dilsberg

Mit den Jahren stiegen Macht und Ansehen der Ritter. Ein wichtiges Familienmitglied war Konrad von Steinach, von 1150 bis 1172 Bischof von Worms. Dieser reiste als Brautwerber für Kaiser Friedrich I. Barbarossa nach Konstantinopel. Die Landschad von Steinach sind zudem in hohen Ämtern am Hofe der Pfalzgrafen zu finden, so standen sie ab 1355 bis zu ihrem Aussterben im Jahr 1653 ständig in Diensten der Heidelberger Kurfürsten. Unter ihnen entwickelte sich der Ort weiter: 1377 erhielt Steinach die Stadtrechte und damit auch Marktrecht verliehen, der Bau der Stadtmauer mit drei Toren folgte. Die Stadt gehörte jeweils zur Hälfte den Besitzern der Vorder- und der Hinterburg. Vom Neckar aus betrachtet, reihen sich die vier Burgen auf einem Hügelkamm auf. Alle sind sie von den Herren von Steinach erbaut. Drei davon, um nach einem Erbfall, bei dem die Stammburg an den Erstgeborenen ging, als Bleibe des nachgeborenen Sohns zu dienen. Nach dem Aussterben der Landschaden 1653 gingen die vier Burgen und das Amt Neckarsteinach an die Freiherren von Metternich-Burscheid über und nach deren Aussterben 1753 an die Bistümer Mainz, Worms und Speyer. Die Kriege im 17. Jahrhundert hatten für Neckarsteinach verheerende Folgen. 1803 verfügte die von Napoleon angeordnete Säkularisierung, dass Neckarsteinach, das politisch nie zur Kurpfalz gehörte, dem Großherzogtum Hessen zugeschlagen wurde. Heute liegt der Ort in Hessen. Bis in das 19. Jahrhundert waren die wichtigsten Wirtschaftszweige, wie in Eberbach und anderen Neckarorten, die Schifffahrt, die Waldwirtschaft oder das Sandsteingeschäft. Bis heute existiert eine

Der Minnesänger Bligger diktiert Verse (Codex Manesse, Nr. 182v, Anfang 14. Jh.)

über 250 Jahre bestehende Werft für Binnenschiffe und Spezialboote in Neckarsteinach. Daneben profitiert der Ort von der Nähe zur Universitätsstadt Heidelberg.

Rundgang

Neckarsteinach ist reich an historischem Baubestand. Zu Füßen der reizvollen Burgenkulisse gruppiert sich der zum Teil noch sehr altertümliche Ort um die **evangelische Pfarrkirche**. Von hier aus lohnt sich ein Bummel durch die vielen Gassen der Altstadt. Die spätgotische Kirche (Kirchstraße) geht auf einen 1142 erstmals erwähnten Bau zurück, dessen Fundamente teilweise ergraben wurden. Blicker XIV. Landschad von Steinach ließ den heutigen Bau 1483 im Stil der Spätgotik neu errichten. Sein Sohn Landschad Hans III. führte 1527 gegen den Willen seiner Heidelberger Dienstherren die Reformation ein. Die Kirche wurde zunächst im frühen 16. Jahrhundert reformiert, dann aber von 1662 bis 1908 als Simultankirche für bis zu drei Konfessionen genutzt. Zu ihren bedeutenden Kunstschätzen zählen zahlreiche Epitaphe der Landschad von Steinach sowie Repliken der Glasfenster von 1483. Davor steht der **Kirchenbrunnen** aus graugrünem Sandstein von 1790. Ebenfalls in der Kirchenstraße liegt der **Schönauer Hof**, ein historisches Fachwerk-Ensemble (15.–17. Jahrhundert) aus drei Wohngebäuden und einer Scheune. Wahrscheinlich diente der erste Bau den Burgherren von Landschad als städtischer Hof, analog dem Strahlenberger Hof in Schriesheim. Heute ist hier ein Seniorenwohnheim untergebracht. Gegenüber befindet sich die durch Prof. Friedrich Pützer im neobarocken Stil 1906–1908 errichtete **katholische Herz-Jesu-Kirche**. Der Hauptaltar von 1750 zeigt in der Mitte den hl. Stephan und stammt ursprüng-

EXTRA WISSEN

Das Nibelungenlied, ein Welterfolg aus Neckarsteinach?

Die bekannteste mittelalterliche Heldendichtung, das Nibelungenlied, hat für den Odenwald eine besondere Bedeutung. Hier soll vor gut 1.600 Jahren Siegfried von Hagen hinterrücks ermordet worden sein. Das Nibelungenlied wurde von einem unbekannten Dichter um 1200 geschrieben, in dem einige Forscher Bligger II. von Steinach wiedererkennen wollen. Der Autor verbindet die mythischen Sagen von Siegfried und Brunhild mit historischen Geschehnissen vom Untergang der Burgunder durch die Hunnen. Er überträgt das Geschehen auf die Zeit des staufischen Rittertums und beschreibt das Leben Siegfrieds am Hofe des Burgunderkönigs Gunter zu Worms. Dabei schildert er wie Siegfried für Gunter Brunhild gewinnen konnte und dafür selbst Kriemhild zur Frau erhielt und wie ihn schließlich Hagen von Tronje bei einem Jagdzug in den Odenwald erstach. Im Jahr 2000 richtete man in Neckarsteinach einen Nibelungengarten (ehemaliger Harfenpark nahe der Uferpromenade) ein. Die Nibelungen-Parade besteht aus sechs auf hohen Sandsteinstelen montierten Köpfen, welche die sechs wichtigsten Personen des Nibelungenlieds symbolisieren.

lich aus der kath. Kirche St. Stephan in Mainz-Gonsenheim. Die Seitenaltäre (1711) standen früher in der bis zum Bau der katholischen Kirche als Simultankirche genutzten heutigen evangelischen Kirche. An der Ecke Kirchenstraße/Hauptstraße erhebt sich das 1861/62 anstelle eines abgebrannten Vorgängerbaus errichtete **Rathaus** im klassizistischen Stil. Nach dem Überqueren der Hauptstraße, an deren Seiten noch Reste der **Stadtmauer** von 1377 erkennbar sind, geht es in die Hirschgasse. Hier steht das malerische Fachwerk- und Gasthaus *„Zum Ambtmann"* (Hirschgasse 1), das als schönstes Haus in Neckarsteinach gilt. Im Lauf seiner Geschichte hatte das 1587 errichtete Gebäude viele Funktionen, ab 1660–1880 diente es als Postverwaltung, später sogar als Jugendherberge. Von den zahlreichen Überflutungen der tieferliegenden Teile des Orts zeugt ein historischer Hochwasserpegel in der Hirschgasse. Der höchste Wasserstand wurde

bislang im Jahr 1824 erreicht. Entlang des Neckars lädt eine über fünf Kilometer lange Promenade mit herrlichen Ausblicken zu Spaziergängen ein.

Die Burgen

Hauptattraktion und eine große Besonderheit bilden die vier reizvollen Burgen. Die Vorder-, Mittel- und Hinterburg entstanden fast gleichzeitig auf einem strategisch günstigen Bergsporn zwischen Steinach- und Neckartal, während die Burg Schadeck erst um 1260 auf einem Felsplateau erbaut wurde.

Hinterburg

An erster Stelle muss die Hinterburg genannt werden, da es sich um die Stammburg des Geschlechts der Edelfreien von Steinach handelt. Aufgrund der Höhenlage konnte von ihrem Bergfried aus das Neckar- und das Steinachtal überblickt werden. Der erste Besitzer war vermutlich Bligger I. von Steinach (gest. 1165), aber eine Vorgängeranlage an dieser

Das alte Amtshaus von 1587

Stelle könnte möglicherweise schon von seinem Vater in der Zeit um 1100 errichtet worden sein. Bligger II. (1152–1210), der mutmaßliche Minnesänger, baute die Burg Ende des 12./Anfang des 13. Jahrhunderts monumental aus, sein Werk bildet gewissermaßen die gesamte Kernburg. Die weitere Geschichte der Burg gestaltet sich sehr komplex. Mehrfach verloren die Landschaden die Burg: 1272 wurde sie dem Bischof von Speyer zu Lehen aufgetragen und von diesem wieder einigen Gläubigern übertragen. Eine Zerstörung erfolgte 1344, die Stätte war „wüst und zerfallen", danach folgte ein Wiederaufbau unter verschiedenen Besitzern, darunter die von Helmstatt. Seit 1474 war der Besitz hälftig zwischen den Landschaden und den Herren von Handschuhsheim geteilt, doch die Landschaden kauften bereits 1497 die andere Hälfte zurück. Nach dem Tod Philipps von Handschuhsheim kam es zu Erbstreitigkeiten, in deren Folge das Hochstift Speyer schlichtend

eingriff und das Lehen einzog. Um 1544 wurden die Landschad von Steinach abermals als alleinige Lehensnehmer eingesetzt und blieben Besitzer der Burg und des Amtes bis zu ihrem Erlöschen 1653. Die Burg verfiel allerdings schon seit 1620.

Der quadratische Turm mit seinem sorgfältig gefertigten Buckelquadermauerwerk und dem 12 m über dem Boden gelegenen rundbogigen Eingang bildet den ältesten Kern der Anlage. Durch seine 3 m dicken Mauern bot der Bergfried gegenüber Angriffen hervorragenden Schutz. Im Gefahrenfall flüchteten die Bewohner über Strickleitern durch den hohen Eingang ins Innere, die Leitern wurden danach hochgezogen. Heute führt eine neuzeitliche Treppe nach oben, wo sich ein guter Rundblick bietet. Ein Halsgraben sicherte die Anlage zudem zur Bergseite hin. In der zum Fluss gewandten Außenwand des Palas aus der Mitte des 13. Jahrhunderts haben sich drei verschieden gestaltete Fenstergruppen erhalten. Im Burghof sicherte ein mindestens 23 m tiefer, vollständig ausgemauerter Brunnen die notwendige Wasserversorgung. Die in ihrem Grundriss fünfeckige Burg ist von einem inneren Zwinger aus dem 14. Jahrhundert und einem äußeren Zwinger aus dem 15. Jahrhundert konzentrisch unter Beibehaltung der unregelmäßigen Fünfeckform umgeben. Dem dahinterliegenden Bergrücken ist die Spitze des fünfeckigen Grundrisses zugewandt. Genau in dieser Spitze steht der Bergfried, dem Berghang als mögliche Hauptangriffsseite seine Kante zuwendend, damit Geschosse an den schrägen Seiten abgleiten konnten statt ihn zu beschädigen. Im Südwesten verlieh eine Halbkreisbastion zusätzlichen Schutz. Im Osten befindet sich die Toranlage. Der ehemalige Burggraben am Eingang war einst mit einer Zugbrücke überspannt. Heute gehört die Ruine dem Land Hessen und ist frei zugänglich.

Mittelburg

Die Mittelburg wurde vermutlich um 1165 gegründet, um den jüngeren Bruder von Bligger II., der die Hinterburg als Stammsitz erbte, mit einer eigenen Burg zu versorgen. Aber auch jenem Konrad II. und seinen Nachfahren gelang es nicht, diese Burg ständig im Besitz der Landschad zu halten. 1325 wurde sie an den Erzbischof von Mainz und den Bischof von Worms verkauft und von diesen teilweise weiter verpfändet. Erst 1550 kam sie wieder in den Besitz der Landschad, wurde mit deren Aussterben 1653 vakant, gelangte 1657 an die Freiherren von Metternich-Burscheid, 1803 an das Großherzogtum Hessen-Darmstadt, dann an die Freiherren von Dorth und schließlich 1943 an die Freiherren von Warsberg, die sie heute noch bewohnen.

Die Burg war ursprünglich eine regelmäßige Rechteckanlage. Aus der Erbauungszeit stammen die Reste des Bergfrieds mit Eckbuckelquadern und Teile der Außenmauer. Durch einen Umbau (um 1550/1600) unter Landschad Hans Bleikard zum prächtigen Renaissanceschloss auf der Basis der alten Grundmauern verlor sie ihr wehrhaftes mittelalterliches Aussehen. Dabei verschwanden die Zugbrücke und Teile der Zwingermauer. Die Freiherren von Dorth nahmen gegen

EXTRA Feste und Feiern

Vier Burgen in romantischem Licht

Ein Erlebnis der besonderen Art bietet die Ende Juli stattfindende Vier-Burgen-Beleuchtung. Zunächst werden die Burgen in romantisches Licht gehüllt und der Abend mit einem großen Brillant-Feuerwerk anschließend beendet. Mehrere Personenschiffe fahren aus Richtung Ludwigshafen und Mannheim an Heidelberg vorbei ins malerische Neckartal. Höhepunkt der Fahrt bildet das Feuerwerk vor der traumhaften Kulisse in Neckarsteinach, das Sie von Bord aus bestaunen können. (Nähere Infos unter: www.kurpfalz-personenschifffahrt.de.) Zu Land kann man das Feuerwerk am besten vom Dilsberg oder den darunter liegenden Wiesen, etwa an der Rainbach auf der anderen Seite des Neckars bei einem Picknick genießen.

Die romantisch umgebaute Mittelburg

1820/22 eine stark verändernde, bis heute die Ansicht prägende Gotisierung mit Ziergiebeln, Zinnentürmchen und dem Anbau eines rückwärtigen Kapellenflügels vor. In der Mitte des 19. Jahrhunderts kam eine hufeisenförmige, neugotische Vorburg hinzu. Die im Privatbesitz befindliche Anlage kann nicht besichtigt werden.

Vorderburg

Die oberhalb des Ortskerns liegende Vorderburg ist heute ebenfalls im Privatbesitz und nicht zugänglich. Sie wurde wohl von einem Sohn des mut-

maßlichen Minnesängers um 1200 in Auftrag gegeben, um ein Erbproblem zu lösen, denn von den Kindern des Minnesängers Bligger II. erbte der älteste Sohn Konrad II. die Hinterburg. Rund 100 Jahre später gelangte diese Burg aufgrund finanzieller Schwierigkeiten des Rittergeschlechts durch Verkauf je zur Hälfte in den Besitz der beiden Bistümer Worms und Speyer und wurde 1574 wiederum von den Landschad zurückerworben. Die weitere Besitzgeschichte verlief entsprechend zur Mittelburg, 1803 kam sie an Hessen, 1825 an die Freiherren von Dorth, 1925 an

Die evangelische Pfarrkirche von 1483

die Freiherren von Warsberg, die sie heute vermietet haben.

Möglicherweise stand hier aufgrund der Nähe zur Stadt ein Vorgängerbau, die erste Burg der Ritter. Im 14. Jahrhundert wurde die Burg im Zuge der Errichtung der Stadtmauer mit in die Befestigungsanlage einbezogen. Bis heute ist sie mit Neckarsteinach durch Mauerzüge verbunden. Das Ensemble besteht aus einem weitgehend erhaltenen, 26 m hohen Bergfried und einem Palas mit romanischen Fensterresten an der Ostseite. Die Vorderburg ist vermietet. Zusätzliche Bauten wurden im 17. Jahrhundert abgerissen.

Die Burgruine Schadeck, das „Schwalbennest"

Burg Schadeck

Die Burg Schadeck ist die jüngste und kleinste, aber auch interessanteste der vier Neckarsteinacher Burgen. Wie ein Vogelnest hängt sie an dem hohen Berg und wird daher im Volksmund seit ca. 1800 auch „Schwalbennest" genannt, wobei der Name vermutlich auf Landschad (Schwalbe, auch Schwalbennest) deutet. Nachdem Ulrich II. (1236–1257) von seinem Vater Ulrich I. die Vorderburg erbte und ein weiterer Sohn in den geistlichen Stand trat, musste sich Bligger V., der dritte Sohn, um 1260 eine neue Burg bauen. 1325 erfolgte der Verkauf an die Bistümer Mainz und Worms, 1349 die Verpfändung der ganzen Burg durch Mainz an Eberhard von Rosenberg, 1428 an Dieter II. von Landschad. Da es nie mehr eine Auslösung gab, hatten die Landschad mit der Zeit wieder alle vier Burgen in ihrem Besitz. Die Anlage fand auf dem Bergrücken, auf dem die anderen Burgen thronten, keinen Platz mehr. Sie entstand daher neckarabwärts auf dem steil zum Fluss abfallenden Bergplateau. Die Erbauung war mit größeren Schwierigkeiten verbunden, denn ein großes Stück der Felswand musste herausgebrochen werden, um genügend Grundfläche zu erhalten. Ferner legte man auch einen großen Halsgraben zur Bergseite hin an, der die Anlage schützte. Die wuchtige, fast 3 m dicke Schildmauer bestimmt heute das Aussehen der Ruine. Ihre Spitze reicht gegen die Bergseite, um mögliche Angriffe abzuwehren. Sie ersetzt in dieser Funktion den Bergfried. Auf der Mauer führte ein gedeckter Wehrgang entlang mit zwei Wachtürmen. Der östliche ist durch ein zusätzliches, achteckiges Obergeschoss erhöht. Sie ermöglichen einen weiten Überblick über das Neckartal und zum Dilsberg. An der Innenseite der Schildmauer liegt auf halber Höhe der Zugang zum Wehrgang, der zudem durch einen Pecherker geschützt wird. Zur Talseite befindet sich vor dem Palas ein terrassenartiger Hof und seitlich ein kleiner Torzwinger. Heute führt ein Weg aus Neckarsteinach durch den einstigen Halsgraben in die Burg hinein. Früher erfolgte der Zugang auf einem steilen Serpentinenpfad vom Neckar herauf, der im 19. Jahrhundert durch die Errichtung eines Steinbruchs aufgegeben wurde. Die Ruine ist heute im Besitz des Landes Hessen und wurde vor einiger Zeit aufwändig restauriert. Sie kann besichtigt werden.

Adressen und Auskunft
Tourist-Information
Neckarsteinach
Hauptstraße 7
69239 Neckarsteinach
Tel. +49(0)6229-92000
info@neckarsteinach.de
www.neckarsteinach.com

Museen und Sehenswertes
Neckarsteinach wird derzeit zum südlichen Eingangstor des Unesco-Geoparks Bergstraße-Odenwald ausgebaut. Im zentral gelegenen Haus Neckarstraße 47 entsteht ein Erlebniszentrum, das insbesondere über die Burgen im Gebiet des Geoparks Bergstraße-Odenwald in anschaulicher Form informiert. Weitere Informationen über die Tourist-Information.

Wanderung zur Feste Dilsberg
Von der Schiffsanlagestelle in Neckarsteinach führt eine ca. 3 km lange Strecke bis zum Dilsberg. Sie geht zunächst am Neckar entlang über die Staustufe. Von dort aus führt der Weg, der mit einem roten Quadrat ausgeschildert ist, steil den bewaldeten Hang hinauf. Von Dilsberg aus hat man eine wunderbare Aussicht auf das Neckartal. Ferner warten eine Burg und reizvolle Gässchen mit vielen Fachwerkhäusern.

Essen und Trinken
Restaurant zum Ambtmann
Hirschgasse 1
69239 Neckarsteinach
Telefon: +49(0)6229-2115
www.zum-ambtmann.de
info@zum-ambtman.de
Mo u. Di Ruhetag.

Anreise
Mit dem Auto:
Anfahrt über Heidelberg: Auf der Autobahn A 5 bis Heidelberg, dann über die B 37 Heilbronn-Heidelberg (auch Neckartalstraße genannt) nach Neckarsteinach. Direkt am Neckar liegt Neckarsteinach. Beim Ortsausgang Richtung Heidelberg steht die Mittelburg. Hier beginnen ausgeschilderte Wanderwege und befinden sich Parkplatzmöglichkeiten. Die Burgenstraße verläuft durch den Ort.

Go green:
Mit der S-Bahn im Neckartal bestehen gute Verbindungen nach Heidelberg und Mannheim. In Heidelberg und Mannheim Hauptbahnhof bestehen Anschlüsse an den Fernverkehr. Der Nahverkehr wird versorgt vom Verkehrsverbund Rhein-Neckar, Auskünfte unter www.vrn.de.

Rheinland-Pfalz

Routenvorschläge Rheinland-Pfalz

„Kaiserdom"-Tour – von Rheinhessen in die Pfalz

Rund 100 km lang ist die „Kaiserdom"-Tour, die von Mainz dem Lauf des Rheins folgend durch die von Weinbergen gesäumte Hügellandschaft bis Worms und von hier durch die Gemüsegärten der Vorderpfalz bis in die Domstadt Speyer verläuft.

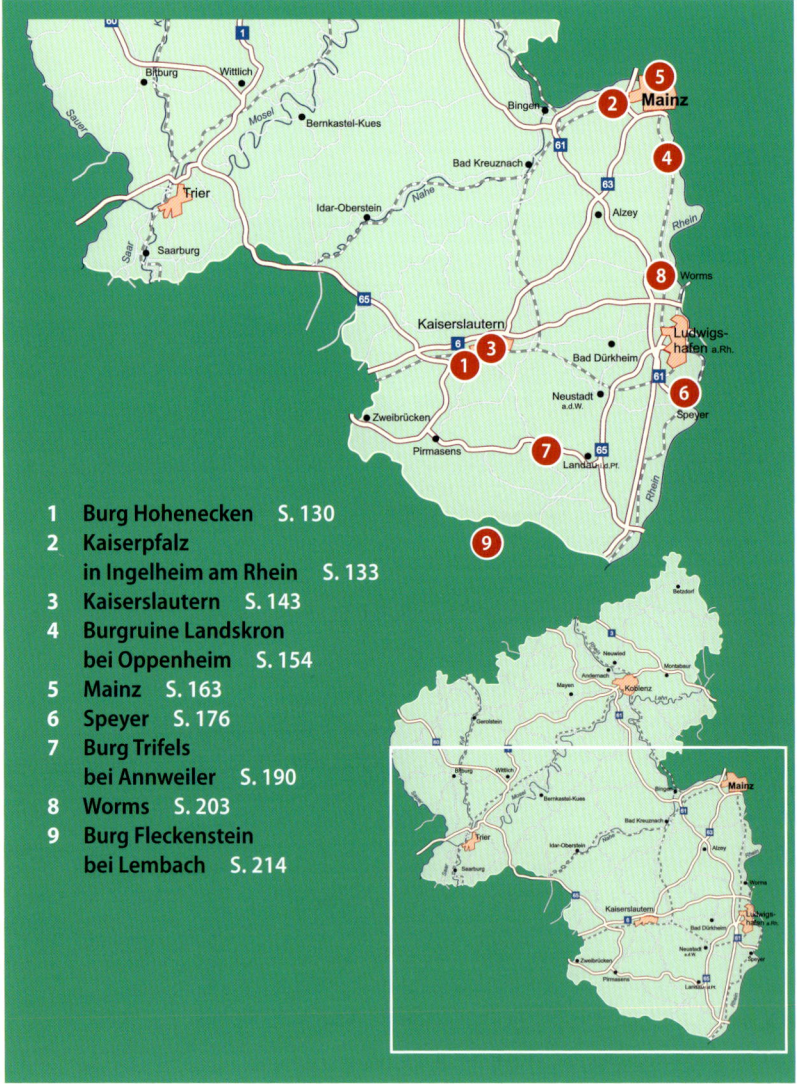

1 Burg Hohenecken S. 130
2 Kaiserpfalz
  in Ingelheim am Rhein S. 133
3 Kaiserslautern S. 143
4 Burgruine Landskron
  bei Oppenheim S. 154
5 Mainz S. 163
6 Speyer S. 176
7 Burg Trifels
  bei Annweiler S. 190
8 Worms S. 203
9 Burg Fleckenstein
  bei Lembach S. 214

Mainz (S. 163) – von der Buchdruckerstadt, der Fasnacht-Hochburg bis zur Landeshauptstadt Rheinland-Pfalz hat das alte römische „Moguntiacum" viel zu bieten. Als Mittelpunkt der Stadt überragt der Martins-Dom, dessen Baugeschichte ins 10. Jahrhundert zurückreicht, seine Umgebung.

Entlang des Rheinufers geht es weiter in Richtung Worms, vorbei an vielen hübschen Weinorten. Die Burg Landskron und das malerische Städtchen Oppenheim (S. 154) lohnen einen Zwischenstopp. Schon von Ferne sind die hellen Kirchtürme von Guntersblum sichtbar. Sie stammen aus der Zeit um 1100 und orientieren sich an denen der Kirche St. Paulus in Worms. In Bechtheim lohnt der Besuch der Lambertuskirche, dem „Kleinod des Wonnegaus". Der älteste Teil der dreischiffigen romanischen Pfeilerbasilika stammt aus dem 11. Jahrhundert.

Seit mehr als 2000 Jahren ist Worms (S. 203) besiedelt, die Stadt, die im 4. und 5. Jahrhundert n. Chr. Mittelpunkt des im berühmten Nibelungenlied besungenen Königreichs Burgund war. Eindrucksvolle Baudenkmäler prägen das Ortsbild, dazu gehören der romanische Dom St. Peter, dessen Westchor heute als Meisterwerk stauferzeitlicher Architektur gilt, die Liebfrauenkirche inmitten der Weinberge der bekannten „Liebfrauenmilch" oder die älteste Synagoge Deutschlands in der Altstadt.

Von Worms geht es weiter durch weitläufige Felder und die Altrhein-Auenlandschaft in die Kaiserstadt Speyer. Dort steht der ehrwürdige romanische Dom, der 1981 von der UNESCO zum Weltkulturerbe erklärt wurde. Obwohl er als Werk der Salierkaiser anzusehen ist, steht er doch als staufische Grablege in Verbindung mit dem staufischen Haus. Verwinkelte Gassen und romantische Plätze in der Altstadt laden zudem zum Verweilen ein.

· *Die Route verläuft immer entlang der B 9.*

„Trifelsland"-Tour – von der Reichsfeste zur Barbarossastadt

Die Tour führt über ca. 45 km von der Reichsfeste Trifels (S. 190) durch den Naturpark Pfälzer Wald bis zur Barbarossastadt Kaiserslautern, wo einst des Kaisers Pfalz stand. Man durchfährt eine überwiegend von Wald geprägte Landschaft mit schönen Panoramablicken.

Im Herzen des Wasgau, des „Trifelslands", liegt Annweiler, überragt von der Burg Trifels. Idyllische Fachwerkhäuser und alte Mühlen prägen das Aussehen der historischen Altstadt. Mehrere kleinere und größere Wanderwege führen zum Trifels. Die Reichsburg galt als vornehmste Veste des staufischen König- und Kaisertums und war ein weithin sichtbares Machtsymbol. Eine herausragende Bedeutung erlangte sie als Aufbewahrungsort der Reichskleinodien.

In Kaiserslautern stand einst eine wichtige Pfalz Barbarossas, von der noch eine Ruine erhalten blieb. Wer mag, kann nach dem Besuch der Stadt noch einen Abstecher zur Burgruine Hohenecken mit ihrem imposanten Bergfried (S. 130) unternehmen.

· *Die Route verläuft von Annweiler taleinwärts über die B 10,*
· *dann auf die B 48 nach Johanniskreuz abbiegen,*
· *danach links die L 503 nach Trippstadt/Kaiserslautern weiterfahren.*

Die Burg Hohenecken – ein wichtiger Wehrbau der Stauferzeit

Die auf einem Ausläufer des Schlossbergs empor ragende Burg zählt mit ihrer dicken Schildmauer und dem hohen Bergfried in festungsbaulicher Hinsicht zu den interessantesten Wehrbauten der Stauferzeit im gesamten oberrheinischen Raum. Der Bau war strategisch besonders wertvoll, denn er sicherte die vorbeiführende Durchgangsstraße zur Kaiserpfalz im heutigen Kaiserslautern. Die aufwendige und verhältnismäßig gut erhaltene Anlage nimmt eine Fläche von ca. 50 x 80 m ein und besteht aus einer unteren Burg, auch Vorburg genannt, die eine obere Burg (ca. 25 x 40 m) umgibt.

Geschichte

Das genaue Gründungsdatum der Burg sowie ihre Geschichte sind weitgehend unbekannt. Sie entstand vermutlich Ende des 12. Jahrhunderts zum Schutz des Reichlands um Lautern, ebenso wie die Burgen Beilstein und Wilenstein, deren kleine Ruinen in der Nähe liegen. Erstmals sicher belegt ist die Anlage für das Jahr 1277. Damals erhielt das Ministerialengeschlecht derer von Lautern, die sich dann

Die Mauern der Kernburg stehen auf bzw. umkleiden den Felsen

von Hohenecken nannten, sie als Reichslehen. Die Hohenecker Herren nahmen eine wichtige Stelle in der Verwaltung des staufischen Reichs ein. Ihre größte Blüte erlebte die Anlage unter Reinhard III. von Hohenecken, einem Reichsschultheiß, der gegen Ende des 13. Jahrhunderts den Reichsgutsbezirk Lautern verwaltete. Zeitweise war ihm auch die Burg Trifels mit den dort befindlichen Reichskleinodien anvertraut. Mit dem Niedergang der königlichen Macht schwand die Bedeutung, welche die Hohenecker in der Ära der Staufer erlangt hatten. Seit dem 14. Jahrhundert lebten mehrere Ritterfamilien (Ganerben) auf der Feste, die jedoch bis 1665 im Besitz der Herren von Hohenecken verblieb. Beschädigungen aus der Zeit des Bauernkrieges 1525 wurden beseitigt. Im 30-jährigen Krieg blieb die Anlage unbeschädigt. Erweiterungen und Umbauten folgten ab der Mitte des 16. Jahrhunderts. Kurpfälzische Belagerungsgeschütze verursachten 1668, als sie durch den Kurfürsten Carl Ludwig eingenommen wurde, weitere Schäden. 1689, im Pfälzischen Erbfolgekrieg, sprengten französische Truppen die Burg, die seitdem als Ruine verblieb.

Rundgang

Heute betritt der Besucher zunächst die im späten Mittelalter errichtete untere Zwingeranlage. Diese umgibt die stauferzeitliche Hauptburg, einen mächtigen aus rotem Sandstein errichteter Komplex. Der große, langgestreckte Felsen, der direkt an das Eingangstor anschließt, war zugleich eine natürliche Sicherung des Areals. Auf der Innenseite, dem unteren Burghof zugewandt, wurde eine Kam-

Die Angriffsseite des fünfeckigen Bergfrieds

mer in den Stein geschlagen, die wohl als Wache diente. An den anderen Seiten sicherte eine - teilweise erhaltene - Ringmauer das Areal. Hinter dem Burgtor erblickt man ein zweigeschossiges, ehemaliges Dienstgebäude aus dem 16. Jahrhundert. Über dem inneren Portal befindet sich ein Schlussstein mit dem Wappen der Hohenecker und der Jahreszahl 1560.

Die Ruine der Oberburg, ein ansehnlicher Überrest der stauferzeitlichen Kernanlage, wurde nach Ausweis der Bautechniken im 13. Jahrhundert begonnen. Sie ragt auf einem Felsblock empor, der

sich innerhalb der im 15./16. Jahrhundert errichteten Unterburg befindet. Eine neuzeitliche Treppe führt in den oberen Burghof.

Zur Angriffsseite (Nordosten) schützte eine imposante, 3 m dicke, 25 m lange und über 11 m hohe Schildmauer die Anlage. Die großteils erhaltene Mauer steht auf dem gerade abgearbeiteten Felsblock, sie umkleidet ihn sogar teilweise. Während die unteren zwei Drittel aus glatt bearbeiteten Quadern bestehen, ist das obere Drittel aus Buckelquadern gebaut, die für die Stauferzeit typisch sind.

Mit einem Aufenthalt in Kaiserslautern lässt sich die Besichtigung der staufischen Burg Hohenecken kombinieren. Der Ort gleichen Namens liegt nur wenige Autominuten südwestlich der Stadt, gut erreichbar über die Bundesstraße 270. Auf zwei Fußwegen ist die Ruine rasch erreichbar: Am östlichen Ortsende führt ein mäßig ansteigender Waldweg zur Anlage, von der Ortsmitte aus ansteigend verläuft der ehemalige Burgweg, vorbei an der Kirche, unterhalb der sich wenige Parkplätze befinden (Rochusweg). Die Ruine ist frei zugänglich. Von Kaiserslautern aus fahren täglich Busse nach Hohenecken. Fahrpläne sind über www.vrn.de abrufbar.

Eine Besonderheit bildet der ehemals fünfeckige mit Buckelquadern verkleidete Bergfried, der über 20 m oberhalb der Schildmauer emporragt. Seine nach vorne zur Angriffsseite stehende Spitze war einst als Abwehrvorrichtung für Geschosse gedacht. Diese sollten hier abgleiten und nicht mit breiter Wucht in die dahinter gelegenen Wohngebäude einschlagen.

Hinter der Schildmauer umschlossen Mauern hufeisenförmig die Oberburg. Darin geschützt standen die bis zu dreigeschossigen Wohnbauten. Die Ruine des stauferzeitlichen Palas nimmt die Nordwestseite ein. Im zweiten Geschoss haben sich Fensteröffnungen erhalten, die zum Teil mit seitlichen Sitzbänken in den inneren Fensternischen ausgestattet sind. Die Stütze eines Doppelfensters besitzt ein gotisches Laubwerkkapitell aus der Mitte des 13. Jahrhunderts. Im Keller- und Erdgeschoss des Palas gibt es die an dieser Stelle üblichen rechteckigen Schießscharten.

Die gotischen Wohnbauten an der Südostseite wurden zum größten Teil im 16. Jahrhundert umgestaltet. Die profilierten Gewände der Türen und Fenster tragen deutliche Züge der Renaissance. Gut erkennbar sind die Rauchabzüge der Kamine des Baus westlich des Palas. In der Ostecke des Burghofs befand sich ein Brunnen. Ferner werden hier der Torbau und eine Kapelle vermutet. Durch die Wohnbauten war der Burghof insgesamt sehr schmal und eng.

Der Felsriegel, der die Vorburg schützt, von der Hofseite aus

Die Kaiserpfalz in Ingelheim – eine „Gedenkpfalz" der Staufer

In der Ingelheimer Kaiserpfalz (im Ortsteil Nieder-Ingelheim) fanden historisch bedeutsame Ereignisse statt. Karl der Große verurteilte hier den Bayernherzog Tassilo III. wegen angeblichen Treuebruchs, Ludwig der Fromme hielt große Reichsversammlungen ab, die Ottonen feierten mehrfach ihre Osterfestkrönungen und der Salierkönig Heinrich IV. wurde von seinem Sohn Heinrich V. zur Abdankung gezwungen. Verlassen und beinahe verfallen lag sie dann zur Stauferzeit da, doch Friedrich I. wusste um die Bedeutung der Pfalz und ihren berühmten Erbauer. Er fasste daher den Entschluss, dem architektonischen Vermächtnis Karls des Großen neuen Glanz zu verleihen, und schuf eine Burganlage, deren Reste heute noch zu sehen sind.

Geschichte

Die Geschichte der Pfalz in Ingelheim reicht weit über die Stauferzeit in die Vergangenheit zurück. Karl der Große, nach seinem Biographen Einhard „ein Herrscher, der zahlreiche Bauwerke begann, die dem Königreich zur Zierde und zum Nutzen gereichten", war der Erbauer der Pfalzanlage. 774 machte er in Ingelheim kurz Station, doch schon 787 verbrachte er samt seiner Familie über Winter sieben Monate hier, was darauf schließen lässt, dass damals bereits genügend Wohngebäude zur Verfügung standen. 807 tagte in Ingelheim eine große Reichsversammlung. Insgesamt, so belegen Quellen, weilte Karl der Große mindestens viermal in Ingelheim, was angesichts des baulichen Aufwands, den er bei der Errichtung be-

trieb, recht wenig war. Unter ihm und seinem Sohn Ludwig, der die Pfalz sehr schätzte, verwandelte sich das ehemalige fränkische Hofgut zu einer repräsentativen Anlage nach antikem Vorbild. Sämtliche Wohn- und Wirtschaftsgebäude der Ingelheimer Pfalz erstreckten sich auf einer Fläche von 145 m x 110 m. In ihrem Zentrum befand sich die „Aula regia", die sich architektonisch an antiken, einschiffigen Basiliken orientierte. Dieser Bau war das Herzstück, der große repräsentative Raum der Kaiserpfalz, in der der Kaiser seine Vasallen zusammenrief und Hof hielt. Die Wände der Halle waren mit geometrischen Mustern bemalt und die Böden mit Platten aus Marmor ausgelegt. Weitere Steingebäude waren eine halbkreisförmige Exedra mit vorgesetzten Rundtürmen, eine Pfalzkapelle und eine etwa 7 km lange Wasserleitung nach römischem Vorbild. Zur Errichtung der Anlage ließ Karl der Große ungefähr 3 km vom Rheinufer entfernt eine Terrasse anlegen, um eine ebene Baufläche zu erhalten.

Ingelheim wurde nahezu drei Jahrhunderte für Kaiser und Könige ein bedeutsamer Ort, an dem viele politische und kirchliche Veranstaltungen und Begegnungen stattfanden. Nach den Karolingern nutzten und renovierten zunächst die Ottonen und dann die Salier die Ingelheimer Pfalz und brachten sie zu neuer und noch größerer Blüte. Der Ort wurde Schauplatz wichtiger Reichsversammlungen. Zur Gästeunterbringung ließ man eigens Häuser erbauen. Anstelle der zu klein gewordenen Pfalzkapelle entstand nach 900 eine neue große Pfalzkirche, heute die mehrfach umgebaute, sogenannte Saalkirche, die der evangelischen Gemeinde als Pfarrkirche dient. Mit dem Aufkommen der Städte im 12. Jahrhundert verlagerten sich die herrscherlichen Stützpunkte dorthin, meist in die Bischofssitze. Die Herrscher bevorzugten nach und nach feste Residenzen, und das ländliche Ingelheim, einst königlicher Repräsentations- und Festort, verfiel langsam.

Das sollte sich unter den Staufern ändern: Kaiser Friedrich I. Barbarossa ordnete zu Beginn seiner Regierung die Erneuerung der Pfalz an. Diese Wiederherstellung ist Gegenstand einer Schilderung in den „Gesta Friderici Imp." von 1158/60. Der Mönch Rahewin zitierte die Darstellung Einhards vom Pfalzbau Karls des Großen und fügte hinzu, der Ort sei schon lange vernachlässigt und verfallen. Unter Friedrich I. wurde Karl der Große 1165 heilig gesprochen. Die verklärende Erhöhung des Vorgängers sollte auch dem eigenen Kaisertum Glanz verleihen. So wurden anscheinend die Renovierungsarbeiten der Pfalzanlage im Zuge einer Karls-Renais-sance vorgenommen, die zudem dazu diente, das römische Kaiserreich zu erneuern. Aber mit einem Unterschied: Diese Regierung sollte von Deutschland und nicht von Italien aus wirken. Der Kölner Erzbischof Rainald von Dassel, Kanzler Friedrichs I., war einer der Unterstützer dieser Politik. Er selbst setzte sich für die Heiligsprechung Karls des Großen „zur Stärkung des Römischen Reichs" ein und überführte im Zuge der Zerstörung Mailands 1162 auch die Reliquien der Heiligen Drei Könige aus dem dortigen Dom nach Köln.

Insgesamt sind nur vier Aufenthalte von Stauferkaisern in der Pfalz in Ingelheim nachweisbar, die zudem politisch bzw. administrativ unbedeutend waren. So drängt sich die Annahme auf, dass die Pfalz eher als Gedenkstätte für Karl den Großen und auch für Otto I. diente, der genau wie die Staufer in der Lombardei Eroberungen erzielte, denn beide hatten den Machtanspruch fränkischer bzw. deutscher Könige in Italien erfolgreich durchgesetzt. Die Kaiserpfalz fungierte neben den neu errichten Stauferpfalzen, etwa in Kaiserslau-

EXTRA Wissen

Historischer Rundweg

Am Besucherzentrum beginnt ein historischer Rundweg, der durch das gesamte Areal der ehemaligen Kaiserpfalz verläuft. An 18 Stationen befinden sich Infotafeln, welche die teils versteckt im Saalgebiet liegenden Sehenswürdigkeiten erläutern. Zudem ist im Besucherzentrum kostenlos eine ausführliche Infobroschüre zu allen Standorten erhältlich. Diese steht auch auf Englisch zur Verfügung.

Zu allen bedeutsamen Stellen innerhalb des Kaiserpfalzgebiets leitet ferner ein eGuide, der ebenfalls im Besucherzentrum erhältlich ist. Das mit Kopfhörern ausgestattete Gerät navigiert Fußgänger auf eigenen Wegen durch die Pfalz. Infos zu den einzelnen Stationen können jederzeit bequem als Basistext, als ausführliche Detailinformation oder als archäologische Führung abgerufen werden.

Blick auf rekonstruierte Säulenstümpfe des karolingischen Umgangs

tern, Gelnhausen oder Wimpfen, wohl eher als „Gedenkpfalz". Der einzig nachgewiesene Aufenthalt Friedrichs I. in Ingelheim 1163 muss nach derzeitigem Forschungsstand noch überprüft werden. Angeblich habe er Hildegard von Bingen hierher eingeladen, um sich von ihr Prophezeiungen machen zu lassen. Ein weiterer Besuch – anlässlich des Mainzer Hoftags an Pfingsten 1184 sollte in Ingelheim ein Turnier abgehalten werden – wurde aufgrund eines Unwetters abgesagt.

Unter dem Stauferkaiser wandelte sich die repräsentative Pfalzanlage durch viele Baumaßnahmen zu einer befestigten Stauferburg. Sie wurde damit auch zum wehrhaften Rückzugsort und wichtigen Stützpunkt zur Wahrung der territorialen Interessen in der Region. Zunächst ließ Barbarossa das Pfalzgebiet auf die doppelte Grundfläche hin nach Süden erweitern und mit einer Mauer umgeben. Die annähernd kreisförmige, im Kern staufische, aber in ihrer jetzigen Erscheinung spät-

mittelalterlich bis frühneuzeitliche Wehrmauer, hat sich über weite Strecken erhalten, vor allem im Süden und im Osten. Im Osten des Mauerrings steht auch das sogenannte Heidesheimer Tor, das als Teil der Befestigung errichtet wurde. Reste der Wehrmauer dienten meist als Außenwände der später erbauten Bauernhäuser und blieben dadurch erhalten. Die ursprüngliche Anordnung der aus karolingischer Zeit stammenden Gebäude blieb im Wesentlichen unter den Staufern bewahrt. Eine durchgreifende Renovierung ist vor allem an der Saalkirche ablesbar, die in Chor und Vierung sowie am Außenbau romanischen Bauschmuck erhielt. Ob jedoch innerhalb dieser Befestigung weitere Gebäude neu errichtet wurden, kann nach dem gegenwärtigen Forschungsstand nicht geklärt werden.

Die Ingelheimer Pfalz bzw. Burg geriet nach dem Ende der Stauferzeit und in dem sich anschließenden Interregnum ins politische Abseits. Nur die kaiserlichen Einkünfte des Ingelheimer

Reichsgrundes bestanden fort. Diese im 14. Jahrhundert mehrfach verpfändeten Einnahmen gingen ebenso wie das Reichsterritorium 1315 zunächst an den Kurfürsten von Mainz und dann 1375 an die Kurpfalz. Einzelne Pfalzgebäude wurden anderen Nutzungen zugeführt und verpachtet. Von Aachen nahm eine sich stetig steigernde Karls-Verehrung ihren Ausgang, die im 14. Jahrhundert ihren Höhepunkt erreichte und an vielen Orten im Reich, darunter auch Ingelheim, ihren Ausdruck fand. Im Zusammenhang mit diesem Kult gründete Karl IV. 1354 hier, am vermeintlichen Geburtsort Kaiser Karls des Großen, in der ehemaligen kaiserlichen Aula („in aula nostra imperiali") ein Augustiner-Chorherrenstift, das bis 1576 bestehende „Karlsmünster".

Vor allem die Kriege des 17. Jahrhunderts, in die auch Ingelheim verwickelt war, führten immer wieder zu Einquartierungen, Belagerungen und Verwüstungen. Dazu kamen Konfessionsstrei-tigkeiten, je nachdem welche Pfälzer Linie oder welche Besatzungsmacht ihr Bekenntnis den Untertanen verordnete. Unter den Kurfürsten wurden verwertbare Baureste aus der Ruine der Pfalz zum Bau des Heidelberger Schlosses abtransportiert. Nur die staufischen Wehrmauern scheinen mehrfach ausgebessert worden zu sein. Das gesamte Gebiet der Ingelheimer Pfalz blieb bis 1801 kurpfälzisch, dann kam es unter Napoleon in den Besitz von Frankreich. Ab 1816 gehörte der Grund Ingelheim zur Provinz „Rheinhessen" und kam zum Großherzogtum Hessen-Darmstadt. Nach dem Zweiten Weltkrieg wurde die Provinz zum Regierungsbezirk Rheinhessen, der bis heute zum damals neu gegründeten Bundesland Rheinland-Pfalz gehört.

Rundgang

Ausgangspunkt für einen Rundgang durch das heute überwiegend bebaute und dadurch manchmal leicht unübersichtliche Areal der Pfalz ist das 2004 er-

Rekonstruktion des karolingischen Thronsaals in der Aula regia

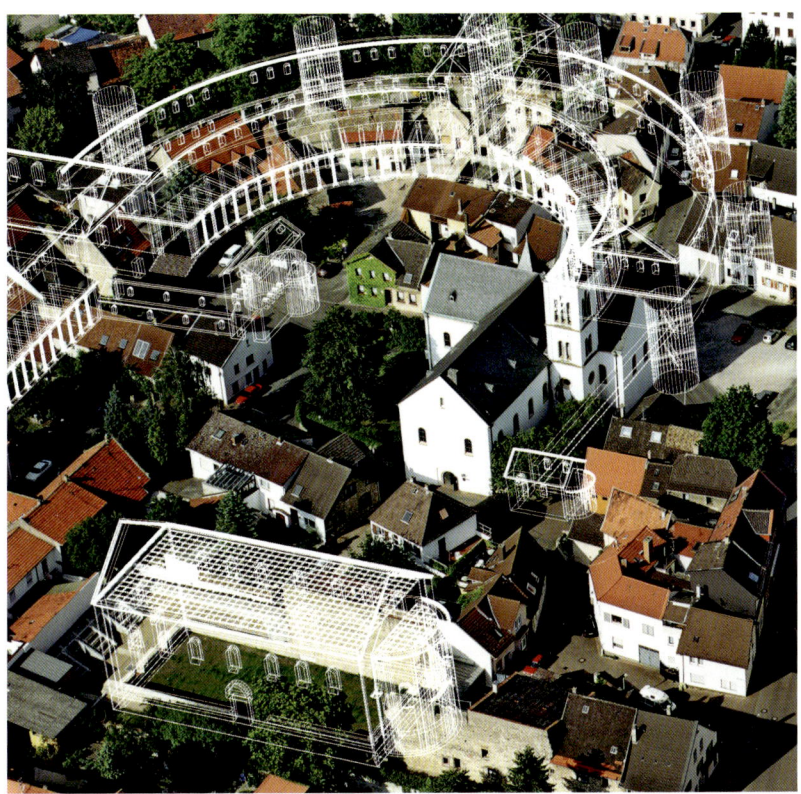

Luftbild des Saalgebiets mit virtueller Rekonstruktion der karolingischen Bebauung

öffnete Besucherzentrum und Museum bei der Kaiserpfalz (François-Lachenal-Platz). Hier ermöglichen digitale Rekonstruktionen, die Architektur der kompletten Kaiserpfalz abzurufen. Das Museum erzählt mittels vieler Funde die Geschichte und bauliche Entwicklung der Anlage. Zu den Prunkstücken der Ausstellung gehört auch die bislang einzige bekannte Goldmünze Karls des Großen, die 1996 bei Grabungen in Ingelheim zu Tage trat. Eine weitere Ausstellung im Museum bei der Kaiserpfalz gibt Einblicke in die Epochen der Vorgeschichte, der Römerzeit und der Merowingerzeit im Ingelheimer Raum.

Der Weg durch das ehemalige Pfalzgebiet, auch Saal genannt, führt zugleich durch verschiedene Epochen, für die jeweils bestimmte Bauwerke stehen: Die Aula regia geht zurück in die karolingische Gründungszeit. Die Saalkirche demonstriert die Erneuerung und Verschönerung der Pfalz unter den Ottonen, und das Heidesheimer Tor verweist auf den Ausbau der Pfalz in eine burgartige Befestigung zur Stauferzeit.

Vom Besucherzentrum aus geht es in die Karolingerstraße. Hier markieren weiße Pflastersteine das Fundament eines kleinen Gebäudes aus der Karolingerzeit. Die ehemalige Bebauung des gesamten Saalgebiets wurde nach und nach mittels solcher Steine markiert.

In Höhe der Saalkirche zweigt ein Weg in das Gebiet der **Aula regia** ab,

Das Heidesheimer Tor heute

che Architektur und ihre Wirkung vor Ort erfahrbar. Die Thronhalle wurde in der Stauferzeit vermutlich weiter genutzt und daher im Bestand erhalten und gepflegt. Um 1200 erfolgte der Einbau einer Warmluftheizung, wodurch sich der Aufenthalt in der Pfalz in der kühleren Jahreszeit enorm verbesserte. Diese Nutzung der Halle verdeutlicht erneut die Anknüpfung an karolingische Traditionen unter staufischen Herrschern.

Die heutige **Saalkirche** ist ein kreuzförmiger, flachgedeckter Saalbau mit halbrunder Apsis und zwei Vierecktürmen. Das im Kern um 950 errichtete Gebäude aus ottonischer Zeit wurde unter den Staufern in der 2. Hälfte des 12. Jahrhunderts modernisiert, was vor allem an der Außengliederung der Apsis aus Lisenen, Kopfkonsolen und Rundbogenfries hervorgeht. Aus der gleichen Epoche stammen die ornamentierten Kämpfer am Bogen der Apsis und die beiden Querhausbögen im Innern. Nach einer Profanierung und Teilzerstörung zwischen 1576 bis 1705 erfolgte ein Wiederaufbau mit verkürztem Langhaus. Der neuromanische Glockenturm zwischen Langhaus und südlichem Kreuzarm ist eine Zutat aus dem

dem Hauptgebäude der karolingischen Pfalz der Zeit um 800. Dieser mit einer Apsis ausgestattete rechteckige Saal war 16 m x 40 m groß. Er folgte im Typus der konstantinischen Palastaula in Trier oder der Aula der Pfalz in Aachen. Erhalten haben sich Teile der östlichen Längswand und der Apsis. Mediale Rekonstruktionen machen die ursprüngli-

EXTRA Feste und Feiern

Ingelheimer Rotweinfest
Alljährlich beginnt am letzten Septemberwochenende das Ingelheimer Rotweinfest. Eine Woche lang bieten Winzer vor malerischer Kulisse neben Wein auch Winzersekt zur Verkostung an. Bereits Karl der Große begründete den Ruf Ingelheims als Rotweinstadt, indem er die Anpflanzung der roten Burgunderrebe in der Region verfügte. Bodenbeschaffenheit und das milde Klima bilden ideale Voraussetzungen, um herrliche Weine zu erzeugen. Vielleicht genehmigen Sie sich schon bald einen „Ingelheimer Roten" auf dem historischen Burgkirchengelände? Natürlich nur aus einem typischen Weinprobierglas mit dem Logo der Kaiserpfalz!

Rekonstruktion des Heidesheimer Tors um 800

Jahr 1871. Im Zuge einer Renovierung der 1960er Jahre erfolgte die Wiederherstellung der ursprünglichen Größe des Langhauses.

Nördlich des Chors der Saalkirche befinden sich Reste eines unterirdischen, karolingischen Wasserbeckens, das in der Stauferzeit zur **Brunnenstube**, dem sogenannten Karlsbad, umgestaltet wurde.

Unweit von hier liegt das um 800 errichtete **Heidesheimer Tor** (Zanggasse). Hier kamen nach dem Abtragen baufälliger Häuser 1999/2000 zwei Pforten zum Vorschein. Von diesen aus führten in karolingischer Zeit vermutlich gewölbte Gänge zu Türmen der ersten Pfalzanlage, die durch die Errichtung der mittelalterlichen Wehrmauer unter den Staufern Ende des 12. Jahrhunderts verschwanden. Die karolingische Palastanlage wandelte sich damals zur Burg. Vor dem Heidesheimer Tor wurde im Zuge der letzten Renovierungsarbeiten die Erde 1,5 m abgesenkt. Dadurch ist es möglich, das Bodenniveau der Zeit Karls des Großen zu erleben. Die Straße **Auf dem Graben** ist nur ein Beispiel im heutigen Ortsbild, das zeigt, wie sich die heutigen Straßen und die daran errichtete Bebauung an der karolingischen und staufischen Struktur und Gliederung der Pfalz ausrichten. Der Straßenverlauf beschreibt einen großen Halbkreis, in dessen Mitte das Heidesheimer Tor steht. Ursprünglich verlief hier die Exedra, der halbkreisförmige Säulenbau aus dem 8. Jahrhundert mit 89 m im Durchmesser, der mit seinem Säulengang antike Vorbilder aufnahm.

Bis heute ragt an vielen Stellen im Saalgebiet die bis zu 10,5 m hohe Wehrmauer empor, die Teil der staufischen Befestigung war und mehrfach ausgebaut sowie verstärkt wurde. Auf dem höchsten Punkt des Pfalzbereichs, im Süden der Wehrmauer, liegt das **Zuckerbergtor**, das ursprünglich als Ausfalltor diente und vermutlich in staufischer Zeit entstand. Heute führt es zu einem Kräutergarten, in dem – entsprechend der Landgüterverordnung Karls des Großen – bereits damals bekannte und heimische Pflanzen gezogen werden. Hinter dem Haus Zuckerberg Nr. 4 führt ein versteckt liegender Weg zum **Bolander**, der Ruine eines Wehrturms. Der Turm, benannt nach dem Ministerialengeschlecht der Herren von Bolanden, die im Besitz der Reichsvogtei Ingelheim waren, ist Teil der staufischen Stadtbefestigung, die um 1160 errichtet wurde.

Der heutige Ort Ingelheim besteht aus fünf Stadtteilen, wovon Nieder-Ingelheim mit der Kaiserpfalz und Ober-Ingelheim mit seiner mittelalterlichen Stadtanlage und Wehrkirche schöne historische Kostbarkeiten bereithalten.

Ober-Ingelheim
Ober-Ingelheim ist neben Nieder-Ingelheim die älteste Siedlung im heutigen Stadtgebiet. Ihre Anfänge reichen in fränkische Zeit zurück. Im 11. Jahrhundert erlangten freie Königsmannen, die im Dienste des Herrscherpalastes der Pfalz standen, hier umfangreiche Güter. Unter ihnen nahm der Ort seine mittelalterliche Gestalt an, die sich bis heute in weiten Teilen erhalten hat. Eine vermutlich im 15. Jahrhundert errichtete Wehrmauer mit Zinnenkranz, Türmen und

EXTRA aktiv

Kleine und große Themenwanderwege
Der *Themenwanderweg Kaiserpfalz* führt in kleiner Version über ca. 4,5 km und als großer Weg über 12 km durch die Gemarkung Ingelheims. Benannt wurde die Strecke nach dem Startplatz Kaiserpfalz. Hinter den Mauerresten des Wehrturms Bolander führt der Weg durch verwinkelte Gassen durch das Zuckerbergtor hinter die alte Befestigungsmauer. Über ein unscheinbares Gässchen verlässt man die Ortschaft und gelangt bei zunächst leichtem Anstieg in die Weinberge des Mainzer Bergs mit der Carolinenhöhe. Der Weg führt weiter bis auf die Hochfläche des Mainzer Berges, wo sich ein Weitblick über Ingelheim und den Rheingau bietet. Im weiteren Verlauf stößt man auf den Hornweg, der nach Ober-Ingelheim führt. Auf halbem Weg gibt es nun die Möglichkeit über die Rotweinstraße zur Kaiserpfalz zurückzukehren oder das Anschlussstück zur Burgkirche zu nehmen, um von dort die größere Runde anzuschließen. Der Wanderweg ist durch ein Schild eines reitenden Kaisers ausgewiesen.

Ein weiterer Wanderweg führt unter dem Namen *Mittelweg* von der Hafenmole am Rhein bis in die Kaiserpfalz. Er zeichnet die Strecke nach, auf der die Herrscher vom Rhein kommend zur Pfalz gelangten. Von der Hafenmole aus geht es links am Damm entlang – zunächst am Rheindamm und dann landeinwärts am Damm zur Selz. Nördlich der Neumühle sind Dünenreste zu sehen, auf denen Eichen, Robinien und Kiefern wachsen. Nach Überquerung der Selz gelangt man in den „Blumengarten" mit dem Freizeitgelände Ikasee. Von hier geht es weiter durch offenes Gelände mit aufgelassenen Äckern und Obstwiesen. Nach dem Überqueren der Bahnstrecke erreicht man Nieder-Ingelheim mit der Kaiserpfalz und der Saalkirche – einst das Ziel der Könige und Kaiser. Der historische Mittelweg wird durch ein rot-weißes Kronensignet ausgeschildert.

Modell der karolingischen Kaiserpfalz (2006)

ehemals sechs Toren schützte die Bebauung. Einige der Türme mit typischem Steinkegeldach haben sich, ebenso wie die bis zu 2 m dicken Mauern, erhalten. Darunter befindet sich der in der Südwestecke gelegene Malakoffturm, mit 19 m der höchste der Wehranlage. Er diente als Wachturm. Seine einzelnen Geschosse konnten nur über Leitern erreicht werden. Der heutige Name spiegelt die Begeisterung über die Besiegung der russischen Bastion Malakow wider, die 1856 den Krimkrieg beendete. Innerhalb der imposanten Befestigungsanlage führten einst alle Straßen strahlenförmig zum Mittelpunkt, dem Marktplatz. Östlich am Hang ragt bis heute die Burgkirche empor, die zu den größten Wehrkirchen Deutschlands zählt. Sie liegt in der Mitte eines mittelalterlichen Wehrfriedhofs. Ihr romanischer Turm von 1103 mit gotischem Zinnenkranz ist der älteste Teil des Baus. Das Kirchenschiff und der Chor entstanden in unterschiedlichen Bauphasen und spiegeln daher die Architekturentwicklung von der Romanik bis zur Gotik. Die Innenausstattung stammt überwiegend

aus dem 15. Jahrhundert, darunter sind vor allem das mittlere Chorfenster mit Szenen aus dem Leben Mariens, die Rankenmalerei der Gewölbe im Schiff und die erst in jüngster Zeit wiederentdeckte Ausmalung des Chorgewölbes von Bedeutung. Das Gotteshaus diente den adligen Geschlechtern von Ingelheim und Umgebung als Grablege und besitzt daher eine Fülle von sehenswerten Grabmälern.

Der bekannteste Sohn der Stadt ist der 1488 geborene Sebastian Münster, ein Universalgelehrter, der zwischen 1522 und 1529 in Basel als Professor wirkte und Mitbegründer des wissenschaftlichen Studiums der Hebräischen Sprache war. Seine Cosmographie, nach eigenen Worten „eine Beschreibung der Welt mit allem, was darinnen ist", tatsächlich eine reich bebilderte Landes- und Volkskunde, zählt zu den bekanntesten Büchern des 16. Jahrhunderts. Hierin verweist er auf die schöne Lage Ingelheims zwischen Mainz und Bingen, dem Rheingau gegenüber und führt für die mittelalterliche Beliebtheit des Orts auch die guten Jagdmöglichkeiten auf.

info

Adressen und Auskunft
Rheinhessen Touristik GmbH
Wilhelm-Leuschner-Str. 44
55218 Ingelheim am Rhein
Tel. +49(0)6132-44170
info@rheinhessen.info
www. rheinhessen.info

Tourist-Information
Im Rathaus
Neuer Markt 1
55218 Ingelheim
Tel. +49(0)6132-782216
touristinformation@ingelheim.de
www.ingelheim.de

Museen und Sehenswertes
Kaiserpfalz Ingelheim
Besucherzentrum und Museum
François-Lachenal-Platz 5
55218 Ingelheim am Rhein
Tel.: +49(0)6132-714701
www.museum-ingelheim.de
Besucherzentrum und Museum Öff-
nungszeiten: 1. April – 31. Okt, Di – So
10:00–17:00 Uhr, 1. Nov. – 31. März, Di –
So 10:00–16.00 Uhr. Der Denkmalbe-
reich ist jederzeit frei zugänglich.

Aula regia (Thronsaal)
Öffnungszeiten: ganzjährig Mo – Fr
7:30–17:00 Uhr, Sa u. So 10:00–17:00
Uhr

Heidesheimer Tor
Öffnungszeiten: 1. April – 31. Okt,
Mo – So 10:00–17:00 Uhr, 1. Nov –
31. März, Mo – So 10:00–17:00 Uhr, Mo
ist das Präsentationshaus am Heidesheimer Tor geschlossen, die Außenan-
lagen sind zugänglich.

Saalkirche
Öffnungszeiten: 1. April – 31. Okt, Di –
Sa 10.00–17.00 Uhr, So 11.30–17.00

Uhr, 1. Nov – 31. März, Di – Sa 10.00–
16.00 Uhr, So 11.30–16.00 Uhr. Der
Eingang zur Dauerausstellung befindet sich auf der Nordseite der Kirche.

Anfahrt
Mit dem Auto:
Ingelheim am Rhein hat zwei
Anschlussstellen an der A 60 (Ingel-
heim Ost und West). An beiden
Anschlussstellen kann man sich von
den Verkehrsschildern ins Zentrum
von Ingelheim führen lassen. Wenn
der direkte Weg zur Kaiserpfalz
Ingelheim von diesem Weg ab-
weicht, ist dies durch die „Kaiserpfalz
Ingelheim-Schilder" ausgewiesen.
Sobald Sie von „Kaiserpfalzschildern"
geführt werden, folgen Sie den
Vorfahrtsstraßen. Wenn eine
Richtungsänderung vorgenommen
werden muss, weist ein weiteres
„Kaiserpfalz Ingelheim-Schild" Ihnen
den Weg.

Go green:
Das Kaiserpfalzgebiet ist ungefähr
15 Gehminuten vom Ingelheimer
Bahnhof entfernt. Laufen Sie dazu
die Bahnhofstraße ca. 200 m bis zur
Filiale der Deutschen Bank. Nun
biegen Sie links in die Binger Straße,
deren Straßenverlauf Sie nur noch
folgen müssen. Auch Linienbusse
bringen Sie vom Bahnhof zur Kaiserpfalz – der Stadtbus 612 startet am
Bahnhof und hält nach ca. 9 Minuten am François-Lachenal-Platz.
Einen detaillierten Fahrplan erhalten
Sie auf den Seiten der ORN, den
Omnibusverkehr Rhein-Nahe GmbH.
Der Schienennahverkehr wird über
den Rhein-Nahe-Nahverkehrs-
verbund (RNN) bedient, Infos unter
www.rnn.info

Kaiserslautern – die Stadt Barbarossas

Kaiserslautern, die Metropole der Westpfalz, steht zunächst für Fußball. Wichtigster Industriebetrieb mit weltweiter Bekanntheit war jahrzehntelang die Nähmaschinenfabrik G. M. Pfaff. Nach dem Zweiten Weltkrieg entwickelten sich „K-Town" und die Region um die Airbase zur größten US-amerikanischen Community außerhalb der Vereinigten Staaten. Doch bereits viele Jahrhunderte zuvor stand der Ort im Mittelpunkt: Ein Blick in die Vergangenheit zeigt schnell, dass hier Königsboden war. Viele Bezeichnungen und Wortschöpfungen verweisen auf die Staufer, allen voran auf Kaiser Friedrich I.: Jährlich lädt eine Barbarossawoche zum Verweilen ein, es gibt eine Barbarossabäckerei und auf dem Stadtplan erkennt man einen Barbarossaring.

Geschichte

Eine von den Römern entlang einer Fernstraße (Paris/Metz – Worms/Mainz) errichtete Siedlung wurde unter den Franken zur „villa lutra", zum Dorf Lautern, zugleich Königshof und Zentrum inmitten großer Wälder und Sümpfe. Nach dem Ende der Salier ging der Ort 985 an die Hohenstaufen. Mit Kaiser Friedrich I. Barbarossa begann die Entwicklung zur mittelalterlichen Stadt: Er ließ die Reichsburg bauen, siedelte Reichsministerialen an und gründete das Hospital St. Maria sowie ein Prämonstratenserkloster. Unter den Staufern entstand eine rasch wachsende Siedlung und der Ort erlebte eine frühe Blüte. 1276 verlieh Rudolf von Habsburg Lautern die Stadtrechte. 1375 erfolgte die Verpfändung der Stadt an die Kur-

pfalz. Danach wurde es still. Eine Ausnahme bildete die Zeit unter dem Pfalzgrafen Johann Casimir, dem „Jäger aus Kurpfalz", der im 16. Jahrhundert die Pfalz modern ausbauen ließ. Die Kriege des 17. Jahrhunderts, allen voran der 30-jährige Krieg, fügten dem allmählich wieder aufstrebenden Ort starke Zerstörungen zu. Erst unter Kurfürst Carl Theodor (1742–1799) setzte abermals eine Erholung ein. Nach den Napoleonischen Kriegen gelangte Kaiserslautern 1816 zum Königreich Bayern und danach an Rheinland-Pfalz. Mit dem Bau einer Eisenbahn 1847/49 zwischen Homburg – Kaiserslautern und Ludwigshafen war die Industrialisierung der Stadt, v. a. im Bereich der Textilproduktion und des textilen Maschinenbaus, nicht mehr aufzuhalten. Der starken Zerstörung im Zweiten Weltkrieg folgte ein rascher Wiederaufbau und Aufschwung. Entscheidenden Anteil daran trägt bis heute die 1970 gegründete naturwissenschaftlich-technische Universität und viele international renommierte Forschungsinstitute, die sich hier niederließen.

Pfalz

Pfalzen bildeten vom 8. bis 12. Jahrhundert Stützpunkte, an denen der Herrscher auf seinen Reisen durch das Reich Station machte und Amtshandlungen ausführte. Die mächtige Pfalz in Kaiserslautern war ein vollkommener Neubau und galt als eine der prächtigsten ihrer Art: 1152–1158 ließ Kaiser Friedrich I. Barbarossa auf einem an zwei Seiten von der Lauter umflossenen Felsen im Nordwesten der frühmittelalterlichen Stadt,

Das Bronzemodell der Stauferpfalz

wohl neben einem salischen Palas, die Anlage (Willy-Brandt-Platz 2) errichten. Das als „domum regalem" bezeugte Heim des Herrschers wurde von dem Kaiser überaus geschätzt: 1158 weilte er zum ersten Mal hier, anschließend folgten mindestens fünf weitere Aufenthalte. Zweimal fanden in Kaiserslautern Hoftage statt. Bis 1311 kamen acht weitere Kaiser in die Stadt, darunter mindestens zwei Mal Barbarossas Sohn Heinrich VI., dreimal ist dagegen Friedrich II. bezeugt. Dessen Sohn Heinrich (VII.) hielt 1234 in der Pfalz einen weiteren Hoftag ab. 1269 fand in der Pfalzkapelle St. Nikolaus die Hochzeit König Richards von Cornwall mit Beatrix von Valkenburg statt, wobei der Historiograph des Königs bemerkte, der Bau (die Pfalz) brauche keinen Vergleich mit denen anderer Königreiche zu scheuen.

Die in Zusammenhang mit der Pfalzerrichtung wichtigste Quelle verfasste Rahewin, Mönch und Schüler des Bischofs Otto von Freising, der dessen Chronik „Gesta Friderici Imp." fortführte. Ihm zufolge weilte Friedrich I. Barbarossa Ende April 1158 zwei Tage in Sinzig an der Ahr, reiste dann nach Worms und Kaiserslautern, denn: „In Lutra hatte er aus roten Stein ein königliches Haus erbaut und mit nicht geringer Pracht ausgestattet. Auf der einen Seite hat er es mit einer sehr starken Mauer umgeben, die andere Seite bespült ein [einem See ähnlicher] Fischweiher, der jede ergötzliche Art von Fischen und Geflügel enthält zur Weide der Augen und des Gaumens. Auch stößt daran ein Park, der eine Masse von Hirschen und Rehen hegt. Die königliche Pracht aller dieser Dinge und ihre reiche

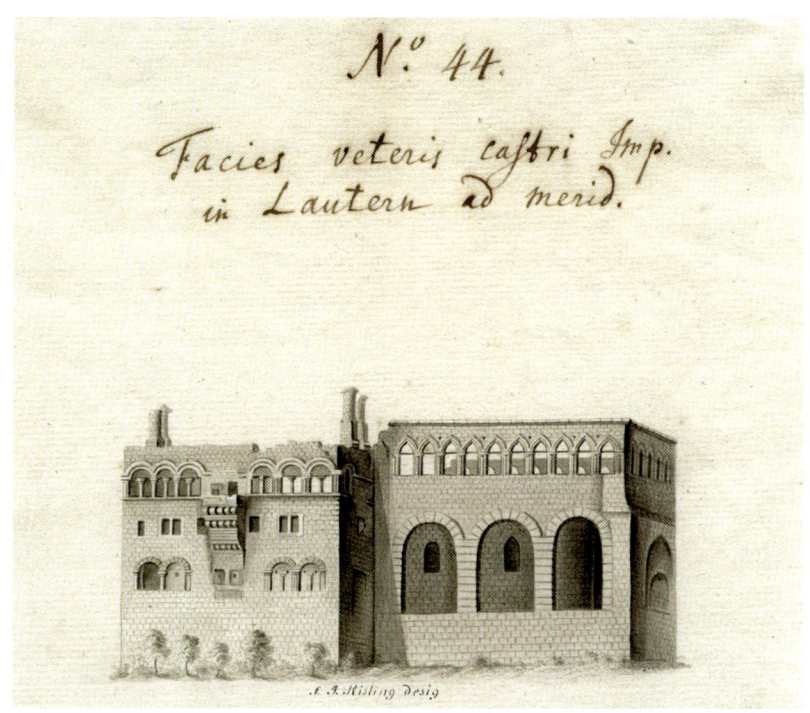

Ansicht des Palas von Süden: Tuschezeichnung von Joseph Kiesling 1764

Menge, die größer ist als man sie schildern könnte, erweckt das Staunen der Beschauenden."

Rundgang Pfalz

Im Bereich der Kaiserpfalz haben sich vorwiegend Bauteile aus staufischer und nachmittelalterlicher Zeit erhalten. In die Stauferzeit datieren der stumpfwinklig gebrochene Mauerzug mit Buckelquadern im Südwesten und eine Säule im oberen Teil der Anlage. Erste Orientierung in der Ruine liefern die Schautafel am Eingang des Geländes und ein kleines Bronzemodell der Pfalz von Eckart Fest, das nach Quellen und Zeichnungen des 18. Jahrhunderts entstand. Bronzeplatten illustrieren am Boden die Vita Barbarossas, die Pfalzkapelle, das Stadtwappen und zeigen zudem ein Porträt des Kaisers. Die farb-

lich abgehobene Pflasterung in unteren Bereich des Rathausvorplatzes markiert mit 28 x 19 m die Größe der Anlage, die aus einem mehrgeschossigen Palas mit Saal, dem Wohngebäude des Herrschers und einer Kapelle bestand. Auf Letztere wurde in einer späteren Bauphase ein Saal aufgesetzt. Das Areal war von einer Ringmauer umgeben. Bei der Palastkapelle handelte es sich nach einer Quellenbeschreibung von 1215 um eine Doppelkapelle. Dieser Typus war in der Stauferzeit durchaus üblich und bestand aus zwei übereinanderliegenden Räumen mit einer mittleren Öffnung in der Decke des unteren bzw. des Bodens des oberen Bauteils. So konnte der Burgherr oben dem Gottesdienst beiwohnen, während unten die Knechte und Dienstmannen versammelt waren. Barbarossas Nachfolger veränderten die

Das Areal der Pfalz von oben: links der Casimir-Bau, rechts die Pfalzanlage

Anlage geringfügig: Um 1215/20 wurde die Doppelkapelle in frühgotischer Manier überwölbt und mit einer Mauer ummantelt. Grabungen erbrachten bislang nur einige bearbeitete Steinfragmente von Gewölbe und Zwerggalerie der Kapelle.

Mit Hilfe von Zolleinnahmen wurden um 1367 unter Kurfürst Ruprecht I. weitere Baumaßnahmen unternommen. Ab 1570 war der Pfalzgraf Johann Casimir (1583–1592) Herr der Stadt und ließ sich über Teilen der staufischen Burg ein Renaissanceschloss errichten, dessen Ansicht ein Blatt von Merian aus dem Jahr 1645 überliefert. Damals waren Teile der staufischen Pfalz wohl noch bewohnbar, darunter sicherlich der vielgenannte große Saal. Größere Schäden richteten der 30-jährige Krieg und vor allem der Pfälzische Erbfolgekrieg von 1689 sowie der spanische Erbfolgekrieg 1703 an, in dessen Folge Burg und ein Teil des Schlosses gesprengt wurden.

Nach weiteren Zerstörungen im Zuge der Französischen Revolution kam es im frühen 19. Jahrhundert zur Versteigerung der Überreste der Pfalz und ihres Renaissancebaus. Teile der Schlossanlage gelangten in Privatbesitz. Über der Burgruine entstanden Brauereianlagen und über der Kapelle ein Eiskeller, unverbaute Ruinen wurden abgerissen. Im nördlichen Areal der Pfalz befand sich im 19. Jahrhundert sogar ein Gefängnis. Erste Grabungen in den 30er Jahren des 20. Jahrhunderts führten zur Abtragung der mittlerweile geschlossenen Brauerei und zur Sicherung der Burgruine. Zudem wurden mehrere unterirdische Gänge freigelegt. 1935 errichtete man in den Ruinen des ehemaligen Renais-

Kaiser Barbarossa ist eine der Hauptfiguren des Kaiserbrunnens.

sanceschlosses den Casimirsaal. Trotzdem setzte bis weit über den Zweiten Weltkrieg hinaus ein erneuter Verfall ein. Erst in den frühen 90er Jahren kam es zu einer Wiederentdeckung der geschichtsträchtigen Stätte. Die Reste der Barbarossaburg, der Casimirsaal sowie die unterirdischen Anlagen und Gräber wurden endlich als bedeutende Zeugnisse der Stadtgeschichte erkannt und dementsprechend gewürdigt.

Erdgeschoss und Keller des ehemaligen Casimirbaus sind heute ein Burgmuseum, das von „den Franken bis in die Neuzeit" führt. In der Eingangshalle steht eine romanische Säule der Zeit um 1200 aus der Stauferpfalz in Zweitverwendung. Weitere Spolien künden von der einst reichen Ausstattung der Bauten. Ein Renaissanceportal aus dem Jahr 1585 führt in den Pfalzgrafensaal, dessen Wände ein großer Teppich aus Flandern mit einer bemerkenswerten Darstellung eines Ballspiels ziert. Seit 2008 sind die Räume im Untergeschoss neu gestaltet: Informationstafeln, Lichtinstallationen und Monitore illustrieren die Vergangenheit. Eine Zeitspirale informiert über wichtige Stationen der Ortsgeschichte. Die in den 30er Jahren freigelegten fränkischen Gräber (um 700 n. Chr.) verweisen auf die frühe Besiedlung der Region. Die Salierzeit wird anhand erhaltener Burgmauern thematisiert, die mit dem Vater Barbarossas, Herzog Friedrich II. von Schwaben in Verbindung gebracht werden. Um Kaiserpfalz und Schloss und deren Veränderungen im Laufe der Zeit geht es im nächsten Abschnitt. Schließlich wird die jüngere Vergangenheit des Ortes als Brauerei vorgestellt. Dann beginnen die eigentlichen Katakomben. Nach knapp 70 m endet der Museumsbesuch auf dem Rathausvorplatz.

Östlich des Schlosses sind mittelalterliche Wagenspuren im Felsen sichtbar. Sie markieren einen Weg, der über eine Furt nach Osten führte, möglicherweise am alten Burgeingang vorbei. Im Areal der Kaiserpfalz verschwanden in den 60er Jahren unter den Betonplatten vor dem Rathaus viele Überreste der Bauten aus dem Frühmittelalter bis zur Renaissance. Neuesten Plänen nach soll das gesamte Areal in den nächsten Jahren von Bewuchs und Beton teilbefreit werden und die „neue Kaiserpfalz" einen Arkadenaufgang erhalten. Ebenso sollen salische Mauerreste freigelegt werden. Einen guten Überblick über das gesamte Areal der Barbarossaburg bietet der Blick vom Restaurant im obersten Stock des Rathauses, das mit seinen 84 m Höhe zum Wahrzeichen der Stadt nach dem Zweiten Weltkrieg wurde.

Rundgang
Von der Stauferpfalz aus bietet sich ein Rundgang durch die Stadt – nicht nur

Die Ruinen der Kaiserpfalz

EXTRA Wissen

Die Barbarossa-Route
2001 konzipierte der Förderkreis zur Erhaltung der Kaiserpfalz eine Barbarossa-Route. Ins Pflaster eingelassene Messingplaketten leiten „auf den Spuren des Kaisers" quer durch die Stadt. Jede Plakette trägt eine nummerierte Krone, deren Zacken die Gehrichtung anzeigen. Mittels einer Broschüre können so alte und neue Sehenswürdigkeiten außerhalb offizieller Stadtführungen in Eigenregie entdeckt werden. Das Begleitheft (Deutsch und Englisch) ist bei der Tourist-Information erhältlich.

Handy-Stadtführung
Unter der Rufnummer +49(0)89-210833631 und der gewünschten Kennziffer (01 Geschichte der Stadt, 02 Kaiserpfalz, 03 Stiftskirche, 04 St. Martinsplatz, 05 Kaiserbrunnen, 06 Fritz-Walter-Stadion) steht ein weiterer Rundgang zur Verfügung. Sie zahlen nur die Verbindungsgebühren von Ihrem Handy ins deutsche Festnetz.

EXTRA Wissen

Ein Fisch aus der Stauferzeit?

Zur Fischzucht entstanden im Mittelalter um Kaiserslautern viele Weiher, von denen einige im 18./19. Jahrhundert geleert wurden, darunter der Kaiserwoog, aus dem – der Legende nach – im November 1497 ein „neunzehn Werkschuh" (ca. 6 m) langer und 350 Pfund schwerer Hecht stammte. Den kapitalen Fang zierte ein vergoldeter Kupferring am Kettchen mit einer griechischen Inschrift. Bischof Johannes von Worms, Kanzler des Pfalzgrafen übersetzte: „ich bin unter allen Fischen der erste, welcher durch die Hände Kaiser Friedrich des Anderen in diesen Woog gesetzt worden, den 5. Weinmonat [Oktober] 1230". Setzte Stauferkaiser Friedrich II., Enkel des Kaisers Barbarossa, den Fisch aus, der schließlich auf die Tafel des Kurfürsten Philipp in Heidelberg kam? Der Ring verblieb in der kurfürstlichen Schatzkammer mit der Beschriftung, dass „der Hecht den Ring an seinem Halse 267 Jahre getragen habe." Ansonsten schweigen die Quellen. Geblieben sind idyllische Wooge um Kaiserslautern und der Hecht im Wappen der Stadt.

auf den Spuren der Staufer – an. In unmittelbarer Nachbarschaft steht seit 1995 der große Sandsteinbau des **Neuen Pfalztheaters** (Willy-Brandt-Platz 4–5). Östlich davon traten im Zuge der Bauarbeiten Reste einer jungsteinzeitlichen Siedlung zu Tage sowie Teile der alten Stadtbefestigung aus dem 17. Jahrhundert. Der Verlauf der Mauer ist durch Aufpflasterungen im Mittelstreifen der Martin-Luther-Straße und auf dem gegenüberliegenden Gehweg angedeutet.

Der Barbarossaburg schräg gegenüber steht die schöne **Fruchthalle** (Fruchthallstraße 1). Der 1843–1846 zur Abhaltung des Fruchtmarkts errichtete Bau im Stil der Florentiner Frührenaissance dient heute als Veranstaltungshaus. Sein Erbauer, Bayernkönig Ludwig I., bezeichnete bei einer Rede im Festsaal des Hauses Kaiserslautern zum ersten Mal öffentlich als „Barbarossastadt". 1849 versuchte hier eine provisorische Regierung der Pfalz die Demokratisierung voranzutreiben, gegen die Willkür von Fürsten und Kleinstaaterei.

Weiter geht es über den weitgehend klassizistisch bebauten **Schillerplatz** nach links durch die Schillerstraße zum Marktplatz, vorbei am ältesten noch erhaltenen Fachwerkhaus (Gasthaus **Zum Spinnrädl**, Schillerstraße 1) der Stadt, einem zweigeschossigen Bau von 1740. Von dort erblickt man die **Stiftskirche** St. Martin und Maria, heute evangelische Pfarrkirche (Marktstraße 13), deren Anfänge in der Stauferzeit liegen. Kaiser Barbarossa gründete 1176 hier ein Spital, das er mit Mönchen aus dem Prämonstratenserkloster Rot in Oberschwaben besetzte. Der Vorgängerbau, eine spätromanische Pfarrkirche, wurde zur Klosterkirche und war schon bald zu klein. Ab 1250/60 folgte ein gotischer Neubau, parallel dazu entstanden die Klostergebäude. Nach der Weihe der Richardis-Kapelle 1291 am Chor (1806 niedergelegt, heute Adlerapotheke) kam ab 1325 das dreischiffige Langhaus hinzu. Die schmalen Seitenschiffe schließen – eher untypisch für die Region – mit Giebelreihen und Querdä-

Der schöne Vierseithof des Theodor-Zink-Museums

chern ab und auch das Langhaus zeigt deutliche Anklänge an hessische Hallenkirchen. Der massive Chorturm ragt in kräftigen, fast spätromanischen Formen empor. Ende des 14. Jahrhunderts kamen die nördliche Vorhalle, Anfang des 16. Jahrhunderts die Westtürme hinzu. 1510/11 wurde das Kloster in ein weltliches Stift umgewandelt und 1565 aufgelöst. Nach Bombenschäden im Zweiten Weltkrieg erfolgte ein zum Teil vom ursprünglichen Gebäude abweichender Wiederaufbau. Im Innern hervorzuheben sind die reichen Laubwerkkapitelle im Chorbereich. Während der Chor noch stark der Romanik verpflichtet ist, ist das Langhaus „das einzige bedeutende Denkmal der Pfalz aus der klassischen Zeit des gotischen Stils" (Dehio). In der Vorhalle an der Nordseite erinnert das Denkmal der Union an die „Pfälzische Union". Hier schlossen sich 1818 die Lutheraner und Reformierten in der Pfalz zusammen. Der vor der Kirche stehende **„Schöne Brunnen"** stammt aus dem 16. Jahrhundert.

Von der Kirche aus führt links die Marktstraße in die Altstadt zum idyllischen **Martinsplatz**, der mit seinen vielen Cafés und Restaurants zum Verweilen einlädt. Dort ragt die **Spoliensäule** empor, an der Architekturteile, darunter Grenzsteine, sechs Jahrhunderte Stadtgeschichte illustrieren. Im Schatten großer Kastanien stehen das Rettig'sche Haus, um 1766 (Nr. 2) sowie das Alte Stadthaus von 1745, heute Sitz der Musikschule (Nr. 3). Der Schalenbrunnen mit seinen Wasser speienden Schwänen und Putten aus Gusseisen schmückt seit 1891 den Platz. Die benachbarte katholische Pfarrkirche **St. Martin** (St. Martins Platz 5) entstand zu Beginn des 14. Jahrhunderts als Kirche eines Franziskanerklosters. Der schlichte, im 15. Jahrhundert erweiterte Bau hat nur ein Seitenschiff, die Stelle des zweiten nahm der heute nicht mehr erhaltene Kreuzgang ein. Nach Auflösung des Klosters 1583 diente die Kirche als Zeughaus, als städtische Reithalle, ab 1686 erneut als Kloster- und seit 1803 als Pfarrkirche. Bis heute begrenzen Überreste der mittelalterlichen Stadtmauer die Anlage. Die barocke Statue des hl. Nepomuk vor der Kirche entstand Anfang des 18. Jahrhunderts für die Scherbrücke, einen Lauterübergang. Unweit von hier baute die Lutherische Gemeinde auf dem Rittersberg zwischen 1711/17 die **Kleine Kirche** (Unionsplatz).

Vom Martinsplatz aus führt die Steinstraße zum 12 m aufragenden **Kaiserbrunnen** (am Mainzer Tor) des Pfälzer Bildhauers Prof. Gernot Rumpf. Seit 1987 erinnert das „dreidimensionale Geschichtsbuch" aus Bronze und Sandstein an die Geschichte der Stadt. Über allem thronen die Figuren Kaiser Friedrichs I. Barbarossas und König Rudolfs von Habsburg, wegweisende Persönlichkeiten der Stadtgeschichte. Symboltiere, darunter der Karpfen, das Wappentier der Stadt, die Esel, die früher die Marktkarren zogen, und die Eule als Sinnbild der Universität sind hier ebenso zu finden wie die Elwetritsche, ein scheues Pfälzer Sagentier. Für die Industrialisierung stehen die Nähmaschine der Firma Pfaff und der Motorblock der Firma Opel. In der Heimat des 1. FCKs darf auch der Fußball – signiert von Ehrenbürger und 1954er-Weltmeister Fritz Walter – nicht fehlen. Der mehrfach ausgezeichnete Künstler Rumpf, 1941 in Kaiserlautern geboren, schuf in seinem unverwechselbaren Stil nicht nur viele markante Brunnen in der Pfalz, sondern auf der ganzen Welt. Der Rückweg in die Innenstadt führt am **Theodor-Zink-Museum** (Steinstraße 48) vorbei, mit einer Dauerausstellung volkskundlicher und kunsthandwerklicher Dinge, die der Heimatforscher Zink zusammen trug. Sein Vermächtnis wird im ehemaligen Fuhrmannsgasthof „Rheinkreis" gezeigt, einem Vierseithof des frühen 19. Jahrhunderts. Gegenüber liegt der **Wadgasserhof** (Steinstraße 55), ein teilweise erhalte-

Blick auf die gotische Stiftskirche

ner Wirtschaftshof des saarländischen Prämonstratenserklosters in Wadgassen, der erstmals 1216 nachgewiesen wurde und im 17. Jahrhundert als fürstlicher Witwensitz diente.

Falls es die Zeit erlaubt, lohnt ein Besuch der **Pfalzgalerie** (Museumsplatz 1) am Rande der Innenstadt, einer bedeutenden Sammlung von Gemälden, Skulpturen und Graphiken des 19. und 20. Jahrhunderts sowie der Gegenwart. Oder schauen Sie im **Japanischen Garten** (Lauterstraße 18) vorbei, einem der schönsten und größten seiner Art in Europa.

Auskunft

Tourist Information
Kaiserslautern, Fruchthallstr. 14
67655 Kaiserslautern
Tel. +49(0)6331-3652317
touristinformation@kaiserslautern.de
www.kaiserslautern.de

Museen und Sehenswertes

Burgmuseum
Das Areal der Pfalz ist frei zugänglich.
Besichtigung Casimirbau und unterirdische Gänge nur nach Voranmeldung. Führungen für Gruppen ab fünf
bis maximal 20 Personen. Anmeldun-
gen bei der Tourist-Information.

Pfalzgalerie
Museumsplatz 1,
Tel. +49(0)631-3647201
www.pfalzgalerie.de
Öffnungszeiten: Di 11:00–20:00 Uhr, Mi
– So 10:00–17:00 Uhr, Mo geschlossen.

Theodor-Zink-Museum
Steinstraße 48
Tel. +49(0)631-3652327
www.theodor-zink-museum.de
Öffnungszeiten: Di – Fr 9:00–17:00,
Sa u. So 10:00–18:00 Uhr
Dependance Wadgasserhof
Steinstraße 55, Öffnungszeiten: Di – Fr.
9:00–17:00 Uhr, Sa u. So. 10:00–18:00
Uhr, Mo geschlossen.

Japanischer Garten
Lauterstr. 18
Tel. +49(0)631-3706600
www.japanischergarten.de
Öffnungszeiten: täglich 10:00–18:00
Uhr (April – Okt).

Gartenschau Kaiserslautern
Turnerstraße 2
www.gartenschau-kl.de

Öffnungszeiten: Mo – Fr 9:00–19:00
Uhr, Sa u. So 9:00–19:00 Uhr

Fritz-Walter-Stadion
Besichtigungen buchbar bei der Ge-
schäftsstelle des 1. FC Kaiserslautern,
Fritz-Walter-Straße 1, Eingang Stadion
Block 5, Tel. +49(0)1805-318800 0,14 €/
Min., www.fck.de

Essen und Trinken

Panorama-Restaurant im Rathaus
Rundblick vom Rathaus, 21. Stock,
Willy-Brandt-Platz 1, Tel.: +49(0)631-
3204370, info@21-lounge.de, geöffnet
Mo – Do, So von 17:30–1:00 Uhr; Fr, Sa
von 17:30–2:00 Uhr.

Gasthaus zum Spinnrädl
Schillerstraße 1
Tel. +49(0)631-60511
www.spinraedl.de

Anfahrt

Mit dem Auto:
A 63 aus Richtung Mainz – Abfahrt KL
Zentrum, A 6 aus Richtung Mannheim
– Abfahrt KL Zentrum, A 6 aus Richtung
Saarbrücken – Abfahrt KL West. Die
Zufahrt zu Rathaus/Theater in der In-
nenstadt ist ausgeschildert.

Go green:
ICE-Anbindung aus Paris, Saarbrücken,
Frankfurt am Main, Mannheim, direkte
Verbindung mit Regionalbahnen
unter anderem aus Pirmasens, Kusel,
Lauterecken, Bad Kreuznach. S-Bahn
Mannheim – Neustadt an der Wein-
straße – Kaiserslautern – Homburg.
Ab dem Hauptbahnhof fahren Busse
der Linien 102, 105 oder 107 zur Pfalz,
wahlweise bis Haltestelle „Schillerplatz"
oder „Rathaus" und dann weiter zu
Fuß.

Die Burgruine Landskron bei Oppenheim – Macht am Rhein

Über der historischen Weinstadt Oppenheim am Rhein erhebt sich die mächtige Katharinenkirche sowie die Burgruine Landskron. Der Ort blickt auf eine lange Vergangenheit zurück und ist trotz vieler Zerstörungen reich an Sehenswürdigkeiten. Beim Bummel durch die malerisch-engen Gassen offenbart sich die immer noch mittelalterliche Struktur des Stadtgrundrisses, obwohl die nach der Katastrophe von 1689 erfolgte Neubebauung überwiegend barock ist.

Geschichte

Die wechselhafte Geschichte der Burgruine Landskron ist untrennbar mit der Geschichte und Entwicklung der Stadt Oppenheim verbunden. 774 schenkte Karl der Große das verkehrsgünstig am Rhein gelegene fränkische Hofgut Oppenheim dem Kloster Lorsch. Wahrscheinlich gab es damals weder eine Siedlungsbefestigung noch eine Burg. 1008 erwirkte Abt Poppo von König Heinrich II. das Recht, Märkte abzuhalten und Zoll zu erheben und schuf damit alle Voraussetzungen für einen wirtschaftlichen Aufschwung. Die Staufer begannen den immer größer gewordenen Ort Oppenheim schon bald zu einem Stützpunkt auszubauen. Doch als die Erzbischöfe von Mainz am Anfang des 12. Jahrhunderts versuchten, ihren Einflussbereich nach Süden auszudehnen, kam es zu ersten Spannungen. Diese verstärkten sich, nachdem Adalbert I. von Saarbrücken 1111 zum Erzbischof von Mainz ernannt worden war. 1118 brach ein Krieg zwischen ihm und Stauferherzog Friedrich II. von Schwaben aus. Eine Quelle des 12. Jahrhunderts berichtet, dass „Erzbischof Adalbert von Mainz 1118 eine durch Herzog Friedrich von Schwaben errich-

Burg Landskron vor dem Renaissanceumbau. Ausschnitt einer Zeichnung von Anton Mirou (1610/15)

Blick von Süden: Hinter dem Weinberg liegen Reste der Vorburgmauer.

tete, wohl schanzenartige Befestigung [„praesidium"] bei Oppenheim zerstört habe". Wie diese Anlage aussah und ob sie als Vorgängerbau der heutigen Burgruine gewertet werden kann bleibt offen. 1147 gab das in finanziellen Schwierigkeiten steckende Kloster Lorsch seinen Oppenheimer Besitz gegen den Erlass einer Zahlungsverpflichtung dem staufischen König Konrad III. zurück, unter dem der Wiederaufbau des Orts zum Schutz des umliegenden Reichsguts begann. Auch für diesen Zeitpunkt ist die Existenz einer Burg nicht belegt. Erst nachdem Oppenheim 1225 unter dem Stauferkaiser Friedrich II. zur Reichsstadt erhoben wurde und derselbe ein Jahr später den Bürgern Steuererleichterungen verschaffte, um den Bau einer Stadtbefestigung zu ermöglichen, kann auch mit einer Burganlage gerechnet werden. Erstmals erwähnt wurde die Reichsburg Oppen-

heim im Jahr 1244. Im Verlauf der nächsten Jahrzehnte kam es zwischen den Burgmannen und den Bürgern der Stadt immer wieder zu Streitigkeiten. Diese hatten ihre Ursache in den Bemühungen der Burgmannschaft, sich in die Politik der Stadt einzumischen und die Besetzung wichtiger Ämter zu beeinflussen. Als schließlich nach dem Niedergang der Stauferdynastie während des Interregnums (1254–1273) kein König vorhanden war, der die Burgmannen zügelte und deren Übergriffe gegenüber den Bürgen immer mächtiger wurden, eskalierte die Situation. Um den Adelseinfluss zu brechen und eine städtische Selbstverwaltung durchzusetzen, erstürmten die Bürger im Jahr 1257 die Burg und zerstörten sie. Erst nachdem 1273 Rudolf von Habsburg zum deutschen König gekrönt worden war, begann ein Wiederaufbau der Ruine „größer und fester" als zuvor, den

EXTRA aktiv

Entdeckungstouren im Oppenheimer Untergrund

Eine der Attraktionen des Weinorts sind die rund 40 km langen Tunnel- und Kellersysteme unter der Stadt. Nach der Erhebung zur Reichsstadt 1225 wurde Oppenheim zu einem immer wichtigeren Handelsumschlagplatz, wozu auch die Lage am Rhein entscheidend beitrug. Doch es fehlte an Lagerplatz. Daher grub man stabile Keller in den Lössboden, die teils mehrere Stockwerke überander liegen. 600 Räume dieser Art wurden bislang gefunden, die in Krisenzeiten auch von der Bevölkerung zum Schutz aufgesucht wurden. Nach der Stadtzerstörung 1689 geriet das Kellerlabyrinth in Vergessenheit. Seit der zufälligen Wiederentdeckung 1986 laufen Untersuchungen zu dem „Schweizer Käse" unter der Stadt. Heute können Besucher über 500 m lange Bereiche der Anlage erkunden. Zudem informiert ein Dokumentationszentrum in der Krämerstraße.

zum Teil die Stadt aus ihren Zolleinkünften finanzieren musste. Im ausgehenden 14. Jahrhundert ließ das Interesse an der Anlage stark nach. Die Reichsburg wurde mehrfach verpfändet, zuletzt 1375 an den Kurfürst Ruprecht I. von der Pfalz (1353–1390), den späteren König, der gerne auf der Burg weilte und 1410 hier verstarb. Burg und Stadt wurden unter ihm fest in die Kurpfalz eingebunden, wo sie bis zum Ende des Alten Reichs verbleiben sollten. Nach ihm lebten nur noch kurfürstliche Amtmänner in der Anlage, die wenig veränderten. Im 14./15. Jahrhundert wurde in der Kernburg ein neues Küchengebäude erbaut, und es fanden mehrere kleinere Umbauten an den bestehenden Häusern statt. Frischen Wind brachte 1615 der Besuch des Kurfürsten Friedrich V. und seiner frisch angetrauten Gattin Elisabeth in Oppenheim. Nachdem beide nicht – wie zunächst beabsichtigt – in der Burg übernachten wollten, was wahrscheinlich auf deren heruntergekommenen Zustand zurück zu führen war, ordnete Friedrich V. eine Erneuerung der Anlage an. Der kurfürstliche Baumeister Johann Schoch, der bereits am Heidelberger Schloss mitgewirkt hatte, musste dazu aus Kostengründen die mittelalterlichen Bauten der Anlage in die Neubauten mit einbeziehen. Der nun entstandene moderne Renaissancebau stand nicht lange, denn im Verlauf des 30-jährigen Kriegs besetzten verschiedene Truppen die Stadt und ihre Burg. Während der Auseinandersetzungen wurde auch die mittlerweile Landskron genannte Burganlage in Mitleidenschaft gezogen. Im Pfälzischen Erbfolgekrieg kam das Ende: 1688/89 eroberten französische Truppen die Region. Sie sprengten den Bergfried und zerstörten neben der Landskron auch die ganze Stadt. Obwohl spätestens 1720 erste Überlegungen zum Wiederaufbau der Burg dokumentiert wurden, diente die Anlage in den nächsten Jahren als Steinbruch. Viele Steine fanden 1764/65 beim Bau der großen Straße nach Worms Verwendung. Die verbliebene Burgruine gelangte bereits im 19. Jahrhundert in den Besitz der Stadt Oppenheim, das seit 1816 zum Großher-

Mittelalterliche Syenitsäule aus der Burg, heute Teil eines Kriegerdenkmals

zogtum Hessen-Darmstadt gehörte und bis 1945 hessisch blieb. Heute liegen Stadt und Ruine in Rheinland-Pfalz, seit 1978 gehört die Burganlage dem Land Rheinland-Pfalz und wurde bereits mehrfach restauriert.

Rundgang Burg

Von der ersten Anlage, dem „praesidium", berichtet die bereits erwähnte Quelle. Weitere Belege dafür fehlen. Die erste Burg dürfte um 1220 begonnen worden sein. Archäologische Grabungen förderten das Fundament eines breiten Mauerzugs unweit der erhaltenen Ostflügelmauern zu Tage. Die Bauten waren von einer Ringmauer umgeben. Darin befanden sich neben dem Bergfried vermutlich einige Gebäude aus Fachwerk. Die Bauarbeiten zur zweiten Burg begannen 1275/76 und endeten spätestens 1281. Damals besuchte König Rudolf an Weihnachten den Ort und hielt sich in der Burg auf. Dendrochronologische Untersuchungen an Bauholzfunden aus der Burg bestätigten die zeitliche Fertigstellung um 1280. Vor der damals erbauten Kernburg befanden sich im Süden und Osten Vorburgen, deren Aussehen sich in historischen Zeichnungen des frühen 17. Jahrhunderts überliefert hat. In den Vorburgen standen wohnturmartige Gebäude, wohl die Häuser der Burgmannen. Von der südlichen Vorburgmauer zeugt heute nur noch eine hohe Geländestufe mit Mauerresten. Weitere Baubelege sind nicht sichtbar.

Das mittelalterliche Aussehen der Burg ist kaum erkennbar. Einst war die von einem inneren und einem äußeren Graben sowie dicken Mauern geschützte Anlage mit der Stadtmauer verbunden. Ein Tor öffnete sich zur Bergseite, ein weiteres führte über eine Zugbrücke in die Stadt. Der westlich gelegene Zugang führt heute direkt in einen kleinen Burghof. In der Hofmitte befindet sich der 42 m tiefe Brunnen aus dem 13. Jahrhundert, ein Meisterwerk mittelalterlicher Baukunst. In der Nordwestecke der Burg ragen die verbliebenen Mauern des runden Bergfrieds empor, die seit 1875 eine Aussichtsplattform tragen. Rechts erheben sich die verbliebenen Außenmauern des Südflügels, des dreigeschossigen Hauptbaus der Burg. Geradeaus führt der Weg direkt zur Ruine des Ostbaus. Zwischen Südflügel und Ostbau steht das rundbogige Osttor, vor dem sich ein breiter Graben erstreckte, der nur über eine Zugbrücke überwunden werden konnte. Auf der Innenseite der östlichen Ringmauer sind bei Grabungen die Fundamente der Zisterne sowie eines

EXTRA Feste und Feiern

Oppenheimer Sommerbühnen

In der Burgruine Landskron finden seit 1989 jährlich im Sommer die Oppenheimer Theater-Festspiele vor historischer Kulisse statt. Die weit über die Region bekannten Aufführungen bieten Drama, Komödie und Satire, präsentiert von national und international bekannten Künstlern und Ensembles. Nähere Infos unter www.festspiele-oppenheim.de

Der Oppenheimer Kultursommer bietet wöchentliche Unterhaltung aus der Region und wird in Zusammenarbeit mit dem Kultursommer Rheinland-Pfalz e.V. durchgeführt. Nähere Infos unter www.stadt-oppenheim.de

Blick auf den Ostchor der Katharinenkirche

Küchenhauses zu Tage getreten. Weitere Funde aus archäologischen Grabungen werden derzeit ausgewertet. Die Burgruine bietet einen herrlichen Ausblick in die Rheinebene, an klaren Tagen reicht die Sicht bis nach Frankfurt und in den Odenwald.

An der Landskron beginnt bzw. endet ein Weinlehrpfad, der durch die Oppenheimer Gemarkung, am berühmten Krötenbrunnen vorbei und durch die Weinberge hindurch zum Deutschen Weinbaumuseum in der Wormser Straße führt. Dort werden alle 13 deutschen Weinanbaugebiete und ihre Besonderheiten vorgestellt. Sonderausstellungen beschäftigen sich mit der historischen Weinkultur oder Weinbautechnik.

Rundgang Stadt

Ausgestattet mit Stadt- und Marktrechten und dank einer gesicherten Finanzierung der Stadtmauer – die Steuerbefreiung von 1226 sollte vornehmlich dem Ausbau der schon seit 1182 im Bau befindlichen Umwehrung dienen – stand Oppenheim bei der Ernennung zur Reichsstadt als fertig ausgebaute Stadt da. Die **Stadtbefestigung** des 13. Jahrhunderts und einige Erneuerungsbauten des 15./16. Jahrhunderts haben sich in Resten erhalten. Darunter das westlich der Altstadt gelegene **Gautor**, ein im Unterbau spätromanischer, 1566 erneuerter quadratischer Torturm mit außen entlang geführtem Wehrgang. Die übrigen vier Tore wurden im 19. Jahrhundert abgerissen. Schöne bürgerliche Wohnbauten, viele aus dem 18. Jahrhundert, verteilen sich über das gesamte Altstadtgebiet.

Ausgangspunkt für einen kurzen Rundgang durch die Altstadt ist das **Rathaus** am Marktplatz, das man 1621 nach dem Brand des alten Rathauses an der jetzigen Stelle errichtete. Nach 1689 entstand ein Neubau, von dem heute noch Teile erhalten sind. Das daneben stehende Kriegerdenkmal trägt eine 1808 geborgene Säule aus der Ingelheimer Kaiserpfalz, die lange im Kaisersaal der Reichsburg Landskron stand.

Unterhalb des Marktplatzes stand das ehemalige, 1318 erstmals erwähnte **Franziskanerkloster St. Bartholomäus**. Die einfache Bettelordenskirche mit

Dachreiter stammt aus der ersten Hälfte des 14. Jahrhunderts und ist alles, was an Gebäuden erhalten blieb. Nach der Reformation wurde das Kloster zur Lateinschule, dann überließ man die Kirche niederländisch-französischen Kolonisten, bis schließlich 1686 die Franziskaner zurückkehrten. 1803 erfolgte die Auflösung, die Kirche ist aber bis heute katholische Pfarrkirche. Jeden ersten Sonntag im Monat findet um 14:30 Uhr eine kostenlose Führung statt.

Nördlich des Rathauses steht das architektonische Prunkstück der Stadt, die gotische **Katharinenkirche**. Den ältesten Teil bilden die unteren Stockwerke der Türme, Reste des 1226–1249 errichteten Vorgängerbaus. Um für die wachsende Zahl der Gläubigen mehr Raum zu erhalten, begann man im Osten einen Neubau und errichtete 1275–1279 den frühgotischen Chor und das Querhaus. Das hochgotische Langhaus mit den prunkvollen Maßwerkfenstern folgte 1317–1340. Der ab 1415 spätgotisch gestaltete Westchor wurde 1439 durch den Mainzer Titularbischof geweiht. Die Reste der Glasmalereien (14.–16. Jahrhundert) in der Kirche zählen zu den bedeutendsten Zeugnissen ihrer Art am Mittelrhein. Obwohl der größte Teil der Ausstattung mit der Einführung der Reformation entfernt wurde, haben sich zahlreiche schöne Grabdenkmäler mit Bildnisfiguren, meist für Mitglieder der Burgmannenfamilien, bewahrt. Auf dem ehemaligen Friedhof nördlich der Katharinenkirche steht die gotische St. Michaelskapelle, ein zweigeschossiger Rechteckbau, im Erdgeschoss das noch gefüllte Beinhaus. Als in früheren Jahrhunderten der Platz auf dem Friedhof nicht ausreichte, ließ man die älteren Gebeine der Verstorbenen ausgraben und in der Kapelle aufschichten. Im Oppenheimer Beinhaus ruhen die Knochen von ca. 15.000 bis 20.000 Toten.

Stumpf des Bergfrieds und Teile der Brunneneinfassung

Der Ritterbrunnen (1546) in der Dalbergstraße

Von der Katharinenkirche führt der Zuckerberg-Weg zum **Geschlechterbrunnen** in der Dalbergstraße, einst eine der vornehmsten Straßen der Stadt, wovon heute noch die stattlichen Höfe, die aus Burgmannenhäusern hervorgingen, zeugen. Der Ziehbrunnen (1546) regelte die Wasserversorgung und zeigt die Wappen der umwohnenden Adelsfamilien Wolfskehl-Gemmingen, Dalberg und Frankenstein. Der ehemalige **Frankensteiner Hof** (Dalbergstraße 16), als Sitz einer gleichnamigen Burgmannenfamilie 1612 erbaut und im 18. Jahrhundert umgestaltet, verfügt über verzierte Renaissanceportale und einer Kapelle dieser Zeit. Am Ende der Dalbergstraße rechts geht es durch die Krämerstraße zurück zum Marktplatz. Wer nun noch nicht auf der Burg war, kann von hier bis ans Ende der Krämerstraße gehen. Durch das Gautor gehen, dann nach rechts in die Burgstraße einbiegen. Von hier führt der kleine Schlangenweg durch die Weinberge zur Landskron.

info

Adressen und Auskunft
Tourist- und Festspielbüro der Stadt Oppenheim
Merianstr. 4
55276 Oppenheim
Tel. +49(0)6133-490419/-14
info@stadt-oppenheim.de
www.stadt-oppenheim.de

Museen und Sehenswertes
Oppenheimer Stadtmuseum
Merianstr. 6
55276 Oppenheim
Tel. +49(0)6133-490919/-14
Öffnungszeiten: Mo – Fr 11:00–17:00 Uhr.

Deutsches Weinbaumuseum
Wormser Str. 49
55276 Oppenheim
Tel. +49(0)6133-2544
www.dwb-museum.de
Öffnungszeiten: 1. April – 31. Okt, Di – Fr 14:00–17:00 Uhr, Sa, So u. Feiertag 10:00–17:00 Uhr.

Essen und Trinken
Oppenheims Gastronomie bietet von zünftigen Speisen über gutbürgerliche Küche bis hin zu internationalen Gaumenfreuden alles, was das Herz begehrt.

Anfahrt
Mit dem Auto:
Über die B 9 von Mainz od. Worms
Zur Burgruine Landskron führt ein Treppenweg, ein Fußmarsch von ca. 5–10 Min. Zur Landskron geht es auch von der Krämerstraße am Marktplatz rechts ab Richtung Parkplatz Landskronhalle (ausgeschildert) mit anschließendem Fußmarsch von ca. 5 Minuten.

Go Green:
Aus Richtung Mainz oder Mannheim/Worms jeweils im 30-Minutentakt, ab 21 Uhr stündlich. Zu Fuß erreicht man die Burgruine Landskron in ca. 10–15 Minuten: Vom Bahnhof aus geradeaus zum Uhrturm, am Partnerschaftsbrunnen vorbei, der Straße „Am Felsenberg" folgend. Über die Treppen durch den Park zum Rupprechtsturm, kurz rechts Richtung Landskronhalle und dann sofort links den beschilderten Waldweg entlang der alten Stadtmauer zur Landskron.

Mainz – „die große und mächtige Stadt am Rhein"

„Die [...] große und mächtige Stadt liegt am Rhein und ist auf der Seite, mit der sie ihn berührt, dicht bebaut und bevölkert, auf der anderen Seite aber leer, hat dort nur wenige Bewohner, hat lediglich die starke, mit nicht wenigen Türmen bewehrte Mauer, die sie umgibt. Die Stadt ist ungeheuer in die Länge gestreckt und nicht sehr breit […] auf der nach Gallien zu gelegenen Seite beengt sie eine mäßige Anhöhe, auf der anderen, nach Germanien schauende Seite der Rhein. Daher ist sie in der Nähe des Rheines von feinen Gotteshäusern und weltlichen Bauwerken bedeckt und bietet sich nach dem Berge zu dem Weinbau und anderen Nutzungen an."

So schilderte der Geschichtsschreiber Bischof Otto von Freising die Rheinmetropole der Stauferkaiser. Eine bewegte Vergangenheit prägt die charmante Stadt, wovon bis heute eindrucksvolle Bauten und historische Schauplätze in der Altstadt Zeugnis geben.

Geschichte

Die zentral am Rhein gelegene Stadt blickt auf eine über 2.000-jährige Geschichte zurück. Als römisches Legionslager Mogontiacum gegründet, war der Ort später Hauptstadt der Provinz Germania Superior. Erste Siedlungsspuren lassen sich bis in die letzte Eiszeit zurückverfolgen. Im 8. Jahrhundert wurde Mainz Erzbistum und war bald schon die größte Kirchenprovinz nördlich der Alpen. Der Erzbischof erhielt den Ehrentitel „Erzbischof des Heiligen Stuhls von Mainz" und Mainz wurde zum Sitz des Stellvertreters des Papstes jenseits der Alpen. Im Hochmittelalter gehörte die Stadt, auch das „Goldene Mainz" (Aurea moguntia) genannt, zu den bedeutendsten und reichsten deutschen Städten. Vom 13. bis zum 15. Jahrhundert erlebte die nunmehr „Freie Stadt" eine große Blütezeit, die der Verleihung der Freiheitsprivilegien durch Bischof Siegfried III. von Eppstein zu verdanken war. Mainz nahm ab 1254 eine bedeutende Stelle im Rheinischen Städtebund ein und wurde zum Zentrum des politischen und kirchlichen Geschehens im Reich, wovon die vielen Klostergründungen – einst 26 Stück – zeugen. Grundlage des Reichtums war der Fernhandel mit Luxus- und Gebrauchsgütern sowie die Entwicklung einer stark regional orientierten Wirtschaft, die auch von der Anwesenheit des Erzbischofs, der zahlreichen Geistlichkeit sowie dem Adel profitierte. Mit Johannes Gutenberg begann 1450 in Mainz die Geschichte des Buchdrucks, eine Erfindung, die in ihrer Bedeutung weltweit kaum zu überschätzen ist. Ab dem ausgehenden 15. Jahrhundert – mit dem Ende der Mainzer Stadtfreiheit 1462 – wurde die Geschichte bis zum Ende des 18. Jahrhunderts durch die hier residierenden Kurfürsten und Erzbischöfe bestimmt. Der 30-jährige Krieg verschonte die Stadt zunächst, so dass die seit dem späten 16. Jahrhundert einsetzende Bautätigkeit ungehindert weitergeführt wurde. Neben den barocken Adelspalästen der Domkapitulare entstand das kurfürstliche Schloss. Erst gegen Kriegsende kam es auch in Mainz zu großen Verwüstungen, die nachfolgend unter dem Kurfürsten und Erzbischof Johann Philipp von Schönborn beseitigt wurden. Er leitete eine neue Glanz-

Haus zum Stein

der Stadtkern wieder in altem und neuem Glanz erstrahlt. 1946 bestimmte man Mainz zur Hauptstadt des neu gegründeten Bundeslandes Rheinland-Pfalz. Heute ist die Stadt Sitz eines römisch-katholischen Bistums sowie mehrerer Fernseh- und Rundfunkanstalten, wie des SWR und ZDF, und versteht sich als eine Hochburg der rheinischen Fasnacht. Die schon 1477 gegründete Universität, die nach dem Zweiten Weltkrieg als Johannes-Gutenberg-Universität wieder eröffnet wurde, trägt ebenfalls zur Bekanntheit bei.

Mainz zur Stauferzeit

Die Mainzer Erzbischöfe waren Oberhirten, Stadtherren und geistliche Reichsfürsten zugleich. Sie gehörten als Kurfürsten und Erzkanzler zu den einflussreichsten Männern des Heiligen Römischen Reichs Deutscher Nation und bestimmten das politische Geschehen der Zeit entscheidend mit.

zeit ein: Barocke Kunst und Lebensart hielten Einzug, die Festung wurde ausgebaut und viele neue Barockbauten kamen hinzu. Große, das Stadtbild prägende Häuser entstanden unter seinen Nachfolgern, v. a. unter Lothar Franz von Schönborn, der über 30 Jahre lang regierte. Einschneidende Ereignisse der Stadtgeschichte waren in den folgenden Jahrzehnten vor allem die französische Besatzung unter Napoleon, in deren Verlauf viel Bausubstanz völlig zerstört wurde. Zudem gingen die Strukturen des alten Mainz verloren, der Ort büßte seinen Status als Residenz ein und der Adel verließ die stark verarmende Stadt. Mit dem Ende der französischen Herrschaft erhielt Mainz im 19. Jahrhundert den Status als Festung des Deutschen Bundes, ab 1816 gehörte die Stadt zum Großherzogtum Hessen-Darmstadt. Im Zweiten Weltkrieg kam es zur fast völligen Zerstörung. Nur einem groß angelegten Aufbauprogramm ist es zu verdanken, dass

Die Stauferzeit war geprägt durch das Ringen zwischen Kaiser und Papst um die Führung der abendländischen Christenheit. Die Mainzer Erzbischöfe waren als Kanzler des Reichs beiden Gewalten verpflichtet und konnten deren Beziehungen im 12. und 13. Jahrhundert mitgestalten. Nach dem Tod König Konrads III. gelangte dessen Neffe Friedrich Barbarossa auf den Thron, allerdings gegen den Willen des Mainzer Erzbischofs Heinrich von Wartburg (1142–1153). Es kam zu Spannungen zwischen den Inhabern des Mainzer Bischofsstuhls und den politisch versierten Stauferkönigen. Barbarossa arbeitete auf den Sturz des Erzbischofs hin und sicherte sich dazu die Unterstützung des Papstes. Auf einer Reichsversammlung in Worms wurde Heinrich von Wartburg durch zwei Kardi-

Deutschlands schönster Renaissance-
brunnen (1526) und der Dom

nallegaten offiziell seines Amts enthoben. Friedrich I. unterstützte 1153 die Wahl von Arnold von Selenhofen (1153–1160) zum neuen Erzbischof. Dieser entstammte nicht einem vornehmen Geschlecht, sondern kam aus einer im Dienst der Mainzer Erzbischöfe vermögend gewordenen Familie. Der Herrscher erwartete von ihm eine treue Unterstützung seiner Italienpolitik. Mit der Erhebung einer Heersteuer zur finanziellen Unterstützung seines Italienzugs brachte er einflussreiche Kreise der Bevölkerung von Mainz gegen sich auf. Die Bürgerschaft rebellierte, es kam zum Eklat: Aufrührer zerstörten die erzbischöfliche Pfalz sowie Häuser von Anhängern des Erzbischofs. 1160 erstürmten Bürger das Benediktinerkloster auf dem Jakobsberg, in dem der Erzbischof weilte, und ermordeten ihn. Da Bischofsmord seit jeher als ein besonders schweres Vergehen galt, wurden die Mainzer von den deutschen Bischöfen exkommuniziert. 1163 hielt Kaiser Friedrich I. sein Strafgericht. Er nahm Mainz alle Freiheiten, Rechte und Privilegien und ließ zudem noch die Stadtmauer schleifen, so dass die Stadt „den Wölfen, Hunden, Dieben und Räubern offenstand".

Kaiser Friedrich I. brachte danach erneut einen Wunschkandidaten, Konrad I. von Wittelsbach (1. Amtszeit 1161–1165) auf den Stuhl des Erzbischofs. Beide gerieten schon bald in Streit. Des Kaisers Versuch, den Rechten des Reichs in Italien mehr Geltung zu verschaffen, hatte zu einer Spaltung im Kardinalskollegium und zu einem Papstschisma geführt. Schließlich wandte sich der Erzbischof gegen den Herrscher und floh 1165 nach Frankreich. Barbarossa ließ ihn daraufhin absetzen. Mit Christian von Buch (1165–1183) wurde eine zuverlässige Stütze der staufischen Politik in das Amt gebracht. Nach dessen Tod kehrte Konrad I. im Einvernehmen mit den Staufern

auf den Bischofsstuhl zurück (2. Amtszeit 1183–1200). Aufgrund seines guten Verhältnisses zum Kaiser fanden nun häufig in Mainz Kirchenversammlungen und Reichstage statt. Mit dem glänzenden Mainzer Hoffest 1184 präsentierte sich das Kaisertum auf der Höhe seiner Macht.

Unter dem Stauferkaiser Friedrich II. rückte Mainz abermals in den Mittelpunkt der Politik. 1190 starb Barbarossa. Die Herrschaft ging an Heinrich VI. Als dieser im Alter von nur 32 Jahren verstarb, hinterließ er seinen unmündigen Sohn. Ein Thronkrieg zwischen den Staufern – Philipp v. Schwaben, dem jüngsten Sohn Barbarossas – und den Welfen – Otto IV., Sohn Heinrichs des Löwen – brach aus. Nachdem König Philipp ermordet und der Welfe Otto IV. gebannt war, wurde Friedrich II. im Sommer 1211 auf Betreiben des Papstes von einem anti-welfisch gesinnten Kreis süd- und mitteldeutscher Fürsten in Nürnberg in Abwesenheit zum Kaiser des Heiligen Römischen Reichs bestimmt. 1212 brach Friedrich II. von Sizilien aus ins Reich auf, um dort die Herrschaft anzutreten. Im Dezember 1212 wurde er nochmals in Frankfurt gewählt und in Mainz mit nachgebildeten Insignien gekrönt. Der echte Kronschatz befand sich noch in den Händen der Welfen. Erst 1215 ließ sich Friedrich II. schließlich nochmals in Aachen mit den echten Insignien krönen.

Nicht alle Erzbischöfe von Mainz zählten zu den Herrschaftsträgern der Staufer. Siegfried III. von Eppstein (um 1230–1249), Erzbischof und Erzkanzler, war vor allem Reichspolitiker. Sein wachsender Einfluss, aber auch die zunehmende Selbstständigkeit brachten ihn auf die Seite der Staufer-Gegner. Obwohl staufisch gesinnt, betrieb er die Ausdehnung der Mainzer Landesherrschaft. Es gelang ihm zunächst, das Wohlwollen Kaiser Friedrichs II. zu behalten. 1220 zog dieser zur Kaiserkrönung nach Italien, um dann nach Sizilien zurückzukehren. In Deutschland vertrat ihn sein Sohn Heinrich (VII.). Dieser versuchte vergeblich, Siegfried als Verbündeten gegenüber seinem Vater Friedrich II. zu gewinnen. Stattdessen ließ Kaiser Friedrich II. 1235 mit Zustimmung der Fürsten seinen siebenjährigen Sohn Konrad IV. zum König erheben. Friedrich übertrug Erzbischof Siegfried III. für den minderjährigen Sohn die Regierungsgeschäfte und bestimmte ihn als Reichsverweser, als Stellvertreter in den Zeiten seiner Abwesenheit.

Die weltlichen und geistlichen Fürsten hatten durch die langen Abwesenheiten des Kaisers im Reich profitiert und zahlreiche Privilegien erlangt, wodurch sie immer stärker eine Landesherrschaft ausübten. Um die innere Sicherheit und das Recht im Reich zu wahren, hielt Kaiser Friedrich II. 1235 in Mainz zusammen mit Erzbischof Siegfried eine prunkvolle Reichsversammlung ab, umgeben von der „orientalischen Pracht" seines sizilianischen Hofstaats. Dort wurde am 23. August 1235 der „Reichslandfriede" verabschiedet, ein Reichsgesetz, das neben einer Einschränkung des Fehdewesens die Straffung der Reichsgewalt und die Sicherung der ihr verbliebenen Hoheitsrechte zum Ziel hatte. Das Gesetz bildete ein Gegengewicht zu den Fürstenprivilegien und wurde erstmals in deutscher Sprache veröffentlicht.

1241 wechselte Siegfried III. aus persönlichen Interessen auf die päpstliche, antistaufische Seite, bei der er bis zu seinem Tod blieb. Es waren die Jahre der großen Auseinandersetzung zwischen dem Kaiser und dem Papst. Friedrichs II. Versuche, die staufische Macht in Italien durchzusetzen, bedrohten den Kirchenstaat. Es kam zum Konflikt, in dessen Folge der Papst den Kaiser exkommunizierte. Der Erzbischof von Mainz bannte

Die Heunensäule auf dem Marktplatz

zudem seinerseits den Kaiser und begann, gegen die Stauferanhänger ins Feld zu ziehen. Er stürzte das Rhein-Main-Gebiet in einen furchtbaren Krieg. Es gelang ihm, Anhänger des Staufers auf seine Seite zu bringen, so Heinrich Raspe, der 1246 zum Gegenkönig gewählt wurde, aber ein Jahr später verstarb. Zusammen mit den anderen rheinischen Erzbischöfen machte Siegfried III. Wilhelm von Holland zum neuen Gegenkönig. Der Mainzer Erzbischof war mit diesen Aktionen maßgeblich am Untergang der staufischen Dynastie beteiligt.

Die Stadt Mainz erlebte zur Stauferzeit eine Blüte. Mit der Zunahme an Einwohnern wuchs die Anzahl der Pfarrkirchen und Stifte. Neue Orden ließen sich in der Stadt nieder, darunter die Dominikaner und Franziskaner. Der Ort entwickelte sich zu einem reichen bürgerlichen Markt- und Handelszentrum mit einer selbstbewussten freien Bürgerschaft. Stadttore und -türme entstanden als erste bürgerliche Gemeinschaftsbauten. Reiche Adlige ließen sich turmburgartige Häuser bauen, wie das romanische Haus zum Stein (Weintorstraße 1) noch heute belegt.

Seit dem 12. Jahrhundert traten die Mainzer Bürger immer wieder als starke Gemeinschaft auf, wenn es darum ging, sich aus der rechtlichen Abhängigkeit des erzbischöflichen Stadtherrn zu befreien. Den Beginn dieser Bestrebungen bestärkte auch ein Privileg des Erzbischofs Adalbert I. von Saarbrücken (1110–1137) von 1119/1122, das er 1135 erneut bestätigte. Aus Dankbarkeit für ihre politische und militärische Unterstützung in Krisenzeiten gewährte er den Einwohnern der Stadt eine rechtliche Sonderstellung sowie Vergünstigungen im Hinblick auf ihre Abgaben. Er selbst ließ den Text des Privilegs in die Bronzetüren des Marktportals am Mainzer Dom, das aus der Zeit seines Vorgängers Willigis um 1000 stammt, eingravieren, wo die Zeilen bis heute zu sehen sind. Die Staufer förderten die Bildung früher kommunaler Strukturen und bestätigten die vorhandenen Privilegien. Zum unaufhaltsamen Aufschwung trug auch das erzbischöfliche Stadtprivileg bei, das Mainz zur Blüte einer freien Bürgerstadt im Mittelalter führen sollte. Um die Bürger der Stadt für sich zu gewinnen, verlieh Siegfried III. den Mainzern 1244 das große Stadtprivileg, das Mainz zur Freien Stadt machte, damit konnten sich die Bürger von ihrer (erz-)bischöflichen Stadtherrschaft mehr oder weniger

emanzipieren. Das Freiheitsprivileg ging über alle Rechte und Freiheiten hinaus, die die Mainzer Bürger bis dahin jemals genossen hatten.

Dom

Der Mainzer Dom, bereits im Mittelalter ein bedeutendes Machtzentrum, ist die einzige Kirche neben dem Petersdom, die den Titel „Heiliger Stuhl" trägt. Der Bau geht auf Erzbischof Willigis (975–1011) zurück. Die dreischiffige Anlage sollte nach dem Vorbild der alten Peterskirche in Rom errichtet werden. Das genaue Baudatum ist nicht überliefert. Nur einen einzigen Tag feierten im Jahr 1009 Erzbischof Willigis und die Erbauer die Vollendung, dann stand das neue Gotteshaus in Flammen. Der dem heiligen Martin geweihte Wiederaufbau verschlang gigantische Geldmittel, und es sollte nicht das letzte Feuer in der bewegten Geschichte des Mainzer Doms gewesen sein. Nur wenige Könige – unter ihnen der Staufer Friedrich II. – bekamen dort wirklich ihre Krone, doch der Dom verhalf Mainz zu einer politisch wichtigen Rolle, wodurch die Stadt immer wieder zum Dreh- und Angelpunkt der Reichsgeschichte wurde. Erzbischof Bardo (1031–1051) weihte 1036 die wiederhergestellte Kirche. Mit seiner damals neue Maßstäbe setzenden Größe und einer aufwendigen Ausstattung war der Dom zweifellos ein unübersehbares Zeichen der Bedeutung des Erzbistums Mainz, das sich selbstbewusst als zweites Rom verstand. Als Sitz des Primas Germaniae, als Kirche eines der wichtigsten Erzbistümer des Heiligen Römischen Reichs stellte der Mainzer Dom im Mittelalter einen der bedeutendsten Sakralbauten des deutschsprachigen Raumes dar.

Der Mainzer Dom von Südwesten,
Blick auf den Westturm mit der
barocken Haube

Nach einem erneuten Brand 1081 folgten ab 1100 Erweiterungen und Umbauten. Wie die Nachbardome Worms und Speyer ist die aus karolingischer Zeit übernommene Doppelchoranlage bis heute prägend für die gewaltige Kathedrale, die 116 m in der Länge aufweist. Gut 83 m misst der herausragende Westturm, immerhin noch 55 m erreichen die östlichen Treppentürme des Doms, dessen Patrone die heiligen Martinus und Stephanus sind. Zunächst wurde der Ostbau fertiggestellt, dessen Chorquadrat von zwei Eingangshallen mit darüber gelegenen Emporen flankiert wird. Die bis dahin einmalige Chorkuppel geht auf die Speyerer Vierungskuppel zurück. In Auseinandersetzung mit der Anlage in Speyer wurde das Langhaus gewölbt, der Wandaufbau des Mittelschiffs aber entschieden vereinfacht. Gegenüber Speyer sind die Raumproportionen breiter und die strukturellen Details einfacher, beides erzeugt einen ruhigen Raumeindruck. Anfang des 13. Jahrhunderts bis zur Schlussweihe 1239 entstanden Westquerhaus und Westchor. An die überkuppelte Vierung schließt sich der Westchor in Form eines Trikonchos an, eine der nobelsten spätstaufischen Raumschöpfungen. Die Anlage gipfelt in der Vierungskuppel, die mit ihrer vielfältigen, aber konsequent systematisierten Pracht die Schlussformulierung des romanischen Kuppelbaus am Mittelrhein ist. Gegen diesen spätstaufischen Zug zum Großartigen behauptet sich der salische Ostchor mit seiner schlichten Größe. So wird der Dom zweipolig von Meisterwerken unterschiedlicher Epochen eingefasst.

1239 erfolgte im Beisein des Sohnes Kaiser Friedrichs II., König Konrad IV., die Weihe des Neubaus. Die turmreiche, doppelchörige Anlage entspricht noch dem traditionellen Domtypus der deutschen Bistümer, während die ab 1248 begonnene Neubau des Kölner Doms bereits im Stil der französischen Gotik gehalten war.

Von der Ausstattung besitzt die um die Mitte des 13. Jahrhunderts einsetzende, fast lückenlose Reihe der Erzbischofsdenkmäler geschichtliche Aussagekraft, darunter auch die Platte mit der Darstellung des Erzbischofs Siegfried III. von Eppstein. Die übrigen Werke reichen von der Frühromanik über die Gotik und die Renaissance bis zu Barock, Rokoko und Historismus.

Rundgang

Am **Gutenbergplatz**, dem Ausgangspunkt eines Rundwegs durch die Innenstadt, steht das 1833 vollendete Staatstheater. Der seit Jahren von den Bürgern geforderte Bau kostete 280.000 Gulden. Zum Vergleich: Der Haushalt der Stadt belief sich damals auf 300.000 Gulden. Das **Bronzestandbild** des berühmten Sohnes der Stadt von 1837 galt als erstes bürgerliches Denkmal im wahrsten Wortsinn, da es einen Bürgerlichen, nämlich Gutenberg, auf den Denkmalssockel hob und vom Bürgertum angeregt wurde. Von hier geht es in das **Höfchen**, den ersten der drei Domplätze. Nur die Ortsbezeichnung erinnert noch an den alten Erzbischofhof, der hier stand. Dahinter öffnet sich der **Marktplatz**. Mittelpunkt des von den neugestalteten Markthäusern und dem Dom eingerahmten Marktplatzes ist die **Heunensäule**. Sie kam anlässlich des 1.000-jährigen Domjubiläums im Jahr 1975 nach Mainz. Die aus dem Umland von Miltenberg stammende Säule steht in einem Sockel des Bildhauers Gernot Rumpf; vier Kopfbedeckungen erinnern an historische Epochen, ein römischer Legionärshelm, die Reichskrone, eine Mitra und eine Jakobinermütze. 1526 stiftete der Mainzer Erzbischof Kardinal Albrecht von Brandenburg den Bürgern

Das romanische Marktportal mit den Bronzetüren des Bischof Willigis

seiner Stadt nach der Niederschlagung eines Heeres im Bauernkrieg einen **Marktbrunnen**. Die großherzige Geste war nicht uneigennützig. Mit der Inschrift „O bedenck das End" warnte er seine Untertanen täglich vor den aufrührerischen Ideen der Aufständischen. Auf dem folgenden dritten Domplatz, dem Liebfrauenplatz, stand bis zur Zerstörung 1791 die gleichnamige Kirche. In das Pflaster des Platzes sind ihre Umrisse eingearbeitet. In unmittelbarer Nachbarschaft steht auch das **Haus zum Römi-**

schen Kaiser, ein Palais der Renaissance mit dem **Gutenberg-Museum**. Hier verwahrt Mainz seine Schätze, darunter zwei Exemplare der Gutenberg-Bibel. Der Weg führt weiter zum **Eisenturm**. Ab Mitte des 13. Jahrhunderts begannen die Bauarbeiten an der Stadtmauer, mit der Mainz erneut wehrhaft wurde. In diesem Zusammenhang entstand um 1240 dieser Turm, an dessen romanischem Torborgen sich zwei Löwen befinden, die als Symbole staufischer Kaisermacht gedeutet werden. Seinen

EXTRA Wissen

Der Mainzer Hoftag, das „Fest der Feste"

Obwohl es in Quellen nur knapp erwähnt ist, lebt das Reichsfest Barbarossas an Pfingsten 1184 in Mainz reichlich ausgeschmückt in vielen phantasievollen Legenden fort.

Zusammen mit der kaiserlichen Familie sowie deutschen und europäischen Vertretern der Ritterschaft feierte Kaiser Friedrich I. auf dem Höhepunkt seiner Macht ein Hoffest, wie es bisher noch nie da gewesen war. Vorangegangen war eine außenpolitisch bedeutende Stärkung seiner Stellung, genauer gesagt der Ausbau seiner Macht in Italien. Innenpolitisch hingegen hatte er seinen vertragsbrüchigen Vetter, den Welfen Heinrich den Löwen, unterworfen und mit der Neugliederung des Reichs begonnen. Er selbst erfreute sich allgemeiner Anerkennung und galt unter seinen Zeitgenossen als mächtigster Herrscher der Christenheit und Friedenskaiser.

Hoffeste hatte es schon viele gegeben. Meist fanden sie an kirchlichen Feiertagen statt und wurden in Verbindung mit einem Gottesdienst begangen. Daneben gab es Hoftage zur Vorbereitung und zur Beratung militärischer und politischer Dinge oder zur Regelung von Amtsgeschäften. Seit dem ersten Staufer, Konrad III., kam die Verbindung beider Feste immer öfter vor. Diese Entwicklung gipfelte schließlich im Mainzer Hoffest, das „mit höchstem Aufwand" als „Fest der Feste" gefeiert wurde. Doch es war nicht nur die Demonstration kaiserlicher Macht. Unter der Führung des Kaisers kamen auch die bedeutendsten Personen der Zeit zusammen. Damit war das Fest ein Ereignis nicht nur von politischer, sondern auch von gesellschaftlicher und kultureller Bedeutung.

Aus dem Reichsgebiet trafen 70 Fürsten mit ihrem großen Gefolge in Mainz ein, dazu kamen Vertreter Burgunds, Italiens, Teilnehmer aus Spanien, Illyrien und England. Mainz, ein Zentrum staufischer Macht, zeichnete sich als Sitz des bedeutendsten Erzbischofs aus, der Erzkanzler und Erzkapellan zugleich war. Die wirtschaftlich blühende Handelsstadt konnte aufgrund der günstigen Verkehrslage aus allen Himmelsrichtungen gut erreicht werden. Für die Versammlung wählte man die Ebene auf dem Ufer gegenüber der Stadt, die Maaraue. Hier entstanden eine Pfalz und eine eigene Kapelle aus mehreren Holzbauten. Daneben gab es genügend Platz für ein riesiges Zeltlager.

Auftakt der Feier bildete die Festkrönung am Sonntag, bei der sich der Kaiser mit der Krone zeigte, ein Akt herrscherlicher Repräsentation und Legitimation. Eine anschließende Prozession gipfelte in einem Gottesdienst. Den Abschluss bildete das Festmahl. Nach dem Gottesdienst am Pfingstmontag folgte die Schwertleite der beiden Kaisersöhne, ein Akt, der einst den Übergang der jungen Adligen zur Mündigkeit zeigte. In diesem Fall wurden die beiden längst mündigen Herren, König Heinrich VI. und Herzog Friedrich von Schwaben, vielmehr in die Ritterschaft aufgenommen, auf die sie durch den Reichsministerialen Markward von Annweiler sowie Heinrich von Kalden längst vorbereitet worden waren. Beide waren nun für die ritterlichen Unternehmungen gerüstet und verteilten zum Beweis ihrer Freigiebigkeit Geschenke. Nach dem anschließenden Festmahl traf man sich zum großen Kampfspiel. Allerdings setzte ein Unwetter, als strafendes Zeichen des Himmels gewertet, dem Treiben ein jähes Ende. Ein weiteres Turnier bei der Pfalz Ingelheim wurde sogar ganz abgesagt. Das Hoffest lebt bis heute in den Dichtungen des hohen Mittelalters fort. Heinrich von Veldeke und Guiot von Provins lobten hierin nicht nur die Macht des Reichs, die sich durch die hohen Gäste, ihre prächtige Ausstattung, durch Umzüge und Turniere oder durch die Köstlichkeiten der Tafel, aber vor allem in der friedlichen Zusammenkunft aller ausdrückte. An die Schwertleite der beiden Kaisersöhne erinnert seit 1984 ein Denkmal auf der Maaraue.

Feiern Sie Ihren eigenen „Hoftag" auf der Maaraue: Heute ist dies zwar vorrangig ein Platz für Ruhe und Erholung im Grünen, doch neben dem Freibad Maaraue gibt es viele Wiesen, die zum Picknick oder Spiel einladen. Von hier bietet sich zudem ein schöner Panoramablick auf Mainz. Umgeben ist die Maaraue an zwei Seiten vom Main, der hier in den Rhein mündet. Über die Theodor-Heuss-Brücke oder die Eisenbahnbrücke, die direkt an den Stadtpark grenzt, ist der Ort rasch mit dem Fahrrad von der Mainzer Innenstadt aus erreichbar.

Namen verdankt er dem früher am Rheinufer abgehaltenen Eisenmarkt. Auf dem Weg zur frühgotischen Kirche **St. Christoph** (um 1290), Kriegsruine und Mahnmal für die Bombenopfer des Zweiten Weltkriegs, über die Löhrstraße und die hintere Christophsgasse passiert man den **Algesheimer Hof**, in dem Gutenberg bis zu seinem Tod lebte. Die gotische Hallenkirche **St. Quintin** (1288–1330) liegt ein wenig versteckt hinter einer barocken Häuserzeile an der Schusterstraße. Es handelt sich um die wohl älteste Pfarrkirche der Stadt, deren Ausstattung jedoch großteils im Zweiten Weltkrieg zerstört wurde. Der Weg führt direkt am stolzen Bau der **Alten Universität** vorbei, einer erzbischöflichen Gründung von 1477. Das imposante „Domus Universitatis" wurde 1615–1618 erbaut und beherbergte ursprünglich die theologische und philosophische Fakultät. Heute dient das Haus als Sitz des Instituts für Europäische Geschichte. Von hier erreicht man über die Schöfferstraße geradeaus den **Leichhof**. Bis ins 20. Jahrhundert verwiesen verwinkelten Gassen der Altstadt auf die geschilderte, mittelalterliche Struktur der Stadt. Erst mit den Zerstörungen im Zweiten Weltkrieg und den anschließenden Abbruch- und Wiederaufbauarbeiten erhielt die Innenstadt ein modernes Gepräge. Einige Fachwerkzeilen der Altstadt haben die Zeit überdauert und künden von der einstigen Pracht. Von hier geht es weiter durch die Augustinerstraße, die vom Leichhof hinter dem Dom bis zur Neutorstraße führt. Im **Augustinerkloster** mit seiner Barockkirche ist heute das Priesterseminar untergebracht. Die Kirche wurde von 1768 bis 1771 anstelle des ab 1260 erbauten gotischen Kirchenbaus errichtet. Erbauer waren Augustinereremiten, die auch schon den Vorgängerbau erstellt hatten und deren Fraternität von 1260 bis zum Reichsdeputationshauptschluss von 1803 bestand. Von hier geht es zurück zum **Kirschgarten**, vorbei an vielen Läden, Restaurants und Weinstuben. Namensgebend für das Hausensemble Kirschgarten war der Kirschborn, eine Frischwasserquelle, die einst Bäcker in das Viertel zog, anderen Auslegungen zufolge auch der Kirschbaum, dessen

Baumstumpf an einem Haus erhalten blieb. Von hier aus ist es über den Weihergarten und die Willigisstraße nicht mehr weit nach **St. Stephan**, einer dreischiffigen gotischen Hallenkirche (1290–1335), deren Vorgängerbau sich Bischof Willigis als Grabeskirche ausgesucht hatte. Neben dem im 15. Jahrhundert errichteten spätgotischen Kreuzgang sind es vor allem die von Marc Chagall gestalteten Glasfenster, die jährlich hunderttausende Besucher anlocken. Auf dem Weg zum Schillerplatz passiert man einige barocke Adelspalais, die vom ehemaligen Glanz der Stadt im 17. und 18. Jahrhundert zeugen, darunter der **Osteiner Hof** (1747–1752), einst Wohnsitz der Familie des Kurfürsten Johann Friedrich Karl von Ostein, und der **Bassenheimer** Hof, den der eben genannte Kurfürst zeitgleich als Witwensitz für seine Schwester in Auftrag gab. Am **Schillerplatz** setzt der Fasnachtsbrunnen des Münchner Prof. Blasius Spreng und des Mainzer Architekten Helmut Gräf der „5. Jahreszeit" ein Denkmal. Über 200 Einzelfiguren bevölkern den fast 9 m hohen Bronzeturm, darunter der Vater Rhein, Till Eulenspiegel und die Stadtgöttin Mogontia. Vom Fasnachtsbrunnen führt der Weg in die **Ludwigsstraße**. Von hier ist der Ausgangspunkt Gutenbergplatz rasch erreicht.

Einige Sehenswürdigkeiten liegen außerhalb der beschriebenen Route. Dazu gehört das **Haus zum Stein** (Weintorstraße 1), ein ehemals romanisches Wohnhaus aus der Stauferzeit, das Ende des 12. Jahrhunderts entstand und das älteste Profangebäude der Stadt ist. Der Bauherr des Haus zum Stein entstammte der Patrizierfamilie Judeus de Lapide (Judeus zum Stein), von der sich auch der heutige Name ableitet. Nicht weit davon liegt der **Holzturm**, ein spätmittelalterlicher Stadtturm aus dem beginnenden 15. Jahrhundert. Zusammen mit dem Eisenturm und dem Alexanderturm ist er einer der drei heute noch existierenden Stadttürme der Mainzer Stadtmauer.

Das kurfürstliche Schloss, ein großer Profanbau am Rheinufer, ist eine L-förmige Anlage. Der im 17. Jahrhundert begonnene Bau ersetzte die erzbischöfliche Residenz und gehört zu den schönsten Renaissancegebäuden Europas, obwohl einige Teile der Anlage erst in der Barockzeit fertiggestellt wurden. Besonders die reich verzierte Fassade aus rotem Main-Sandstein verdient eine nähere Betrachtung. Hier sind Porträtbüsten berühmter Persönlichkeiten der Erbauungszeit, aber auch antike Philosophen und Cäsaren dargestellt. Im Schloss sind einige Abteilungen des Römisch-Germanischen-Zentralmuseums (RGZM) untergebracht.

info

Adressen und Auskunft
Touristik Centrale Mainz
Brückenturm am Rathaus
55116 Mainz
Tel. +49(0)6131-286210
www.touristik-mainz.de
Die Mainz Card bietet mehr als 50 Vergünstigungen für Kultur, Freizeit, Hotels und Sightseeing und ist über die Touristik Centrale erhältlich.

Museen und Sehenswertes
Landesmuseum Mainz
Generaldirektion Kulturelles Erbe
Rheinland Pfalz
Große Bleiche 49–51
55116 Mainz
Tel. +49(0)6131-28570
Infoband +49(0)6131-2857225
www.landesmuseum-mainz.de
Öffnungszeiten: Di 10:00–20:00 Uhr,

Mi – So, 10:00–17:00 Uhr, Mo geschlossen.

Bischöfliches Dom- und Diözesanmuseum
Domstraße 3/Eingang durch Dom u. Kreuzgang
55116 Mainz
Tel. +49(0)6131-253344
info@dommuseum-mainz.de
www.dommuseum-mainz.de
Öffnungszeiten: Di – So, 10:00–17:00 Uhr, Mo geschlossen.

Gutenberg-Museum
Liebfrauenplatz 5
55116 Mainz
Tel. +49(0)6131-122640
Gutenberg-museum@stadt.mainz.de
www.gutenberg-museum.de
Öffnungszeiten: Di – Sa, 9:00–17:00 Uhr, So 11:00–15:00 Uhr, Mo geschlossen.

Römisch-Germanisches Zentralmuseum
Kurfürstliches Schloss/
Ernst-Ludwig-Platz 2
55116 Mainz
Tel. +49(0)6131-91240
service@rgzm.de
www.rgzm.de
Öffnungszeiten: Di – So, 10:00–18:00 Uhr, Mo geschlossen.

Museum für Antike Schifffahrt
Neutorstraße 2b
55116 Mainz
Tel. +49(0)6131-286630
service@rgzm.de
www.rgzm. de
Öffnungszeiten: Di – So, 10:00–18:00 Uhr, Mo geschlossen.

Mainzer Fastnachtsmuseum
Proviant-Magazin,
Romano-Guardini-Platz
55116 Mainz
Tel. +49(0)6131-444071
helau@mainzer-fastnachtsmuseum.de
www.mainzer-fastnachtsmuseum.de
Öffnungszeiten: Di – So, 11:00–17:00 Uhr, Mo geschlossen.

Essen und Trinken
Viele Lokale bieten Mainzer Spezialitäten an, dazu gibt es einen rheinhessischen Schoppen Wein: Weinhaus Michel (Jakobsbergstraße 8, www.michel-wein.de), Weinhaus Horn (Augustinerstraße 27, www.weinhaus-horn.de) oder Weinhaus Wilhelmi (Rheinstraße 53, www.weinhaus-wilhelmi.de)

Anfahrt
Mit dem Auto:
Mainz ist über die Autobahn A 66 an die Autobahn A 3 (E 35) Köln-Passau und damit an das europäische Fernstraßennetz angebunden. Im Süden führt die A 63 Richtung Kaiserslautern über das Autobahnkreuz Alzey zur A 61 und über das Autobahndreieck Kaiserslautern zur A 6.

Go green:
Mainz wird von einigen ICEs aus/nach Dortmund, Regensburg, Dresden angefahren. Weiterhin bestehen direkte Bahnverbindung u. a. nach Nürnberg, München, Mannheim und Freiburg. Der Nahverkehr wird durch den Rhein-Main-Verkehrsverbund versorgt, Infos unter www.rmv.de.
Zudem führen der Rhein-Radweg, die Hessischen Rad-Fernwege R6 und R3 sowie der Main-Radweg an Mainz vorbei.

Speyer – ein geistliches Zentrum der Staufer

Die Dom- und Kaiserstadt Speyer lädt mit prachtvollen Bauwerken, romantischen Gassen sowie belebten Plätzen und Promenaden zum Verweilen ein. Der Ort blickt auf eine mehr als 2.000 Jahre alte Vergangenheit zurück, die eng mit der deutschen und europäischen Geschichte verwoben ist. Nach den Saliern prägten auch die Staufer hier einst das Geschehen: Unter ihnen etablierte sich Speyer als heimliche Metropole. Sie wurde zu ihrer „houbestat", einem wichtigen Stützpunkt, wie die Kaiserchronik dokumentiert.

Geschichte

Die Geschichte Speyers, zwischen ausgedehnten Baggerseen und Auwäldern am Rhein gelegen, beginnt in keltischer Zeit. Hier lag eine Siedlung namens Noviomagus (neue Stadt). Bis in die römische Antike entstand daraus ein regionales Verwaltungszentrum mit dem Namen Nemetum, nach dem hier ansässigen Germanenstamm der Nemeter, die 71 n. Chr. die Siedlung eingenommen hatten. Aus Noviomagus/Nemetum wurde in fränkischer Zeit, um die Mitte des 7. Jahrhunderts, das mittelalterliche Spira. Im 8. Jahrhundert stand hier eine Königspfalz der Frankenherrscher. Bereits seit 346 diente Speyer als Bischofssitz. Der Ort entwickelte sich im 10. Jahrhundert zum kirchlichen und wirtschaftlichen Zentrum der Region. Von Kaiser Otto erhielten 969 Kirche und Bischof das Immunitätsprivileg, das die Stadt als einen Sonderbezirk mit eigenem Recht auswies. Sie unterstand nun dem Schutz, der Kontrolle und der Herrschaft der Bischöfe. Mit der Wahl des aus dem Speyergau stammenden Saliers Konrad II. zum deutschen König erlebte der Ort nach 1024 einen enormen Aufschwung und wurde zum geistlichen und weltlichen Zentrum des Landes. Zeitgenössische Quellen bezeichnen Konrad II. sogar als „Gründer von Speyer". 1111 verlieh Kaiser Heinrich V., der letzte Salier auf dem Kaiserthron, anlässlich der Beisetzung seines Vaters der Stadt wichtige Freiheitsrechte, die mit goldenen Buchstaben über dem Hauptportal des Doms angebracht wurden. Die ehemalige „Kuhstadt" (vaccina) – laut Bischof Walther von Speyer (1004–1031) – entwickelte sich zur „metropolis germaniae", wie im fernen Südfrankreich ein normannischer Mönch Speyer im Jahr 1125 nannte. Damit einher ging eine erhebliche Erweiterung des Stadtgebiets. Eng mit der Stadtgeschichte verknüpft ist der Bau des Doms. Die Kirche, Grabstätte von acht deutschen Kaisern, Königen und vier Königinnen, ist bis heute eines der reifsten und bemerkenswertesten Beispiele romanischer Architektur und wurde zum Symbol des mittelalterlichen Kaisertums und der Christenheit. Nach den Saliern erfuhr Speyer vor allem durch die Staufer eine herrscherliche Förderung: So erneuerte Kaiser Friedrich I. Barbarossa 1186 das salische Freiheitsprivileg aus dem Jahre 1111. Sein Sohn Heinrich VI. bewilligte einen Rat für die Stadt, und Kaiser Friedrich II. stabilisierte die wirtschaftliche Entwicklung, indem er ein Messeprivileg bestätigte. 1294

Das mittelalterliche Altpörtel
im Abendlicht

endete die Bischofsherrschaft durch die Teilung der Stadt in zwei Hoheitsgebiete. Auf der einen Seite stand die Domimmunität, auf der anderen erhielt Speyer den Status einer Freien Stadt mit eigener Regierung und Verwaltung.

In der Geschichte der Stadt sind nicht weniger als 50 Hof- und Reichstage zu verzeichnen, zu denen der Herrscher die geistlichen und weltlichen Größen des Reichs zusammenrief.

Der bedeutendste unter allen hier abgehaltenen Reichstagen war jener an Weihnachten 1146, als der erste Stauferkönig Konrad III. und sein Neffe, der spätere Kaiser Barbarossa, durch den hl. Bernhard von Clairvaux in aufrüttelnder Predigt im Dom zum Kreuzzug aufgefordert wurden.

Im 16. Jahrhundert stand die Stadt erneut im Mittelpunkt. Zwischen 1527 und 1689 war sie Sitz des Reichskammergerichts. Auf dem Reichstag 1529 protestierten die evangelischen Reichsstände gegen reformationsfeindliche Beschlüsse. Mit der gegen diese Resolution gerichteten Protestation der evangelischen Fürsten ging ein weltgeschichtlich bedeutsames Ereignis von Speyer aus: Die Trennung der christlichen Kirche Europas war besiegelt. Schulden, Hunger und Seuchen brachten schließlich die Kriege des 17. Jahrhunderts, zunächst der 30-jährige Krieg, gefolgt vom Pfälzischen Erbfolgekrieg. Mit dem Niederbrennen der Häuser, Kirchen und Klöster 1689 versank die Stadt in die Bedeutungslosigkeit. Erst zu Beginn des 18. Jahrhunderts erfolgte nach und nach eine Neubesiedlung und damit einhergehend der Wiederaufbau. Doch die französische Revolution und ihre Folgen brachten erneut einen Untergang; Kirchen, Klöster und Stifte wurden aufgelöst. Im Zuge der Neuordnung der europäischen Staaten auf dem Wiener Kongress nahm Speyer ab 1816 als Kreishauptstadt der Pfalz, damals zum Königreich Bayern gehörend, wieder eine zentrale Stellung ein. Bis 1945 blieb Speyer Regierungssitz für die Bayerische Pfalz. Heute ist die rheinlandpfälzische Stadt ein beliebter Wohnort und Sitz vieler Behörden. Der Dom, die historische Innenstadt sowie das Technik Museum, das Sea Life Aquarium und das Historische Museum der Pfalz ziehen jährlich tausende Touristen an.

Kaiserdom

Alle Bauwerke in Speyer überragt natürlich der Kaiserdom, die größte heute noch erhaltene Kirche der Romanik, und einer der bedeutendsten Sakralbauten des Abendlandes: Nach wie vor ist sie Bischofs- und Mutterkirche der Diözese Speyer.

Das Gründungsdatum des Doms ist unbekannt. Überliefert ist jedoch ein Gelübde, das der erste große Salierherrscher Konrad II. kurz vor seiner Königswahl 1024 leistete: Für den Fall seiner Kür versprach er seinen Dank in reichen Schenkungen an das verarmte Speyerer Domstift auszudrücken. Die Salier, das mächtige rheinfränkische Adelsgeschlecht mit Sitz in Worms, besaßen eine Familiengrablege im Wormser Dom. Dort hatte im Jahr 1002 der Bischof die Vorherrschaft über die Stadt erlangt und bald die Burg der Salier abreißen lassen. Speyer war der freie Ort, an dem Konrad mit der Stiftung einer neuen Kathedrale seine Macht unterstreichen konnte. Als er starb, bestattete man ihn 1039 im Mittelschiff vor der Vierung. Fertiggestellt waren damals erst die Krypta, die ungegliederten Sockel der Osttürme sowie die Fundamente des Langhauses. Bis heute ist die Krypta ein eindrucksvolles Beispiel konradinischer Architektur. Die Bauformen verkörpern aufs schönste den um die Jahrtausendwende ausgeprägten Stil der Frühromantik. Die regelmäßige Abfolge von klar abgegrenzten Quadraten unterscheidet sich wesentlich von älteren Krypten aus karolingischer oder ottonischer Zeit, wo sich Längs- und Quertonnen durchdringen und gegenseitig verschleifen. Diese unbestimmte Haltung wurde nun geklärt und gefestigt. Alle Bauteile bestehen aus einfachen geometrischen Formen, diese abstrakte Sprache setzt sich fort bis zu den Würfelkapitellen und Gesimsen. In den Querarmen der Krypta sind die Wände erstmals durch Nischen und rundbogige Wandblenden gegliedert. Dieses Motiv wird der Dombau immer wieder aufgreifen.

Heinrich III. führte das Werk seines Vaters mit deutlich gewachsenen Ansprüchen fort. Er beschenkte die Kirche mit wertvollen Schätzen, etwa dem mit Gold und Purpur ausgestatteten Evangeliar aus dem Echternacher Skriptorium, das heute im Escorial in Madrid bestaunt werden kann. Das Mittelschiff des Doms wurde von 55 auf 70 m verlängert und in der Höhe auf mehr als 30 m gesteigert. Als westlicher Abschluss entstand ein mächtiger Querriegel, im Erdgeschoss mit einer Vorhalle, die sich in drei großen Rundbögen zur Stadt hin öffnete. Die enormen Ausmaße des Baus waren zu dieser Zeit ohne Parallele. Allein die Sei-

tenschiffe erreichten mit fast 15 m Höhe bereits die Maße eines mittleren Gewölbebaus. Unter Heinrich III. wurde die erste Krypta verändert, indem man die Treppen in die Seitenschiffe verlegte sowie den Bestattungsbezirk vergrößerte, der nun ein Drittel des Mittelschiffs einnahm. Heinrich verwandelte Konrads Stiftergrab zur zentralen Ruhestätte aller salischen Herrscher. Der Dom Konrads II. und Heinrichs III. markiert die erste Bauphase (Speyer I) und wurde 1061 unter Heinrich IV., dem Enkel des Gründers, geweiht. Er war mit über 130 m Länge das damals größte Gotteshaus des Abendlandes, eine Kathedrale von unvorstellbaren Dimensionen.

Bereits um 1080 setzte ein Umbau (Speyer II) ein, der bescheiden begann, aber bei seiner Vollendung um 1106 einem Neubau gleichkam. Anstoß gab sicher Heinrich IV., für den der Speyerer Dom eine ganz spezifische Königskirche mit hoher Bedeutung war. Die unter ihm angestrengten Veränderungen stellten die abendländische Baukunst seit der Aachener Pfalz Karls des Großen in den Schatten. Die neue Architektur entwickelte sich aus der bereits bestehenden. Die Bauweise mit großen Quadern wurde auf den ganzen Bau ausgedehnt und das plastische Wandrelief zum Ge-

EXTRA Feste und Feiern

Tafeln wie die Kaiser

Anlässlich des 2000-jährigen Stadtjubiläums im Jahre 1990 fand in Speyer zum ersten Mal die Kaisertafel statt. Seitdem verwöhnen jedes Jahr am zweiten Wochenende im August die Gastronomen der Domstadt ihre Gäste zwischen Dom und Altpörtel an einer 800 m langen, durchgehenden Tafel mit nationalen und internationalen Köstlichkeiten. Drei Tage lang wird hier nach Herzenslust geschlemmt, von Freitagabend bis zum abschließenden Feuerwerk am Sonntag gegen 22:30 Uhr. Die kulinarische Veranstaltung erinnert an die zahlreichen mittelalterlichen Hoflager der Salier- und Stauferherrscher in Speyer.

*Blick von der Maximiliansstraße zum Westbau des Doms,
im Vordergrund der Jacobspilger*

staltungsprinzip der neu errichteten Teile auserkoren: Die ausgehöhlten Mauerkapellen in den Chor- und Querhauswänden, die Altarziborien, die starken Bandgliederungen der Querschiffsfassaden, die tiefen Fensternischen, die Nischen in der Apsis und den Giebeln, die in Speyer zum ersten Mal voll ausgeprägte Zwerggalerie, die unter der Dachtraufe alle Bauteile miteinander verklammert. Aus der nüchternen frühromanischen Architektur mit großen Wandflächen entwickelte sich ein reich gegliederter, massiger Bau, im Osten und im Westen von Dreiturmgruppen bekrönt. Eine florale Bauzier mit starker Anlehnung an die Antike, möglicherweise durch geschulte italienische Steinmetze geschaffen, löste die abstrakten Formen ab. Wegweisend in der Architektur wurde die Einwölbung des 14 m breiten Mittelschiffs. Je zwei Arkadenjoche fasste man zu einer Gewölbeeinheit zusammen, um einen Aufleger für die Gurtbögen zu gewinnen. Jeder zweite Pfeiler wurde verstärkt. So entstand aus der regelmäßigen Bogenfolge ein rhythmisierter Stützenwechsel. Mit dem sogenannten gebundenen System – ein Mittelschiffjoch entspricht zwei Seitenschiffjochen – prägte Speyer aus den Vorgaben des ersten Baus eine Gewölbeart, die für die mitteleuropäische Romanik vorbildlich wurde. Der zweite Dombau ist als Zeugnis kaiserlichen Anspruchsdenkens zu verstehen. Heinrich IV., der von Speyer aus nach Canossa gezogen war, um sich vom päpstlichen Bann zu lösen, bekundete mit dem prächtigen Umbau auch den Willen, gegen alle Widerstände auf seiner gottunmittelbaren Stellung zu beharren.

Bis ins späte 13. Jahrhundert behielt Speyer seine Bedeutung als imperiale Grablege, dann verblasste die Anziehungskraft. Mit dem Wandel des adeligen Hausbewusstseins legten die Herrschergeschlechter mehr Wert auf Stammlandschaften als auf symbolträchtige Zentren. 1309 bestattete man mit Adolf von Nassau und Albrecht von Österreich die letzten deutschen Könige in Speyer. Der Dom überstand Spätmittelalter und frühe Neuzeit ohne eingreifende Veränderungen. Die Katastrophe erfolgte 1689, als Ludwig XIV. im Pfälzischen Erbfolgekrieg die Stadt in Schutt und Asche legte und der Dom ausbrannte. In dieser Zeit wurden die Grablegen der Herrscher in der Krypta zerstört, die Hälfte der Gräber aufgebrochen, durchwühlt und geplündert und sie fielen lange Jahre der Vergessenheit anheim. Französische Truppen sprengten zwei Drittel des Langhauses, wodurch der Westbau seine Standfestigkeit verlor und 1755 wegen Baufälligkeit bis auf das Erdgeschoss abgebrochen werden musste. Ein bereits beschlossener Abriss konnte in letzter Sekunde verhindert werden. In den folgenden zwei Jahrhunderten durchlebte der Bau ein zweites Erwachen: Die barocke Wiedererrichtung des Langhauses gilt als frühes Beispiel originalgetreuer Denkmalpflege, dazu kam der phantasievolle, aber in den Proportionen zu niedrige frühklassizistische Westbau; beides wurde unter Ignaz Michael Neumann 1772–1778 ausgeführt. Unter dem kunstsinnigen König Ludwig I. von Bayern erfolgte im 19. Jahrhundert die vollständige Ausmalung durch den Maler Johann Schraudolph im Kunststil der Nazarener. Schließlich endete die Wiedererstellung mit dem Neubau der westlichen Vorhalle 1857 im neuromanischen Stil von Heinrich Hübsch. Damals präsentierte sich der Dom als Gesamtkunstwerk des 19. Jahrhunderts, kein Fleck blieb von den großformatigen Bildzyklen unbedeckt. Innerhalb einer groß angelegten Restaurierung von 1957–1972 versuchte man die historische Überformung weitestgehend rückgängig zu machen: Die Fresken wurden abgelöst, viele Fenster rekonstruiert, die Dächer auf die ursprüngliche Neigung abgesenkt, die Pfeilerbasen im Mittelschiff durch eine Bodenabsenkung wieder sichtbar gemacht. Seither ist die romanische Architektur wieder präsent. Allen Zerstörungen und Veränderungen durch die Jahrhunderte hin, allen Umbauten zum Trotz: Der Dom zu Speyer, einst das größte Bauwerk der christlichen Welt, ist bis heute ein eindrucksvolles Monument romanischer Baukunst, ein einzigartiges Zeugnis einer mittelalterlichen Gedankenwelt.

Die Staufer und der Dom

Der Dom ist nicht nur ein prächtiger, sondern auch ein liturgisch bedeutsamer Ort, der durch herrscherliche Förderung das geworden ist, was er repräsentiert: Ein vornehmer Erinnerungsort und überdynastische Grablege, genauer die hervorragendste Grablege der römisch-deutschen Kaiser und Könige. Im großen Paradies, der mächtigen Eingangshalle, erinnern Denkmäler des 19. Jahrhunderts an Rudolf I. von Habsburg, Albrecht von Österreich und Adolf von Nassau. In der Hallenkrypta, der schönsten Unterkirche der Welt, haben die salischen Kaiser und Könige, die über 100 Jahre die Geschicke Europas bestimmten, aber auch staufische und habsburgische Herrscher ihre letzte Ruhe gefunden. Der Salierkaiser Konrad II. (1024–1039) wählte den Ort für sich zur Stiftergrablege und wurde hier als erster Herrscher auch bestattet. Daraus ist dann später mit den Begräbnissen der Kaiser Heinrich III. (1039–1056), Hein-

rich IV. (1056–1106), Heinrich V. (1106–1125) und weiterer Familienangehöriger, der Errichtung des Totengedenkens und Gebetsverbrüderungen sowie den Domneu- und Umbauten die königliche Familiengrablege der Salier geworden. Die Staufer, die stets ihre genealogische Verbindung mit den Saliern herausstellten, übernahmen den Dom als geistliches Zentrum zur Grablege und Memoria. 1184 und 1185 wurden Frauen des staufischen Geschlechts in Speyer begraben: Barbarossas zweite Frau Beatrix von Burgund (um 1140–1184), die der Kaiser 1156 geehelicht hatte und deren territoriale Mitgift erheblich zur Stärkung der Hausmacht des Staufers beitrug. Aus der Verbindung gingen zehn Kinder hervor, darunter auch die Tochter Agnes (um 1169 oder 1172/74–1184), die rund einen Monat vor ihrer Mutter im Dom ihre letzte Ruhe fand. Beim Einbau der Gräber Adolfs von Nassau bzw. Albrechts stieß man auf die Überreste von Agnes und Beatrix. Agnes' Körper habe sich in einem schmucklosen Gefäß befunden. Die Leiche, von der nur noch Knochen vorhanden waren, war in ein Seidentuch gehüllt, Beatrix dagegen mit einer Krone geschmückt und einem purpurnen Mantel bekleidet. Häufig enthalten mittelalterliche Quellen Hinweise, dass nach seiner Gemahlin sich auch Friedrich I. Barbarossa hier bestatten lassen wollte, was 1190 jedoch sein Tod in Kleinasien im Verlauf eines Kreuzzugs vereitelte. Speyer wurde regelrecht zum Synonym für die deutsche Grabkirche der Könige. Einige Historiographen des 13. Jahrhunderts konnten sich keine anderen Bestattungsorte neben Speyer mehr vorstellen und verlegten daher einige Gräber anderer Herrscher in den Dom. Mehrfach wurde berichtet, König Konrad III.

Blick auf den Ostchor des Doms

ruhe in Speyer, tatsächlich liegt er in Bamberg, ebenso erging es Heinrich VI., der nicht hier, sondern in Palermo seine letzte Ruhestätte fand.

Friedrich Barbarossa reihte sich 1152 in die alte Tradition ein, als er eine Seelenheilstiftung für Speyer beurkundete. Die mit dem Gebet an den Gräbern beauftragte Gemeinschaft der Stuhlbrüder – zwölf verheiratete Männer, die jeweils in einer Sechserreihe zur Linken und Rechten der Kaisergräber im Königschor saßen, um täglich 200 Vaterunser und Ave Maria für die verstorbenen Herrscher zu beten – ist dagegen erst 1236 sicher zu fassen. Philipp von Schwaben war der letzte Staufer, der in Speyer seine ewige Ruhe fand. Er wurde 1197 nach dem Tod seines Bruders Kaiser Heinrich VI. zum König gewählt, da der Sohn Heinrichs und eigentliche Erbe, der spätere Kaiser Friedrich II., unmündig war. In der Auseinandersetzung mit den Welfen um die Königsherrschaft konnte Philipp die staufischen Ansprüche durchsetzen, doch noch bevor er zum Kaiser gekrönt werden konnte, wurde er 1208 in Bamberg ermordet. 1213 bettete Friedrich II. seinen Onkel König Philipp von Schwaben, den jüngsten Sohn Barbarossas, von Bamberg nach Speyer um, damit er bei seinen Vorfahren seine letzte Ruhestätte finden könne. An dieser Entscheidung hatte – mittelalterlichen Quellen zufolge – auch der königsnahe Speyerer Bischof Konrad von Scharfeneck Anteil, der damals zugleich Reichskanzler und Bischof von Metz und Speyer war.

Rundgang Dom

Das Mittelschiff des Maria geweihten Doms überrascht den Eintretenden durch seine Größe und Weite. Die letzten verbliebenen Gemälde der historisierenden Ausstattung des 19. Jahrhunderts sind am Obergaden zu sehen. Es

Die Krypta (1025 begonnen, 1041 geweiht)

handelt sich um Bilder, die das Leben Mariens schildern. Vor den Treppen zum Königschor befinden sich die Grabstätten von Speyerer Bischöfen. Die Speyerer Madonna ist eine Nachbildung des 1794 von den Revolutionstruppen vernichteten mittelalterlichen Gnadenbildes. Im Boden des Mittelschiffs eingelassen sind die Worte „O clemens, o pia, o dulcis virgo Maria" (O milde, o gütige, o süße Jungfrau Maria). Sie beziehen sich auf das Jahr 1164, in dem Bernhard von Clairvaux beim Besuch des Doms diese Rufe beim Gang zum Altar hin ausgesprochen habe. Treppen führen in die Krypta und zur Kaisergruft. An deren Mittelwand ist das Epitaph Rudolfs von Habsburg (um 1300) sowie ein Relief mit vier Kaisern und vier Königen (um 1480) zu sehen. Neuzeitliche Treppen leiten zu den zweireihig angeordneten Gräbern. In den Wandnischen sind Gebeine von Speyerer Bischöfen aus der Salierzeit zu finden.

Nur einige der einst zahlreichen Kapellen haben die Zeiten überdauert, darunter die südlich gelegene Doppelkapelle St. Martin (unten) und St. Katharina (oben) sowie an der Nordseite die Afrakapelle mit sehenswerten Steinmetzarbeiten an den Kapitellen.

Rundgang Altstadt

Den Domschatz findet man im nahegelegenen **Historischen Museum der Pfalz** (Domplatz), dessen einzelne Abteilungen die Geschichte der Region und ihrer Orte von den ersten Besiedlungen bis zur Gegenwart erläutern. Besonders attraktiv präsentiert sich die Abteilung der Römer und Franken. Dort ist eine römische Flasche mit dem ältesten bekannten Wein der Welt aus dem 3. Jahrhundert n. Chr. zu bestaunen. Das Dom- und Diözesanmuseum, das im gleichen Haus untergebracht ist, zeigt kirchliche Kunst ab dem 12. Jahrhundert. Dazu zählen der Rest des durch Plünderungen und Kriege dezimierten Domschatzes sowie die Funde aus dem um 1900 freigelegten Kaisergräbern im Dom, etwa Stiefel und Mantel des Stauferkönigs Philipp von Schwaben.

Vor dem Dom breitet sich ein ausladender Platz aus, dessen Westseite der 1704 erbaute Vikarienhof einnimmt, der seit 1821 als **Bischofspalais** dient. Gegenüber befindet sich das Stadthaus. Beim Einzug eines neuen Bischofs in die Stadt wird zum Wohl für Jedermann der steinerne **Domnapf** (um 1490) vor dem Westportal des Gotteshauses mit Wein gefüllt. Immerhin passen 1.580 Liter in das Becken, das zugleich den bischöflichen Immunitätsbereich sichtbar von der Freien Stadt abgrenzte. Südlich des Doms stehen im **Domgarten** die Reste des spätmittelalterlichen **Ölbergs** von 1505/12 mit Ergänzungen des 19. Jahrhunderts. Einst bildete er den Mittelpunkt des Kreuzgangs, dessen ehemaliger Grundriss durch einen Pflasterweg gekennzeichnet ist. Im Domgarten östlich des Doms hat sich mit dem sogenannten **Heidentürmchen** ein Teil der Stadtbefestigung des 13. Jahrhunderts erhalten. Der Name rührt von dem freien Feld, der Heide, die hier begann. Nördlich steht die **Antikenhalle** von 1826, ursprünglich als Lapidarium zur Aufbewahrung römischer Steine gedacht, heute ein Ehrenmal. Beim weiteren Umrunden des Doms trifft man auf die nördlich gelegene Domtreppe, die in die Altstadt, in den Hasenpfuhl, das ehemalige Viertel der Schiffer und Fuhrleute führt. Der Weg geht vorbei an dem malerischen Fachwerkhaus „Zum Halbmond", über die **Sonnenbrücke**, die einzige erhaltende mittelalterliche Brücke der Stadt, die den Speyerbach überspannt, bis zum Dominikanerinnenkloster **St. Magdalena**. Das bereits 1232 gegründete und seit 1304 zum Dominikanerorden gehörende Kloster erhielt 1708/18 seine heutige Kirche, die in den folgenden Jahrzehnten ausgestattet wurde. Eine Gedenktafel am Eingang des Klosterareals erinnert an eine katholische Nonne jüdischer Herkunft, an die Philosophin und Märtyrerin Edith Stein, die zwischen 1923 und 1931 hier Unterricht erteilte, 1942 im KZ Auschwitz umgebracht wurde und seit 1998 heilig gesprochen ist. Von hier geht es zurück zum Domplatz, von dem die Maximilianstraße in westliche Richtung führt. Als bescheidener Gegenpol zum mächtigen Dom erweist sich am anderen Ende der Straße der **Altpörtel,** eines der mit 55 m höchsten und schönsten mittelalterlichen Stadttore Deutschlands. Es ist zugleich das einzige von ehemals über 60 Toren, das sich von der Stadtbefestigung in Speyer – mit deren Bau Ende des 12. Jahrhunderts begonnen wurde – erhalten hat. Nachdem die Bürgerschaft Speyers 1196 das Befestigungsrecht bekam, existierte bereits ein Jahr später eine „vetus porta", wohl ein hölzerner Vorgänger des heutigen Baus. Im heutigen Bestand stammen die vier Untergeschosse aus dem 13. Jahrhundert, das fünfte Stockwerk sowie die abschließende Galerie mit der Maßwerkbrüstung entstanden 1512/14, das steile Walmdach dagegen im frühen 18. Jahrhundert. Während die der Stadt zugewandte Seite aufwendig gestaltet ist, befinden sich in der dem ehemals freien Feld zugewandte Seite nur Sehschlitze und Schießscharten. Vom Altpörtel führt die Maximilianstraße direkt – wie eine via triumphalis der deutschen Geschichte, durch die Kaiser, Könige und Fürsten samt Gefolge zum Dom gezogen waren – zu den Eingangstoren des Doms.

Das bauliche Erscheinungsbild Speyers wird vor allem durch Häuser des 19. und frühen 20. Jahrhunderts geprägt, als durch die steigende Bevölkerungs-

Speyerer Altstadt mit Fachwerkhäusern an der Sonnenbrücke

zahl und wachsenden wirtschaftlichen Wohlstand eine rege Bautätigkeit einsetzte. Die Gebäude in der **Maximilianstraße**, die nach dem ersten bayerischen König der Pfalz benannt wurde, präsentieren unterschiedlichste Baustile, die vom Barock bis in die Gegenwart reichen. Zunächst lenkt die spätbarocke Fassade – in Rot und Weiß gehalten – des **Rathauses** (1712/26) die Blicke auf sich. Schräg gegenüber erhebt sich das um 1700 errichtete Haus des ehemaligen Domherrn von Hohenfeld (Maximilianstraße 99), in dem eine **Gedenkstätte an die Dichterin Sophie La Roche** erinnert, die von 1780–1786 hier wohnte. Nur wenige Schritte neben diesem Haus wartet der **Jakobspilger** und erinnert daran, dass Speyer Ausgangspunkt des Pfälzer Jakobsweges ist, der bereits seit dem Mittelalter nach Santiago de Compostela führt. Am nachfolgenden Platz blickt man auf eine schmucke spätbarocke **Dreifaltigkeitskirche** (1701/17), die den lutherischen Christen Speyers als

Gotteshaus diente. Allerdings bleibt die Glastür zum Kircheninneren mit der schönen Doppelempore meist verschlossen, doch ein Blick ins Kirchenschiff auf die reich mit Szenen des Alten und Neuen Testaments ausgemalte Decke ist möglich. Wer hinter die Kirche geht, steht vor einer Ruine, dem sogenannten **Retscherhof**, ehemals Wohnsitz einer Patrizierfamilie, später Gerichts- und Zeughaus und schließlich als evangelische Kirche genutzt, ehe die Stadt Speyer im Rahmen des Pfälzischen Erbfolgekriegs beinahe vollständig in Schutt und Asche gelegt wurde. Von dem rechteckigen, viergeschossigen Bruchsteinmauerbau stehen die Außenmauern noch zwei Stockwerke hoch. Das Haus dürfte um 1241 durch den Speyerer Bürger Retschelinus erbaut worden sein. Fenster- und Türöffnungen reichen zum Teil bis in die Gotik zurück. Angeblich soll hier der bedeutsame Reichstag von 1529 stattgefunden haben, der mit der Protestation der evangelischen Fürsten

Blick vom „Halbmond" (1702), einer ehemaligen Versorgungsstation für Schiffer, zum Dom

endete. Von hier ist es nicht weit zum 1290 erstmals als „forum piscium" erwähnten **Fischmarkt**, der im frühen Mittelalter noch an einem Rheinarm lag. Der 1982 eingeweihte Fischbrunnen erinnert an die Fischerzunft, einst ein großer Berufsstand in der Domstadt.

Zurück in der Maximilianstraße geht es zum sogenannten **neuen Kaufhaus am Markt (alte Münze)** (Maximilianstraße 90), das 1748 an Stelle des mittelalterlichen Hauses der Münzer und Hausgenossen errichtet wurde, in dem das städtische Patriziat tagte. Parallel zur Maximilansstraße verläuft die Korngasse, in der die Seminarkirche **St. Ludwig**, eine ehemalige Dominikanerkirche (1266–1308) steht, die nach Zerstörungen während des Pfälzischen Erbfolgekriegs wieder aufgebaut wurde. Künstlerisch wertvollste Ausstattungsstücke des Gotteshauses sind ein spätmittelalterlicher Flügelaltar (1485) und eine gewirkte Altarverkleidung (Antependium, um 1500). Durch das Altpörtel hindurch

geht es in die südwestlich gelegene Gilgenstraße. Dort verbirgt sich hinter der Nummer 13 das **Archäologische Schaufenster**, eine Zweigstelle des Landesamts für Denkmalpflege, die aktuelle Themen der Landesarchäologie ausstellt. Mit 100 m Höhe überragt der Turm der **Gedächtniskirche**, der von hier aus sichtbar ist, die Stadt. Die Kirche wurde 1893–1904 mit Hilfe von Spenden aus aller Welt und durch Unterstützung des Kaiserhauses zum Gedenken an den Reichstag 1529 im neugotischen Stil erbaut.

Südwestlich des Doms haben sich Überreste des jüdischen Viertels von Altspeyer erhalten, darunter die Ruine der Synagoge sowie das Ritualbad. Der Weg führt vom Dom in die Kleine Pfaffengasse, die direkt neben dem bischöflichen Palais abgeht, in Richtung Judenhof (Nr. 21). Die Geschichte der Juden in der Domstadt begann 1084, als viele von Ihnen im Vorfeld der Kreuzzugsbewegungen aus Worms und Mainz hierher vertrieben wurden. Die für die damalige Zeit freizügigen Gesetze, die den Juden viele Freiheiten zusicherten, wurden 1090 erneut bekräftigt und hatten großteils bis ins frühe 14. Jahrhundert Gültigkeit. Stets kamen neue Juden nach Speyer, das eine stabile Gemeinde aufwies. Während der europäischen Pestpogrome von 1349 wurden auch in Speyer viele Juden für die Seuche verantwortlich gemacht und verfolgt. Die ausgelöschte Gemeinde entstand kurz darauf neu. Ihre erste, 1104 geweihte **Synagoge**, die später gotisch neu erbaut wurde, existiert nur als Ruine. Sie entstand zeitgleich mit dem Dom als romanischer Hallenbau. Die erhaltene romanische Westwand, Ostwand und ein Teil der Südwand sind Überreste des ältesten Synagogenbaus in Mitteleuropa. Zum Teil erhalten hat sich das **Jüdische Bad** (Mikwe) in der Judengasse (Zugang

Kleine Pfaffengasse), ein Ritualbad, das aus sehr kaltem Grundwasser des Rheins gespeist wird. Die zwischen 1120 und 1130 datierte Mikwe zählt zu den monumentalsten ihrer Art in Deutschland und ist etwas älter als die in Worms. Eine neuzeitliche Treppe führt zum eigentlichen Eingang, von hier verläuft eine tonnenüberwölbte Treppe mit Lichtöffnungen in die Tiefe durch ein zweites Portal zu einem Vorraum. Dessen Gestaltung verrät enge Verbindungen zur Ornamentik im südlichen Querhaus des Speyerer Dom und stammte von der gleichen Bauhütte. Links liegt der mit Steinbänken ausgestattete Ankleideraum, rechts geht eine Treppe zum Badeschacht. Ab dem 14. Jahrhundert diente das Judenbad als Herberge für durchreisende Juden. Mit der Vertreibung der Juden 1534 aus der Stadt wurde das letzte Gebäude eingeebnet.

Adressen und Auskunft
Touristik Information Speyer
Maximilianstr. 13
67346 Speyer
Tel. +49(0)6232-142392
www.speyer.de (Online-Reiseführer
unter http://www3.tomis.mobi/
speyer/reisefuehrer.pdf)
touristinformation@stadt-speyer.de
Mit der Speyer-Card enthält man
20 % Ermäßigung in Museen, bei
Stadtführungen, bei Altrheinfahrten,
in Freizeiteinrichtungen sowie Sehenswürdigkeiten und Vergünstigungen bei Gastronomiebetrieben
und Hotels. Voraussetzung: Eine
Übernachtung/Unterkunft vor Ort.

Museen und Sehenswertes
Kaiserdom – UNESCO-Weltkulturerbe
Domplatz

67346 Speyer
Te. +49(0)6232-102118
Öffnungszeiten: Mo – Sa 9:00–17:00
Uhr, So 13:30–17:00 Uhr
1. April – 31. Okt bis 19:00 Uhr
Domführung: Sa 10:00 Uhr, Treffpunkt in den vorderen Bankreihen.

Historisches Museum der Pfalz
Domplatz 4
67346 Speyer
Tel. +49(0)6232-620222
www.museum.speyer.de
Öffnungszeiten: täglich außer Montag 10:00–18:00 Uhr.

Archäologisches Schaufenster
Gilgenstr. 13
67346 Speyer
Tel. +49(0)6232-670657
www.archaeologie-speyer.de

Öffnungszeiten: Di – So 11:00–17:00 Uhr, Gläserne Werkstatt Di u. Do 11:00–16:30 Uhr, Mo geschlossen, Eintritt frei.

Technik Museum Speyer
Geibstr. 2
67346 Speyer
Tel.: +49(0)6232-67080
speyer@technik-museum.de
www.technik-museum.de
Öffnungszeiten: täglich 9.00–18.00 Uhr/Wilhelmbau 11.00–18.00 Uhr.

Sea Life Speyer
Im Hafenbecken 5
67346 Speyer
Tel.: +49(0)6232-69780
www.sealife.de
Öffnungszeiten: täglich 10.00–19.00 Uhr (Juli – Aug), täglich 10.00–18.00 Uhr (April – Juni, Sept, Okt), täglich 10.00–17.00 Uhr (Nov– März), letzter Einlass jeweils eine Stunde vor Schluss.

Jüdisches Bad
Judengasse
67346 Speyer
Tel.: +49(0)6232-77288
Öffnungszeiten: 1. April – 31. Okt, Mo – Fr 10.00–12.00/14.00–17.00 Uhr, Sa – So 10.00–17.00 Uhr.

Sophie von La Roche Gedenkstätte
Maximilianstraße 99
67346 Speyer
Tel. +49(0)06232-142392
Öffnungszeiten: Mo – Fr 10:00–17:00 Uhr, Sa 10:00–16:00 Uhr.

Museum Purrmann-Haus
Gedenkstätte für den Kunstmaler

Prof. Hans Purrmann
Kleine Greifengasse 14
67346 Speyer
Tel. +49(0)6232-77911
Purrmann-haus-speyer@gmx.de
Öffnungszeiten: Di – Fr 15:00–17:00 Uhr, Sa, So u. Feiertage 11:00–13:00 Uhr, Mo geschlossen.

Museum Feuerbachhaus
Gedenkstätte für den Maler Anselm Feuerbach
Allerheiligenstraße 9
67346 Speyer
Tel. +49(0)6232-70448
Öffnungszeiten: Di – Fr 16:00–18:00 Uhr, Sa – So 11:00–13:00 Uhr, Mo geschlossen.

Essen und Trinken
Unzählige Cafés, Restaurants und Weinstuben, viele mit Außenterrassen, befinden sich zwischen Altpörtel und Dom und in den angrenzenden Altstadtgassen.

Anfahrt
Mit dem Auto:
Autobahnanbindung über die A 61 oder die B 9 von Ludwigshafen oder Karlsruhe

Go green:
Es besteht eine S-Bahn-Linie von Mannheim, außerdem Regionalverkehr aus Karlsruhe. Der Nahverkehr wird versorgt vom Verkehrsverbund Rhein-Neckar, Auskünfte unter www.vrn.de. Busverkehr vom Hbf in der Stadt: City Shuttle zwischen Stadtbad, Technikmuseum, Historischem Museum der Pfalz, Domplatz, Maximilianstraße, Altpörtel und Bahnhof.

Die Burg Trifels – die vornehmste Feste der Stauferzeit

In landschaftlich beherrschender Lage erhebt sich die Reichsburg Trifels auf dem schmalen, dreifach gespaltenen Felsriff des Sonnenbergs südöstlich von Annweiler. Von der Bergform leitet sich der Name Tri-Fels, dreifacher Felsen ab. Die stolze Feste der Stauferzeit nimmt den höchsten der drei Burgkegel ein, von dem sich herrliche Ausblicke auf die Rheinebene und den Pfälzer Wald bieten. Ihr zur Seite stehen die Ruinen der ebenfalls stauferzeitlichen Burgen Anebos und Scharfenberg (im Volksmund auch Münz genannt).

Geschichte

Funde aus der Kelten- und Römerzeit belegen bereits frühe Wehranlagen auf dem nahezu 500 m hohen Felsen. Im Jahre 1081 wurde die Burg als Gründung der Salier erstmals urkundlich erwähnt. Auf seinem Sterbebett übergab der letzte Salier, Kaiser Heinrich V., 1125 die Krone seinem Reichsverweser und Vater Barbarossas, dem Herzog Friedrich II. von Schwaben, mit der Weisung, sie zusammen mit den anderen Insignien „bis zur Zusammenkunft der Fürsten auf der besonders starken Burg, die Trifels genannt wird" aufzubewahren. Hier zeigt sich schon früh der Aufstieg des staufischen Hauses, auch wenn noch 13 Jahre vergingen, bis der erste Staufer den Königsthron bestieg. Ihre Blüte erlebte die Anlage dann unter dieser Dynastie, denn mit dem Erlangen der Königswürde ging der Trifels als Reichsburg in den Besitz der Staufer über. Er wurde einerseits Zentrum kaiserlicher Macht im deutschen Teil des Reichs, andererseits geradezu zum Symbol der staufischen Herrschaft. Diese Bedeutung ist vor allem in der zweiten Hälfte des 12. Jahrhunderts deutlich fassbar. Zwischen 1155 und 1194 können drei Königsaufenthalte urkundlich nachgewiesen werden. Dazu zählt auch die Gefangenschaft des englischen Königs Richard Löwenherz 1193/94. Ferner ist die fast durchgehende Verwahrung der Reichsinsignien auf der Burg durch einen Reichsministerialen bis zum Ende des 13. Jahrhunderts belegt. Da der Besitz der Insignien erst die Reichsherrschaft rechtmäßig machte, hieß es im Mittelalter: „Wer den Trifels hat, hat das Reich". Mit dem Niedergang der Staufer büßte auch der Trifels an Bedeutung ein. Unter Rudolf von Habsburg wurden die Reichskleinodien weggebracht und kamen nach mehreren Zwischenstationen schließlich im 15. Jahrhundert nach Nürnberg, wo sie bis 1800 verblieben. Seit 1801 sind sie in Wien. Ab 1310 erfolgte die Verpfändung der Burg an wechselnde Territorialherren. Zu Beginn des 16. Jahrhunderts verlor sie zunehmend an politischer und militärischer Bedeutung. 1602 schlug ein Blitz ein und verursachte einen Brand, 1635 brach die Pest aus. Nach dem 30-jährigen Krieg wurde die nunmehr bedeutungslos gewordene Burg endgültig aufgegeben und als Steinbruch benutzt. Erst im Zuge der romantischen Rückbesinnung im 19. Jahrhundert kam es zu ersten Sicherungsarbeiten an der Ruine, die seit 1866 durch den bis heute aktiven Trifels-Verein unterstützt werden. Auf Grabungen in den 30er Jahren des

Hauptturm, Wachthaus und Kastellanshaus vom südlichen Burghof aus

Blick vom Trifels in den Wasgau, auch „Trifelsland" genannt

20. Jahrhunderts folgte ab 1938 eine re-konstruktive Überformung der Bauten nach Plänen des Denkmalpflegers Prof. Rudolf Esterer aus München, wodurch das heutige Erscheinungsbild bestimmt wurde. Im Zuge der politischen Selbst-darstellung wollte man am symbolträch-tigen Ort eine nationale Gedenkstätte errichten, die jedoch bis Kriegsende 1945 unvollendet blieb. Nach dem Krieg erfolgte eine Teilvollendung dessen, was unter ganz anderen politischen Absich-ten und Aspekten in den 30er Jahren be-gonnen hatte: Aus Gründen der Harmo-nie wurde der Palas komplettiert und der Hauptturm erhöht, womit die Sil-houette der Burg ihr endgültiges Ausse-hen erlangte. Sichtbare Zeugnisse der staufischen Reichsburg sind heute vor allem Teile des Bergfrieds, die Funda-mentmauern des Palas sowie Teile der Ringmauer.

Rundgang

Die stauferzeitliche Anlage, auf einem 145 m langen und 40 m breiten Bunt-sandsteinfelsen gelegen, bildet ein lang-gestrecktes Dreieck. Der ansteigende Weg zum heutigen Burgeingang dürfte dem ursprünglichen Zugangsweg ent-sprechen. Er führt entlang der mittelal-terlichen, im 16. Jahrhundert erneuerten

und 1995 instand gesetzten Ringmauer. An der Nordostecke steht ein ca. 20 m emporragender Brunnenturm aus der Stauferzeit (Zinnenkranz 19. Jahrhundert), der seit 1882 durch eine Bogenbrücke mit dem nördlichen Burghof verbunden ist. Der sich nach oben fortsetzende Weg ist mit einer niedrigen Mauer aus den 60er Jahren des 20. Jahrhunderts begrenzt und wird durch die halbrunde Ausbuchtung eines spätmittelalterlichen Geschützturms unterbrochen. Nach einer weiteren Kehre folgt das 1569 bezeichnete untere Burgtor, von dem ein Torweg zunächst zum Kassenhaus führt. In unmittelbarer Nähe befinden

sich unterhalb des steilen Felsens zwei in den Stein gehauene, flache Zisternen, die möglicherweise als Viehtränken dienten. Hinter dem 1951 weitgehend rekonstruierten Obertor beginnt die spätmittelalterliche Ringmauer. Im Südosten ragt das dreigeschossige Kastellanshaus von 1954/55 empor, hinter diesem führt der spitz zulaufende südliche Burghof zur Felsspitze, die nach Ausweis von Pfostenlöchern einst mit Fachwerkhäusern überbaut war. Eine Treppe leitet vom Kastellanshaus zunächst in einen kleinen Vorhof, eingerahmt vom Hauptturm und der Ruine des sogenannten Wachhauses aus dem 14. Jahrhundert.

EXTRA aktiv

Wandern auf den Spuren der Staufer

Viele gut markierte Themenwanderwege führen durch das „Trifelsland". Von zahlreichen Burgruinen bieten sich atemberaubende Blicke über die Pfalz, dem größten zusammenhängenden Weinbau- und Waldgebiet Deutschlands. Es gibt reichlich Sonnenschein, eine Landschaft wie aus dem Bilderbuch und genügend Hütten, die zur Rast einladen. Wandern Sie auf eigens ausgeschilderten Stauferwegen und lernen Sie dabei ein gutes Stück Pfälzer Kultur, Natur und Lebensart kennen!

Annweilerer Burgenweg

Zum Trifels und seinen beiden stauferzeitlichen Nebenburgen führt der „Annweilerer Burgenweg". Die am südlichsten gelegene **Burg Scharfenberg**, im Volksmund „Münz" genannt, beherbergte möglicherweise die Annweiler Münze. Berühmter Bewohner der im 11. Jahrhundert als Reichsburg erbauten Anlage, von der sich nur der 20 m hohe Bergfried erhalten hat, war Konrad von Scharfenberg, Reichskanzler (1208–1224) und Bischof von Metz und Speyer. Von der **Burg Anebos** auf dem mittleren der drei Gipfel zeugen nur noch ein 60 x 25 m großes Plateau sowie Fundamente des 12. Jahrhunderts. Hier lebten ebenfalls Reichsministeriale, darunter Eberhard von Anebos, der 1194 am Italienfeldzug Heinrichs VI. teilnahm. Vom nördlichen Sporn aus öffnet sich ein eindrucksvoller Blick auf die dritte Anlage, die Reichsburg Trifels, einst Aufbewahrungsstätte der Reichskleinodien und Aufenthaltsort staufischer Herrscher.

Wegbeschreibung: Ausgangspunkt des Rundwegs ist der Parkplatz an den Markward-Kuranlagen, Bindersbacher Straße in Annweiler. Der 7,5 km lange, teils ansteigende Weg ist mit dem grünen Symbol „Annweilerer Burgenweg" gekennzeichnet. Die Beschilderung befindet sich immer in Wanderrichtung rechts. Die Gehzeit beträgt rund 2,5 Stunden.

Richard-Löwenherz-Weg

Seit 2010 führt dieser Themenweg rund 12 km durch das Trifelsland. Über die Trifelsruhe, den Wasgaublick und das Felsmassiv Asselstein geht es zum Aussichtsturm auf dem Rehberg mit einem atemberaubenden Blick über die Burgen Trifels, Annebos und Münz.

Wegbeschreibung: Ausgangspunkt ist das Rathaus in Annweiler, von hier Richtung Norden an der alten Wassermühle 1 vorbei in die Gerbergasse. Danach geht es links am Krankenhaus Annweiler vorbei und über einen Fußweg weiter bis zum Südring. Nach dessen Überquerung führt der Brunnenweg aufwärts bis zur Straße „Zum Honigsack". Von hier zweigt nach wenigen Metern (Achtung, kaum sichtbar) ein Pfad nach rechts ab, der in einen Waldweg übergeht und auf den Klingelberg führt. An den nächsten zwei Wegkreuzungen jeweils rechts, dann an der Westflanke des Bergrückens entlang. Der Weg mündet in einen breiteren Wanderweg, diesen kurz nach rechts folgen, um ihn bei nächster Gelegenheit nach links wieder zu verlassen. Hier führt die Markierung Nummer 2 in Serpentinen steil durch den Annweiler Stadtwald und die Anlage der Naturbegräbnisstätte Trifelsruhe aufwärts. Vorbei am Aussichtspunkt an der

Willi-Achtermann-Hütte geht es weiter zum Aussichtspunkt Wasgaublick, wo sich eine wunderbare Fernsicht bietet. Der Wanderweg Nummer 2 sowie Wegweiser leiten zum beeindruckenden Felsmassiv Asselstein und weiter zur Klettererhütte, einer willkommenen Einkehrmöglichkeit. Von hier bietet sich ein Abstecher zum Aussichtsturm auf dem Rehberg an (Wegmarkierung 18 folgen). Nach diesem Abstecher dem „blau-weißen Balken" an der Klettererhütte vorbei in Richtung Norden folgen, dann an einer großen Lichtung nach rechts gehen und im Zickzack ins Bindersbacher Tal absteigen. Am Bach entlang geht es durchs idyllische Tal und den Kurpark zurück nach Annweiler. Die Gehzeit beträgt aufgrund der kräftigen Anstiege knapp 5 Stunden.

Empfehlenswert ist die Wander- und Freizeitkarte „Naturpark Pfälzerwald Südteil", Pietruska-Verlag, Maßstab 1:40 000; ISBN 13 978-3-934895-41-6.

Im Hof befindet sich eine Öffnung zu einer Zisterne des 12. Jahrhunderts. Eine weitere Treppe führt zum eigentlichen Bauensemble. Während bei romanischen Burgen Palas, Bergfried und Kapelle getrennt stehen, sind sie hier auf dem Felsen der Oberburg zusammengefasst. Der rechteckige, mit typisch staufischen Buckelquadern verkleidete Turm vereint alle drei Funktionen. Drei seiner Geschosse datieren in die Stauferzeit, das vierte wurde 1964–1966 ergänzt. Färbung und Bearbeitung der Mauern lassen unterschiedliche Bauphasen erkennen. Verwitterte und glatt behauene Steine in den unteren Teilen weisen meist auf salischen Ursprung um 1100, bauchig behauene Buckelquader des Hauptturms, Brunnenturms, der Ringmauer und an der Basis des Palas deuten auf staufische Baumaßnahmen. Dort, wo die Mauern in frischem Sandstein-Rot leuchten, handelt es sich zumeist um Bauten aus dem 20. Jahrhundert. An der Ostfront befindet sich der berühmte Kapellenerker. Drei Köpfe tragen diese herausragende Chornische mit dem reich gegliederten Gesims und einer Figurengruppe über dem Erkerdach.

Das Erdgeschoss des Turms verfügt über zwei verschieden große Räume. Schmale Treppen führen zum Palas bzw. nach oben in den Vorraum zur Kapelle. Von hier zweigt eine Tür in die Kapelle ab, dem Herzstück der Burg, in der man die Reichskleinodien hütete. Der mit Kreuzrippengewölbe versehene Raum besitzt an der Ostseite eine Apsis, die auf der Außenseite als Erker vortritt. Die Nordwand gliedern zwei rundbogige Blendnischen. Durch eine Öffnung in der Decke steht die Kapelle mit dem darüber liegenden Raum in Verbindung, der gleichfalls als Kapelle diente und von wo es möglich war, dem Gottesdienst in der darunter liegenden Kapelle beizuwohnen.

Über eine Tür im Erdgeschoss des Turms gelangt man in den nördlich des Bergfrieds anschließenden Palas, der 1938–1950 auf alten Grundmauern neu errichtet wurde. Auch hier befinden sich im Erdgeschoss zwei kleine Räume. Von zwei Durchgängen aus führt eine Wendeltreppe nach unten in den nördlichen Burghof und eine andere nach oben ins zweite Geschoss, das heute von dem sich über zwei Stockwerke erstreckenden, sogenannten Kaisersaal eingenom-

Festliche Beleuchtung im Kaisersaal

men wird. Die monumentale Neuschöpfung mit mächtiger Treppenanlage, tiefen Fensternischen und einem reich gegliederten Säulengang in der Höhe des einstigen oberen Stockwerks entstand nach Plänen von Prof. Esterer in den 1930er Jahren. Vom Säulengang aus zweigt ein stauferzeitlicher Zugang ins dritte Turmgeschoss ab. Dieser Raum konnte auch in staufischer Zeit nur von außen durch die Nordwand betreten werden. Über eine Treppe ist das jüngste, vierte Turmgeschoss erreichbar, das als Museum dient, sowie die Plattform des Turms. Der Rundblick vom Hauptturm über Wasgau und Pfälzerwald zeigt, dass sich ringsherum ein dichtes Netz weiterer kleiner Burgen befand, von denen aus vor allem Kaiser Friedrich II. die Region durch Reichsministerialen verwalten ließ. Hier mag Staufer-Kaiser Heinrich VI. vielleicht anno 1194 Heerschau gehalten haben, bevor er vom Trifels aus zum Feldzug nach Süditalien aufbrach,

dort die Normannen schlug und mit deren Schatz und als König von Sizilien in die Pfalz zurückkehrte. Man kann vom Turm bis in den nördlichen Burghof hinabsteigen, wo ein weiteres Kastellanshaus von 1960 und Toilettenanlagen stehen.

Museum auf dem Trifels

Die bewegte Geschichte der Burg ist Gegenstand der Präsentation „Reichsburg Trifels – Macht und Mythos", einer im Jahr 2010 neu konzipierten Dauerausstellung. Viele Dinge trugen zur Bedeutung des Trifels bei. Über Jahre wurden hier die Reichskleinodien, deren Originale heute in der Schatzkammer der Wiener Hofburg liegen, aufbewahrt: Kaiserkrone, Zepter und Reichsapfel, Reichsschwert, Reichskreuz sowie die Heilige Lanze – goldene und mit Edelsteinen geschmückte Insignien der Macht. Wer sie in seinem Besitz hatte, war der mächtigste Mann im Heiligen Römischen

Reich. Nachbildungen der Stücke werden heute in einer eigenen Schatzkammer auf der Burg präsentiert. Die als sehr sicher und uneinnehmbar geltende Anlage eignete sich bestens für die Aufbewahrung derartiger Schätze, aber auch als Gefängnis für politische Gegner. Der letzte Salier-Kaiser und mehr noch die Staufer benutzten sie als Staatsgefängnis für ihre prominenten Gegenspieler. Der berühmteste Gefangene war der englische König Richard Löwenherz, der Legende nach ein ebenso edler wie verwegener Ritter. Die Ausstellung zeigt, dass der als Held verehrte im wahren Leben oft eher rücksichtslos und grausam agierte und berichtet über seine abenteuerliche Gefangennahme. Ferner war die Burg Verwaltungszentrum eines der steuerlich lukrativsten Gebiete für die Krone. Holz- und Lederwirtschaft, Weinbau und Handel füllten die Staatskasse. Dem Mythos des Trifels als reine Stauferburg widmet sich die nächste Abteilung. Das, was heute sichtbar ist, ist eine Verbindung aus historischem Baubestand und Neuinterpretation. Die Reichsburg

Trifels stellt ein baulich gewachsenes, spannendes Zeugnis der Geschichte dar mit vielen unterschiedlichen Facetten. Nachvollziehen lässt sich das anhand historischer Modelle.

Annweiler am Trifels

Der Luftkurort Annweiler ist eine Kleinstadt zwischen dem Pfälzerwald und der Weinstraße zu Füßen des Trifels. Die Geschichte des erstmals 1086 als Hofgut im Besitz des Bischofs von Straßburg erwähnten Orts ist eng mit den Stauferkaisern verbunden. Stauferherzog Friedrich von Schwaben tauschte das Dorf 1116/1118 gegen ein elsässisches ein. Das unter Heinrich V. befestigte Areal wurde 1219 von keinem geringeren als Friedrich II. zur Stadt erhoben. Dieser brachte dadurch die besondere Bedeutung des Reichsguts zum Ausdruck. Nach Speyer ist „villam nostrum Annwilre", so Friedrich II., damit die zweitälteste Stadt der Pfalz. Annweiler erhielt eine Münzstätte, deren Einnahmen zum Unterhalt des Trifels dienten. Somit konnten an der Burg viele Baumaßnahmen durchge-

Nachbildungen der Reichskleinodien im Museum auf dem Trifels

führt werden, die wiederum zur Steigerung der Wirtschaft und damit des Wohlstandes in Annweiler beitrugen. Neben solchen direkten Maßnahmen gab es auch symbolische, die zeigen, wie zugetan der Herrscher der Stadt war. Er verfügte zum Beispiel, dass zukünftig sein Todestag in Annweiler feierlich begangen werden sollte. Aus derartigen Zuwendungen lässt sich ableiten, dass der Trifels und Annweiler nicht nur der Hort der Reichskleinodien waren, sondern bis ins 13. Jahrhundert geradezu zu einem Symbol königlicher Macht wurden. 1330 wurde der Ort und die Burg an die Kurpfalz verpfändet, seit 1410 bis zur Französischen Revolution gehörte er zum Herzogtum Pfalz-Zweibrücken. Im Rahmen der Abtretung des linken Rheinufers an Frankreich in Folge der französischen Revolution wurde Annweiler französische Kantonsstadt, ab 1816 ging sie wie die ganze Pfalz an Bayern über. Heute gehört sie zu Rheinland-Pfalz.

Trotz vieler Zerstörungen im Zweiten Weltkrieg hat sich zwischen Altenstraße und Queich ein historischer Ortskern mit vielen romantischen Ecken erhalten, der vom Rathausplatz aus gemütlich erkundet werden kann. Der historische Platz um die Stadtkirche war der Mittelpunkt des alten Orts. Hier ist seit 1500 ein Rathaus nachgewiesen, an dessen Stelle bis heute das **„alte" Rathaus** (Hauptstraße 20) von 1950/51 steht. An der linken Ecke des Gebäudes thront der in Sandstein gehauene Kaiser Friedrich II. des Bildhauers Otto Rumpf (1902–1984). Im Rathaussaal, der im Rahmen von Stadtführungen besichtigt werden kann, zeigt ein Fresko des Malers Adolf Kessler (1890–1974) aus Godramstein die Verleihung der Stadtrechte durch Friedrich II. und den Einzug Kaiser Hein-

EXTRA Feste und Feiern

Richard-Löwenherz-Fest

Jährlich am letzten Juliwochenende erinnert Annweiler mit dem Richard-Löwenherz-Fest an den berühmtesten Gast des Trifels. Umrahmt wird das Fest von einem mittelalterlichen Markt. Von Freitag bis Sonntag tummeln sich allerlei Händler, Gaukler und Musiker in den Straßen der Altstadt.

Im Heiligen Land hatte 1187 Sultan Saladin den Christen Jerusalem „abgenommen", ein Ereignis, das Anlass für den dritten Kreuzzug bot. Richard, der König von Britannien, war der große Antreiber des Unterfangens. Im Verlauf des Zugs ließ er nach der Eroberung Akkons das Banner des österreichischen Herzogs Leopold V., nach Barbarossas Tod der erste Mann des deutschen Heers, von den Mauern reißen. Als er sich 1192 auf der Rückreise nach England befand, nahm ihn Herzog Leopold gefangen und lieferte ihn später an Kaiser Heinrich VI. aus, der ihn zwischen 1193/94 auf der Burg Trifels inhaftierte. 1194 kam Richard gegen Zahlung eines hohen Lösegeldes – 23 Tonnen Silber – und nach Leistung des Lehnseids frei. Für Heinrich war dies die Grundlage für seinen Eroberungszug gegen Sizilien. In der Sage von der Befreiung des Königs Richard wurde diese Schmach mystifiziert: Ihr zufolge begab sich der treue Troubadour Blondel auf der Suche nach seinem Freund Löwenherz in Deutschland von Burg zu Burg, fand ihn letztlich auf dem Trifels und befreite ihn gewaltsam.

Der Stauferkaiser Friedrich II. ziert das Rathaus.

richs VI. in Palermo. Neben dem Rathaus ragt die **evangelische Stadtkirche** mit gotischem Turm (15. Jh.) empor, ursprünglich ein barocker Saalbau, nach Plänen des herzoglichen Baumeisters Friedrich Gerhard Wahl (1748–1826) aus Zweibrücken von 1787/88, der nach der Kriegszerstörung als barockisierender Neubau wieder errichtet wurde. Die Ecke Altenstraße/Hauptstraße nimmt das **Keyser'sche Anwesen** (Altenstraße 2) ein, ein schöner Fachwerkbau mit reich geziertem Eckerker aus dem Jahr 1634. Von hier geht es über die Altenstraße weiter. In der davon abzweigenden Gasse **Prangertshof** stand im Mittelalter der Pranger, an dem Strafen vollzogen wurden. Das Fachwerkhaus

Storchentor (Altenstraße 18) ist das älteste Gasthaus der Region Südliche Weinstraße. Hier stand früher das Storchentor, das westliche Stadttor. Vor dem Gasthaus biegt die Gasse „Am Storchentor" in Richtung Queich ab, dem längsten Fluss der Pfalz, der im Mittelalter zur Flößerei von Holz aus dem Pfälzer Wald an den Rhein diente. Er durchfließt die **Gerbergasse**, die seit dem 16. Jahrhundert nachgewiesen werden kann. Hier lebten bis zu 36 Gerber, meist zugewanderte hugenottische Glaubensflüchtlinge, sowie Tuchmacher, Färber und Leinweber. Unter den Dächern der Fachwerkhäuser lagen die Trockenspeicher für die Felle. Das Wasser der Queich trieb auch das Rad der **Stadtmühle** an, einer Getreidemühle, die in den letzten Jahren schön restauriert wurde. Nach dem Überqueren der Hauptstraße hinter der Mühle geht es in die malerische **Wassergasse**. Das **Museum unterm Trifels** (Schipkapaß 4) am östlichen Ende der Wassergasse neben dem Mühlrad der Lohmühle, präsentiert Volkskundliches, Heimatgeschichte sowie die Geschichte des Trifels und der Staufer. Am Schipkapaß stehen Reste der im 19. Jahrhundert abgebrochenen **Stadtmauer**. Der merkwürdig anmutende Name entstand vermutlich dadurch, dass an dieser Engstelle Pferdefuhrwerke nicht durchkamen und die Ladung auf Schiebekarren umgepackt werden musste. Hinter dem Rest der Stadtmauer befindet sich ein schön gestalteter Bachlauf der Queich.

Am ehemaligen westlichen Ortsausgang (Zweibrücker Straße) steht die evangelische **Friedhofskapelle Zu unserer lieben Frau**. Der einfache Rechteckbau, 1429 geweiht, ist das älteste erhaltene Gebäude der Stadt. Hier haben sich Reste von gotischen Wandmalereien der Erbauungszeit erhalten, die am Tag des offenen Denkmals oder nach Voranmeldung im „Museum unterm Trifels" besich-

Abendstimmung an der Queich

Blick in die reizvolle Wassergasse

tigt werden können. Über die Burgstraße/ Markwardstraße ist die **Markwardanlage** schnell erreicht, der kleine Kurpark mit See, Spazierwegen und Spielplatz. Namensgeber ist Markward von Annweiler (1140–1202), Markgraf von Ancona und Graf der Abruzzen, Reichsverweser von Sizilien und Erzieher des Stauferkaisers Heinrich VI., neben Konrad und Heinrich von Annweiler ein weiterer königlicher Dienstmann, der in hohe Ämter aufgestiegen war. Am Wanderparkplatz am Kurpark beginnen viele ausgeschilderte Wanderwege. Zudem wartet der Nordic-Walking-Park mit mehreren Strecken auf sportliche Läufer.

Adressen und Auskunft

Tourist Information Südliche Weinstraße
Annweiler am Trifels e.V.
Büro für Tourismus
Messplatz 1
76855 Annweiler
Tel. +49(0)6346-2200
info@trifelsland.de
www.trifelsland.de

Museen und Sehenswertes

Burgverwaltung Trifels
Generaldirektion Kulturelles Erbe Rheinland Pfalz
76855 Annweiler
Tel. +49(0)6346-8470
info@burgen-rlp.de
trifels@burgen-rlp.de
www.burgen-rlp.de
Öffnungszeiten: April – Sept 9:00–18:00 Uhr, Okt – Nov, Jan – März 9:00–17:00 Uhr
Letzter Einlass 30 Minuten vor Schließung. Im Dez geschlossen. Hunde dürfen nicht mit in die Burg genommen werden und sind auf dem Gelände der Burg nicht erlaubt.

Museum unterm Trifels
Am Schipkapass 4, 76855 Annweiler
Tel. +49(0)6346-1682
Öffnungszeiten: Mai – 1. Okt, Fr, Sa, So 14:00–17:00 Uhr oder nach Vereinbarung.

Essen und Trinken

In Annweiler gibt es sehr viele Gastronomiebetriebe für jeden Geschmack.

Gasthaus Storchentor
Altenstraße 18
76855 Annweiler
Tel. +49(0)6346-8991
Kein Ruhetag

Anfahrt

Mit dem Auto:
Aus Richtung Pirmasens (A 8) oder Landau (A 65) kommend fahren Sie auf der B 10 bis Annweiler West (Trifels ist angegeben) und dann weiter der Beschilderung zur Burg Trifels folgend. Parkplätze gibt es unterhalb der Burg. Von hier führt ein breiter Waldweg zu Fuß in maximal 10 Minuten zur Burg.

Go green:
In Annweiler hält die Regionalbahn RB 55 aus Pirmasens und Landau, sie verkehrt täglich im Stundentakt. Vom Ort aus führt der im EXTRA beschriebene Wanderweg zur Burg. Der Nahverkehr wird versorgt vom Verkehrsverbund Rhein-Neckar, Auskünfte unter www.vrn.de.

Worms – die nördliche Hauptstadt der Staufer

Worms bildete für Kaiser Friedrich I. Barbarossa und seinen Sohn Heinrich VI. die Hauptstadt nördlich der Alpen. Diese erlebte unter den Staufern ihre höchste Blüte und wurde Mittelpunkt der kaiserlichen Macht. Es war zugleich die Zeit der größten Ausdehnung, der Stadt, die zu den ältesten Deutschlands zählt.

Geschichte

Das Gebiet von Worms war bereits vor 7.000 Jahren besiedelt. Später kamen die Kelten, danach die Römer, Burgunder und Franken. Der älteste überlieferte Name der Stadt (Borbetomagus) ist keltischen Ursprungs. Aus ihm entwickelte sich über Gormetia, Wormatia schließlich der Name Worms. Die Römer nannten die hochwasserfrei am Rheinufer gelegene Stadt nach dem hier wohnenden Stamm Civitas Vangionum. Es entstanden eine Garnison und eine ausgedehnte Zivilsiedlung. In der Zeit der Völkerwanderung war Worms Hauptstadt des kurzlebigen Burgunderreiches. So will es zumindest das um 1200 aufgezeichnete Nibelungenlied. Im vierten Jahrhundert wurde Worms Bischofssitz. Aufgrund der zentralen Lage hatte sich Worms früh zu einem Zentrum in der Region entwickelt. Bis zur Jahrtausendwende waren die Salier als Grafen des Wormsgau Inhaber wichtiger Rechte. Dann hatte eine der führenden Persönlichkeiten der ottonischen Reichskirche den Bischofsstuhl inne: Bischof Burchard (gest. 1025), dem es 1002 gelang, die Macht der salischen Herzöge in Worms zu beschneiden und die Stadtherrschaft zu übernehmen. Damit einhergehend erfolgten ein verstärkter Ausbau der Stadt und ihrer Befestigung sowie die Errichtung von Stiften, Kirchen und Kapellen. Burchard wurde zum Begründer einer Stadtanlage, die über Jahrhunderte Bestand hatte. Das seit dem 11. Jahrhundert entstehende Bürgertum und die bedeutende Wormser Judengemeinde

Relief am Rathaus zur Erinnerung an die Hochzeit Friedrichs II. mit Isabella v. England

waren die Träger städtischen Bewusstseins. Ein wichtiges Datum markiert das Jahr 1074, als König Heinrich IV. den Bürgern sein Freiheitsprivileg verlieh, zugleich ein Zeichen seiner Verbundenheit für die Parteinahme der Stadt zugunsten des weltlichen Herrschers im Investiturstreit, in dem es – ausgehend von der Frage um die Einsetzung der Bischöfe und Äbte in ihre Ämter – zu einer grundsätzlichen Auseinandersetzung zwischen dem Reformpapsttum und den europäischen Königshäusern über das Verhältnis von weltlicher und geistlicher Macht gekommen war. Die mit dem Freiheitsprivileg verbundene Zollfreiheit bedeutete eine enorme wirtschaftliche Förderung. Unter dem Nachfolger Heinrichs IV., seinem Sohn Heinrich V., endete 1122 in Worms „offiziell" der Investiturstreit schließlich mit einem Kompromiss: Das Wormser Konkordat legte u. a. fest, dass der Kaiser in Zukunft auf seine Investitur mit Ring und Stab verzichten solle und die kanonische Wahl und Weihe gestatte. Der Papst räumte ein, dass bei der Wahl der Äbte und Bischöfe in Deutschland der Kaiser anwesend sein und bei Uneinigkeit die Entscheidung treffen dürfe.

Worms gehörte in der Stauferzeit zu den wichtigsten Stützpunkten des Reiches und seiner Kaiser und Könige. Unter ihnen wurde das Stadtgebiet ausgedehnt. Es entstand ein Mauerring mit vielen Türmen und Toren. Der Niedergang der kaiserlichen Macht während des Interregnums führte 1254 zur Gründung des Rheinischen Städtebundes, in dem Worms zusammen mit den beiden anderen Bischofsstädten Speyer und Mainz die Führung übernahm. Die bereits von den Saliern privilegierten Bürger erlangten in stetem Konflikt mit den Bischöfen und der Geistlichkeit im 13. Jahrhundert für Worms den Status als Freie Stadt (bis 1797). Die glanzvollen Wormser Reichstage der Jahre 1495 und

1521 dokumentieren den Stellenwert der Stadt als geistig-politisches Zentrum und erlangen weit über die Stadt hinaus Bedeutung. Auf dem Reichstag 1495 wurde der Grundstein zu einer umfassenden Reichsreform gelegt, auf dem Reichstag von 1521 verteidigte Martin Luther seine Thesen, woraufhin die Reichsacht über ihn verhängt wurde.

Im 17. Jahrhundert folgte auf die wirtschaftlich gesicherte Epoche, die bis etwa 1600 anhielt, ein langsamer Niedergang. Im Jahre 1689 erfuhr die seit der Reformation überwiegend lutherisch gewordene Stadt eine fast völlige Zerstörung durch die Franzosen. Von 50 Kirchen widerstanden lediglich zwei Klöster in Vororten der Vernichtung. Von diesem Schlag erholte sich Worms nahezu zwei Jahrhunderte nicht mehr und blieb bis zum Ende des Alten Reichs eine kleine, nach wie vor stark durch die Geistlichkeit geprägte Stadt. Einen tiefen Einschnitt brachte die französische Herrschaft (1797–1814) mit sich. Das Ende von Bistum und Reichsfreiheit und die damit einhergehende Aufhebung fast aller geistlichen Institutionen führten zum Verlust der alten Lebensgrundlagen und zu nachhaltigen Veränderungen des Stadtgefüges.

Voraussetzung für einen erneuten, wenn auch langsamen Aufschwung in der von 1816 bis 1945 zum Großherzogtum Hessen gehörenden Stadt war die rasch voranschreitende Entwicklung wichtiger Industriebetriebe (v. a. der Lederindustrie) während der zweiten Hälfte des 19. Jahrhunderts. Das Ende des Aus- und Aufbauwerkes der Jahre um 1900 wurde durch die erneute Zerstörung der Stadt im Zweiten Weltkrieg markiert. Zwar blieb der Dom glücklicherweise weitgehend erhalten, doch die Altstadt versank in Schutt und Asche. Trotz vieler Schwierigkeiten kam es zu einem raschen Wiederaufbau der Stadt und zur

Blick zum Dom

Schaffung neuer Lebensgrundlagen. Bis heute haben sich viele bedeutende Überreste mittelalterlicher Bausubstanz in Worms erhalten.

Worms und die Staufer

Worms erlebte zur Stauferzeit eine Blüte. Die Herrscher, allen voran Kaiser Friedrich I. Barbarossa, hielten sich hier so oft wie in keinem anderen Ort nördlich der Alpen auf. Unter Friedrich I. bis hin zu Friedrich II. wurden die wirtschaftliche Entwicklung der Stadt entscheidend gefördert und die Bürgerschaft gegenüber der bischöflichen Herrschaft gestärkt. Die Staufer bestätigten die durch die Salier verliehenen Privilegien, was sich nachhaltig auf die Stadt auswirken sollte. Von großer Bedeutung für die Stadt war das im Jahr 1184 durch Kaiser Friedrich I. Barbarossa verliehene Freiheitsprivileg. Die Wichtigkeit der Urkunde zeigt sich auch darin, dass sie in Erz gegossen über dem Nordportal des Doms einen Platz fand. Der eherne Freiheitsbrief Barbarossas wurde 1689 durch die Franzosen zerstört. Seit 1981 ist er erneut über dem Bogenfeld des Portals angebracht. Der Text lautet: „Von nun an blühe dein Ruhm – Dir werde der Lohn deiner Ehre – Weil Du o Worms klug und treu dich bewährst – Dich hat das Kreuz mir geweiht – dich hat das Schwert mir geschenkt – Petrus dein guter Patron gewähre dir sicheren Schutz." Das Stadtgebiet wurde erheblich vergrößert. Zum seinem Schutz entstand ein langer Mauerring mit vielen Toren. Mehrere hundert Bürgerhöfe, nahezu 30 Adelspaläste, zwölf Klöster, sechs geistliche Stifte und rund 50 Kirchen sowie eine große Anzahl von Bürgerhäusern kündeten im 12. und 13. Jahrhundert von der Macht, Größe und dem Reichtum der Stadt.

Viele der in Worms ansässigen Geistlichen waren im Dienst der Staufer tätig, sie unternahmen diplomatische Reisen, waren Heerführer und stützten die Herrschaft. Kaiser Friedrich II. heiratete hier die Königstochter Isabella von Anjou-Plantagenet, die Nichte von Richard Löwenherz. Mit einem großen, exotischen Einzug kam Friedrich II. in der Stadt an. In einer Chronik berichtet Gottfried von Viterbo, dass Friedrich II. „mit großer Pracht und Herrlichkeit einherfuhr, mit vielen Wagen, beladen mit Gold und Silber [...], mit vielen Tieren, nämlich mit Kamelen und Dromedaren, [...] schließlich Affen und Leoparden, geführt von Äthiopiern, die sein Geld und seine Schätze bewachten". An dieses prunkvolle Ereignis von 1235 erinnert heute ein Relief am Rathaus. Hoftag und Kirchenfeste wurden in Worms feierlich begangen. Doch auch tragische Ereignisse nahmen hier ihren Verlauf. So wurde etwa König Heinrich (VII.) von seinem Vater, dem Kaiser Friedrich II., nach seiner Verhaftung (vgl. Wimpfen) in Worms zu lebenslanger Kerkerhaft verurteilt. Angeblich trat er diese im Turm Luginsland an, der an der südwestlichen Ecke der Stadtbefestigung stand.

Rundgang

Ausgangspunkt für einen Rundgang ist der **Dom St. Peter**, der jüngste und kleinste der Kaiserdome, der die Silhouette der Stadt Worms von der Ferne noch immer bestimmt. Der Bau in seiner heutigen Gestalt ist ein Neubau der frühen Stauferzeit aus der zweiten Hälfte des 12. Jahrhunderts. Begonnen wurde er unter Bischof Burchard II. um 1130. Im Jahr 1181 fand die feierliche Weihe des Neubaus durch den Trierer Erzbischof in Gegenwart des Kaisers statt. Doch um den Bau ausführen zu können, musste zunächst der ottonische Vorgängerbau, der weder baufällig noch beschädigt war, abgerissen werden. Die Gründe für die Neuerrichtung lagen vielmehr in einer gewandelten Baugesinnung am Anfang der staufischen Herrschaft, die sich nun auch in Worms ein Denkmal in neuen Formen errichten wollte. Die von vier Rundtürmen flankierte Doppelturmanlage zeichnet sich durch überaus reiche bauliche und ornamentale Details aus. Das Gebäude entstand in drei Abschnitten: Zunächst errichtete man zwischen 1130 und 1144 die Ostteile, Chor, Querhaus, Vierungsturm sowie den Ansatz des Langhauses und die flankierenden Rundtürme bis zum vorletzten Stock. In der zweiten Bauphase entstand zwischen 1160 und 1170 von Ost nach West das Langhaus. Der Westchor mit dem

EXTRA aktiv

Der Barbarossa-Radweg

Von Worms aus können Sie einmal quer durch die Pfalz radeln. Der Barbarossa-Radweg führt über 90 km von der Kaiserstadt durch die Rheinebene und den anschließenden Naturpark Pfälzer Wald zur Barbarossastadt Kaiserslautern und von dort aus östlich in den Westrich mit seinen Niederungen. Namensgeber ist Kaiser Friedrich I. Barbarossa, der die Geschichte der Pfalz im 12. Jahrhundert maßgeblich prägte. Entlang der Route gibt es viele Sehenswürdigkeiten, nicht nur aus der Stauferzeit. Das Routenlogo zeigt den Kaiser Barbarossa. Als Vorlage diente das Relief über dem Nordportal des Wormser Doms. Weitere Informationen wie das Höhenprofil oder GPS-Tracks unter www.pfalz-radtouren.de.

Das romanische Portal von St. Paulus mit einer Nachbildung (2007) der Bernwardstür von Hildesheim

westlichen Kuppelturm und die Vollendung aller Obergeschosse folgten in Abschnitt drei zwischen 1171 und 1181. Im 12. Jahrhundert entwickelte sich im Zuge der Dombauarbeiten ein eigener Baustil, der als „Wormser Bauschule" bezeichnet wird.

Die doppelchörige Basilika, die nach Maßgabe der Fundamente des spätottonischen Doms errichtet wurde, besitzt ein östliches Querschiff. Zwei achteckige Türme ragen über dem Chor und der Vierung im Osten empor. Vier schlanke Rundtürme flankieren paarweise die beiden Choranlagen. Der Dom stand im Mittelalter nicht wie heute frei. Im staufischen Dombezirk schloss nördlich der Westtürme die Kaiserpfalz an, die der Bischof als Wohnung und Amtssitz zu

Lehen hatte. Nach 1689 folgte der barocke Bischofshof als Wohnsitz. Am letzten westlichen Seitenschiffjoch befindet sich eine auffallend schmale Rundbogentür. Hier schlossen folgende Bauten an: Die „aula minor", d. h. in diesem Fall der Frauen- oder Königinnenbau, von dessen Obergeschoss eine Betkammer die Teilnahme der Frauen an der Messe ermöglichte. Darauf folgte ein Torbau, das „hovedor", schließlich kam die „aula maior", der Königs- und Kaiserbau, ein Saalbau, der als Schauplatz der Reichsversammlungen und Reichstage diente, und nach Osten hin erstreckte sich die 1055 geweihte Palastkapelle St. Stephan. Im Garten des Heylshofs, einer Grünanlage hinter dem Dom, sind die Standorte der einzelnen Bauten durch Tafeln gekennzeichnet.

Zudem wurden die Grundmauern der beiden Westtürme von St. Stephan freigelegt. Der staufische Kreuzgang des Doms war an den südwestlichsten Teil des Langhauses angelegt. Direkt daneben lag die Johanniskirche, ein kleiner, 1058 geweihter, zwischen 1170 und 1190 erneuerter zehneckiger Zentralbau, der Anfang des 19. Jahrhunderts unter französischer Besatzung zerstört wurde.

Der Dom besticht bis heute durch Einheitlichkeit und Geschlossenheit und

EXTRA Wissen

Die Nibelungensage – „Ze Wormze bî dem Rîne"

Einer der wichtigsten Schauplätze des mittelalterlichen Heldenepos ist die Stadt Worms. Die Nibelungensage, zur Zeit der Staufer um 1200 entstanden, erzählt vom Untergang der Burgunder, die in Worms siedelten und 436 von den Hunnen vernichtet wurden. Der Held Siegfried reist von seiner niederrheinischen Heimat Xanten an den Hof der Burgunderkönige nach Worms, um die schöne Kriemhild, Schwester des Königs, zu freien. Auf der Fahrt besiegt er einen Drachen und wird durch das Bad in dessen Blut unverwundbar, bis auf eine Stelle, die durch ein Lindenblatt bedeckt wurde. Ferner schlägt er eine große Zwergenarmee und gelangt in den Besitz eines riesigen Schatzes, den Hort des Königs Nibelung. In Worms verhilft er König Gunter zunächst zu einer Braut. Diese, Brunhild, wird durch eine List gefügig gemacht. Erst dann darf Siegfried seine Kriemhild heiraten. Schon bald zerstreiten sich die beiden jungen Ehefrauen und Kriemhild gesteht Brunhild die List, mit der sie besiegt und zur Braut gemacht wurde. Wütend darüber lässt Brunhild Siegfried durch den Vasallen Hagen von Tronje ermorden. Der Mörder hatte leichtes Spiel, da Kriemhild bereits verraten hatte, wo Siegfrieds verwundbare Stelle lag. Danach raubte Hagen den Nibelungenschatz und versenkte

Hagen versenkt den Nibelungenschatz im Rhein. Denkmal von 1906

ihn im Rhein. Die einsam gewordene Kriemhild heiratete schließlich den Hunnenkönig Etzel und lud die Burgunder zu einem Fest bei Hofe ein. In dessen Verlauf ermordete Kriemhild Hagen sowie ihre Brüder. Sie selbst fiel einem Hunnen zum Opfer. Das Geheimnis des Nibelungenschatzes ging so verloren, bis heute ist die Stelle im Rhein, wo ihn Hagen hinein warf, unbekannt. Ob dieser in Worms am Grunde des Flusses ruht, so wie es das Nibelungendenkmal am Wormser Rheinufer darstellt? In Worms erinnert ferner das 2001 eröffnete Nibelungenmuseum an die Sage, und in jährlich stattfindenden Sommerfestspielen wird der Sagenstoff neu belebt.

Jüdischer Friedhof „Heiliger Sand"

ist ein architektonischer Höhepunkt des spätromanischen Baustils. Wie bei kaum einem anderen Bauwerk haben seine Bauformen die Architektur der Region beeinflusst. Beim Wormser Dom erreicht die Steinmetzkunst der Quaderbearbeitung einen ersten Höhepunkt. Die aus präzisen Werkstücken erstellten Lisenen, Bogenfriese und Blenden prägen die Erscheinung des Außenbaus. Die neuartigen Kantenprofilierungen mit Wulst und Kehle verleihen den Gliederungen plastische Kraft. Von besonderer Bedeutung ist die Vielfalt der baulichen Details und Schmuckformen, darunter einzigartige Tierdarstellungen und die „Baumeistersäule" am Ostchor, die einen Mann mit Meißel zeigt. Reiche Schmuckformen finden sich zudem in den Portalen im Süden und Norden (zwischen 1160 u. 1170): das stauferzeitliche Bogenfeld des Südportals, das jetzt im Kircheninnern zu sehen ist, zeigt den segnenden und richtenden Christus. Außer den Schmuck- und Bauformen des Gründungsbaus haben sich bemerkenswerte Werke spä-

terer Jahrhunderte erhalten, etwa die spätgotischen Steinreliefs im nördlichen Seitenschiff mit Szenen des christlichen Heilsgeschehens sowie die barocke Ausstattung im Innern, darunter vor allem der Hochaltar (1738-40) von Balthasar Neumann im Ostchor, das barocke Chorgestühl (um 1755) mit den Wappen der damaligen Kanoniker und mehrere Grabdenkmäler der Gotik bis zum Barock.

Die älteste Kirche von Worms ist die nahe gelegene **Pfarrkirche St. Magnus** (Dechaneigasse 3, am Weckerlinplatz), ein ursprünglich karolingischer Saalbau des 8./9. Jahrhunderts, der später erweitert wurde. Ab 1521 war die Kirche das erste protestantische Gotteshaus der Stadt und Ausgangspunkt der Reformation in Worms. Von hier geht es über den Weckerlinplatz zum ehemaligen **Andreasstift** mit den beiden spätottonischen Osttürmen, jetzt Museum der Stadt Worms. Das an der südlichen Stadtmauer liegende Ensemble aus Kirche (1180– 1200 neu erbaut, 1761 restauriert), Stiftsgebäude und Kreuzgang ist eine Gründung Bischof Burchards. Das Museum präsentiert die Geschichte de Stadt von der vorgeschichtlichen Zeit an. Eine Abteilung widmet sich der sakralen Kunst des Mittelalters und informiert über die Münzprägung der Freien Stadt Worms. Durch das Stadttor dem Willy-Brandt-Ring folgend erreicht man den **Heiligen Sand**, den ältesten erhaltenen Judenfriedhof Deutschlands, der einer Legende zufolge mit Sand aus dem heiligen Land aufgeschüttet wurde. Dem Besucher bietet sich ein von Bäumen gesäumter, hügeliger Rasen, auf dem die Grabsteine stehen, ein Platz von stiller Würde. Über 2.000 Grabsteine haben sich erhalten, der älteste ist der des Jakob von 1076/77. Einige Gräber jüdischer Gelehrter und Rabbiner sind bis heute Pilgerziel. Über den Lutherring geht es zum Heylshof, der Grünanlage hinter dem Dom, in der das 1920 gegründete **Kunsthaus Heylshof** mit seiner hervorragenden Sammlung europäischer Malerei, Graphik und Kleinplastik wartet. Von dessen Eingang aus erblickt man bereits das **Reformationsdenkmal** (1856–1868), das Luther wie einen Helden auf einer Bühne zeigt, umgeben von seinen Mitstreitern. Das Denkmal erinnert an die Worte des Reformators, mit der er 1521 eine Rede vor Kaiser Karl V. auf dem Reichstag in Worms beendete und mit der die Spaltung der Kirche einsetzte: „Hier stehe ich und kann nicht anders. Gott helfe mir. Amen."

Vom Lutherplatz geht es durch die Hafergasse oder Hardtgasse zum Obermarkt, von dem aus mehrere Ziele angesteuert werden können. Hier dreht sich auf historischem Boden, wo einst Lehen verteilt wurden und ritterliche Kampfspiele stattfanden, ein doppelseitiges, mit Figuren geschmücktes Bronzerad, das Schicksalsrad. Es spiegelt auf seinen Seiten die Höhen und Tiefen der zweitausendjährigen Stadtgeschichte. Vom Obermarkt führt die Straße am Römi-

schen Kaiser zur ehemaligen **Stiftskirche St. Paulus** (Paulusplatz 5), die unter Bischof Burchard 1002 anstelle der salischen Kaiserburg errichtet wurde. Vom Gründungsbau stammen die Rundtürme, das Westwerk bis zur östlichen Choranlage ist aus dem frühen 13. Jahrhundert und nach teilweisen Zerstörungen wieder originalgetreu aufgebaut. Die prägnantesten Merkmale sind die steinernen Kuppelhelme (Ende 12. Jahrhundert), die der Kreuzzugsbewegung zu verdanken sind. Heimkehrende Kreuzfahrer wollten die Architektur der Grabeskirche in Jerusalem, der heiligsten Kirche des Christentums, nachempfinden. Möglicherweise hatte der Baumeister Bischof Konrad II., der 1171 nach Konstantinopel reiste, begleitet. Im Kircheninnern finden sich weitere Hinweise auf Kreuzfahrer: So sieht man erhabene Muscheln mit Kreuz, ein Pilgersymbol, und ein Jerusalemkreuz im Chor sowie ein Schiff mit einem Kreuz am Mastbau, das in die Chorwand geritzt wurde. 1929 wurde das Gotteshaus, jetzt ein Dominikanerkloster, neu geweiht. Über eine kleine Parkanlage leiten Schilder zum **Nibelungenmuseum** an der staufischen **Stadtmauer,** die im Zuge der Stadterweiterung zwischen 1225–1235 auf einer Länge von 1.400 m mit elf Türmen errichtet wurde. Zwischen Bürgerturm und Torturm zeigt sich der Aufbau der mächtigen Stadtbefestigung besonders schön. Die quadratischen Türme am Fischerpförtchen waren aus soliden Bruchsteinen mit gebuckelten Quaderkanten gemauert. Während sich zur Stadt zwei spitzbogige Fenster öffneten, befanden sich in den anderen stadtabgewandten Seiten nur kleine Schießscharten. Heute gehören die Türme zum Nibelungenmuseum. In ihm wird das Nibelungenlied mit Worms als einem der wichtigsten Schauplätze multimedial lebendig. Vom der Wormser Profanarchitektur der Stauferzeit kündet die Giebel-

Die Kirche St. Paulus

wand des Hauses **„Zur Trommel"** (1. Hälfte 13. Jahrhundert, Römerstr. 44), die bei Enttrümmerungsarbeiten nach 1945 zum Vorschein kam. Von hier geht es weiter zum Marktplatz, an dem sich die **Dreifaltigkeitskirche** erhebt. Hier standen bis zur Zerstörung 1689 das Rathaus sowie die alte Münze. Die lutherische Kirche, die 1709 hier errichtet wurde, sollte dort stehen, wo Luther einst „bekannt sein Wort". Tatsächlich trat Luther aber im Bischofshof (heute der Schlossplatz an der Nordseite des Doms) vor Kaiser Karl V.

Vom Obermarkt aus ist rasch die **Kirche St. Martin** (Ludwigsplatz) erreicht, eine dreischiffige romanische Pfeilerbasilika. Der noch im 11. Jahrhundert entstandene Bau dürfte das älteste Martinspatrozinium in Deutschland besitzen, das auf einen viel früheren Kapellenbau an dieser Stelle zurück geht. Inschriftlich

genannt wird als Stifter ein „Heinricus de Oppinheim", wohl der Vogt, der auch der Bauhütte vorstand. Er erscheint 1231 ebenfalls in einer Urkunde König Heinrichs (VII.) als Zeuge. Der heutige Kirchenbau vereint Bauteile verschiedener Jahrhunderte: Vom Gründungsbau haben sich die Umfassungsmauern des Langhauses bewahrt, um 1200 kam ein neuer Chor hinzu, vor 1241 erfolgte ein Umbau von Langhaus und Westbau mit zum Teil frühgotischen Einzelformen. Besonders prachtvoll ist das Westportal mit gestuftem Gewände, ein eindrucksvolles Beispiel spätromanischer Ornamentik. Im Innern gibt es eine schöne sitzende Marienfigur des 13. Jahrhunderts aus Sandstein. Der überwiegende Teil der Ausstattung stammt aus dem 18. Jahrhundert.

Zwischen Martinstor und Judenpforte liegen an der Judengasse die

Überreste des alten **Judenviertels** mit romanischer Synagoge, Mikwe und dem Jüdischen Museum im Raschi-Haus. Die ehemals bedeutende jüdische Gemeinde hatte einen großen Anteil an der wirtschaftlichen Stadtentwicklung im Mittelalter. Kaiser und Könige begünstigten den Handel „der Juden und anderer Wormsern" durch mehrere Privilegien, etwa durch Zollfreiheiten, und stellten die jüdische Gemeinde, Fragen zu ihren Rechts- und Gerichtsangelegenheiten, ihrem Wohnsitz oder den Handel und Geldangelegenheiten, direkt unter ihren persönlichen Schutz. In einer Urkunde der Stauferzeit erneuerte Kaiser Friedrich I. Barbarossa 1157 die Privilegien des 11. Jahrhunderts, die dann unter Friedrich II. in einer weiteren Urkunde auf alle Juden im Deutschen Reich ausgedehnt wurde. Vom Gründungsbau der ersten **Synagoge** haben sich aufgrund der Zerstörungen im Vorfeld der ersten beiden Kreuzzüge kaum Teile erhalten. Nach der Fertigstellung des Langhauses des Doms errichteten christliche Bauleute ab ca. 1170 einen Neubau, der mehrfach zerstört und wiederaufgebaut wurde. Heute präsentiert sich die Männersynagoge als zweischiffiger Saal, an den die Frauensynagoge angebaut wurde. Beide weisen Reste or-

namentaler Steinmetzarbeiten auf. Südlich der Synagoge liegt die Mikwe, das **Ritualbad**, das 1185/86 gestiftet wurde. Über eine Treppe geht es zu einem Vorraum mit Kleiderablage und von hier zum Badeschacht. Das **Raschi-Haus**, das anstelle eines mittelalterlichen jüdischen Lehrhauses nach dem Zweiten Weltkrieg entstand, zeigt eine große Sammlung von Judaica und dokumentiert die Geschichte der Juden in Worms.

Am Rhein ragt an der Nibelungenbrücke der wuchtige **Brückenturm** aus Sandstein empor (1897/1900, nach 1945 neu erbaut), der nach dem Vorbild des Mainzer Stadttors und staufischer Stilformen, die sich an der Architektur des Doms orientieren, entstand. Zu einem schönen Ausflugsziel zählt die **Rheinpromenade** mit alten Bäumen und vielen Lokalen. Hier erinnert das Hagen-Standbild von 1906 an den Helden der Nibelungensage, der den Schatz des Königs Nibelung den Fluten des Rheins übergab.

Außerhalb der Innenstadt steht die von Weinbergen umgebene spätgotische **Liebfrauenkirche** (15. Jahrhundert, Liebfrauenring/Liebfrauenstift, nahe der B 9). Der hier angebaute „Tropfen" heißt Liebfrauenmilch und gilt eher als Marke für lieblichen deutschen Weißwein.

Adressen und Auskunft
Touristik Information Worms
Neumarkt 14
67547 Worms
Tel. +49(0)6241-25 045
www.worms.de
touristinfo@worms.de

Museen und Sehenswertes
Kaiserdom
Lutherring 9
67547 Worms
Tel.: +49(0)6241-6115
www.wormser-dom.de
Pfarramt@Wormser-Dom.de
Öffnungszeiten:
Wintersaison Ende Okt – Ende März
täglich 10:00–17:00 Uhr,

Sommersaison Ende März – Ende Okt täglich 9:00–18:00 Uhr Domführung: Mai – Okt täglich 14:00 Uhr außer Sonn- und Feiertags.

Museum der Stadt Worms
Im Andreasstift
Weckerlinplatz 7
67547 Worms
Tel. +49(0)6241-946390
www.museum.worms.de
Öffnungszeiten: täglich außer Montag 10:00–17:00 Uhr. Im Sommer gibt es das Theater im Museumshof. Infos unter: kirsten.zeiser@theater-im-museumshof.de

Nibelungenmuseum
Kultur- und Veranstaltungs-GmbH
Fischerpförtchen 10
67547 Worms
Tel. + 49(0)6241-202120
nibelungenmuseum@kvg-worms.de
www.worms.de
Öffnungszeiten: Di – Fr 10:00–17:00 Uhr, Sa, So 10:00–18:00 Uhr, Mo geschlossen.

Kunsthaus Heylshof
Stiftung Kunsthaus Heylshof
Stephansgasse 9
67547 Worms
Tel. +49(0)6241-22000
museum@heylshof.de
www.museum-heylshof.de
Öffnungszeiten: 15. Feb – 30. April, So 11:00–17:00 Uhr, Di–Sa 14:00–17:00 Uhr, 1. Mai – 30 Sep, täglich 11:00–17:00 Uhr, 1. Okt – 31 Dez, So 11:00–17:00 Uhr, Di – Sa 14:00–17:00 Uhr, 1. Jan. – 14. Febr. geschlossen, ferner Mo geschlossen, sowie 24.12.

Jüdisches Museum
im Raschi-Haus Worms

Hintere Judengasse 6
67547 Worms
Tel. +49(0)6241-8534701/-4707
stadtarchiv@worms.de
www.worms.de
Öffnungszeiten: April – Okt, Di – So 10:00–12:30, 13:30–17:00 Uhr, Nov – März, Di – So, 10:00–12:30, 13:30–16:30 Uhr, Mo geschlossen.

Synagoge und Mikwe
Synagogenplatz
67547 Worms
Tel. +49(0)6241-8534700

Essen und Trinken
An der Rheinpromenade und in der Stadt gibt es viele Lokale und Gaststätten.

Anfahrt
Mit dem Auto:
Worms ist über die Autobahnen A 61 (Köln – Ludwigshafen; Abfahrten Worms-Nord und Worms-Zentrum), A 6 (Saarbrücken – Mannheim; Abfahrt Ludwigshafen-Nord) und A 67 (Darmstadt – Mannheim; Abfahrt Lorsch) sowie über die Bundesstraßen B 9 (Mainz – Ludwigshafen) und B 47 (Michelstadt – Worms) gut zu erreichen.

Go Green:
Worms liegt an der Bahnstrecke Mainz-Ludwigshafen-Mannheim. Die nächsten Fernverkehrshalte mit zahlreichen Anschlüssen sind Frankfurt am Main im Norden und Mannheim im Süden. Es bestehen Verbindungen nach Frankfurt am Main über Biblis, nach Mainz, nach Alzey und Bingen, nach Bensheim, nach Ludwigshafen und Mannheim. Der Nahverkehr wird versorgt vom Verkehrsverbund Rhein-Neckar, Auskünfte unter www.vrn.de

Die Burg Fleckenstein – ein kleiner Ausflug über die Grenze

Mit dem Besuch der Burg Fleckenstein, eine der sehenswertesten Burgen der Stauferzeit, begeben wir uns aus der Pfalz ins Elsass. Der Landeswechsel liegt darin begründet, dass die heutige Grenze zwischen Deutschland und Frankreich eine natürliche geographische und geschichtliche Einheit durchtrennt. In diesem Gebiet entstanden im 12. Jahrhundert viele Reichsburgen. Ihre Ruinen haben zum Teil imposante Ausmaße und ragen hoch in den Himmel empor, den Verteidigungswillen ihrer einstigen Bewohner verkörpernd.

Geschichte

Auf einer Höhe von 338 m, also fast 150 m über dem Tal der Sauer, erhebt sich die mächtige Burgruine Fleckenstein auf einem 90 m langen und 30 m hohen Sandsteinfelsen. Aufgrund ihrer Lage galt die Festung als uneinnehmbar. Mit ihren imposanten Ausmaßen zählt sie zu den größten Burganlagen der Stauferzeit in der Region. Sie diente zur Überwachung

der Straße, die von der Pfalz über den Litschhof-Pass nach Hagenau führte.

Die Burg Fleckenstein war der Stammsitz der Herren von Fleckenstein, die erstmals mit Gottfried von Fleckenstein bezeugt sind. Dieser Reichsministeriale, ein unfreier Ritter im Dienst des Herrschers, befand sich im Gefolge Kaiser Friedrichs I., als sich dieser 1174 in Hagenau aufhielt. Die Familie war eng mit den Staufern verbunden, einige von ihnen dienten den Staufern als Schultheiße von Hagenau, andere als Heerführer in Italien. Gegen Ende der Stauferzeit hatte die Loslösung von ihren Herren bereits eingesetzt. Bis ins 15. Jahrhundert hinein blieben die Fleckensteiner eine einflussreiche Adelsfamilie, deren verschiedene Linien teilweise auf der Burg lebten. Im ausgehenden Mittelalter herrschten sie über nahezu 30 Dörfer. Von 1408 bis 1504 waren die elsässi-

Äußere Felsentreppe zur Kernburg, rechts die Felswand, links der Brunnenturm

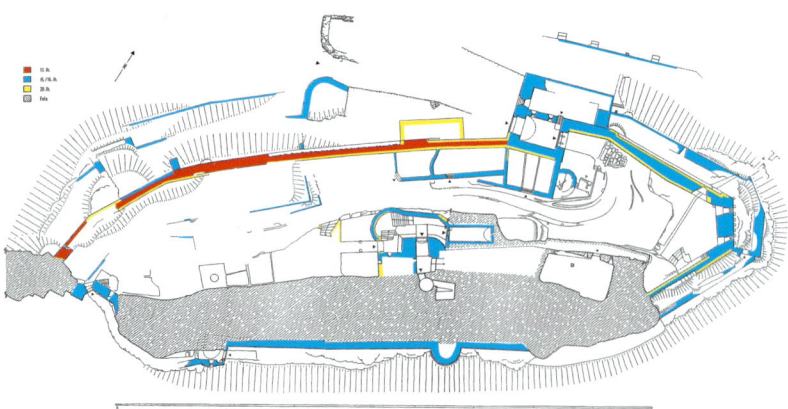

Plan der Burg

Luftaufnahme von Nordosten

schen Reichsgüter an die Kurpfalz verpfändet, in deren Dienst die Fleckensteiner standen. In der 1. Hälfte des 15.
Jahrhunderts kam es zu Bauarbeiten am
Burgareal, weitere wurden zusammen
mit Instandsetzungsarbeiten um die
Mitte des 16. Jahrhunderts durchgeführt.
Bis 1637 lebten zwei Linien der Fleckensteiner zusammen auf der Burg. Den un-
ruhigen Zeiten des 17. Jahrhunderts war
die Anlage zunächst entkommen, bis
schließlich 1680 französische Truppen –
nach dem Westfälischen Frieden kam
das Elsass nach und nach an Frankreich –
die Bauten sprengten. Nach dem Tod
des letzten Fleckenstein fiel die Anlage
1720 an die Familie Rohan, danach an
den französischen Staat und 1812 kaufte
der französische General Harty das Areal.
1998 erwarb die Gemeinde Lembach mit
Unterstützung des Départements Bas-
Rhin die Burg, restaurierte und befestigte baufällige Teile und etablierte ein
touristisches Informationszentrum.

Rundgang

Auf einem freistehenden Felsen entstand
ab dem 12. Jahrhundert die Kernburg,
bestehend aus einem quadratischen
Bergfried und kleinen Gebäuden. Davon
blieben lediglich Grundmauern erhalten.
Die Ringmauer des 13. Jahrhunderts ist
in der westlichen Vorburg teilweise sichtbar. Die meisten Bauteile und die Räume
stammen dagegen aus dem 15./16. Jahrhundert. Die Hauptburg erstreckte sich
auf mehreren Ebenen, einzelne Teile
waren mit Treppen und Gängen miteinander verbunden. Vor dem Burgfelsen
lag eine Vorburg und vor dieser wiederum ein langer Torzwinger, der bis auf
wenige Mauerreste und die Fundamente
einer Toranlage verschwunden ist. Gut
erhalten ist das Tor zur Vorburg, von dem
aus ein leicht aufsteigender Weg hoch
zur Kernburg führt. Auf dem Weg dorthin
schmiegen sich an den Bering die Grundmauern von Ställen und Gesindehäusern
an. Auf dem Boden sieht man die in den
Felsen gekerbten Spuren des Fahrwegs.
Die links im Felsen befindliche, vergit-
terte Pforte war möglicherweise ein früher Zugang zur Kernburg. Auf der gleichen Seite folgt ein in den Fels gehaue-
nes Wasserbecken, eine Zisterne, die als
Pferdeschwemme diente. Nach kurzer
Strecke ist der westliche Teil der Vorburg
erreicht. Früher musste hier erneut ein

EXTRA aktiv

Rundwanderung zu den staufischen Reichsburgen im Grenzgebiet

Vom Parkplatz der Burgruine Fleckenstein aus erreicht man in einer schönen, ungefähr zweistündigen Wandertour die umliegenden Ruinen Hohenburg, Löwenstein und Wegelnburg. Der reizvolle Weg führt durch das deutsch-französische Grenzgebiet, in dem die zahlreichen Burgruinen die einstige Bedeutung der Region belegen, durch die Verbindungswege vom Rhein zur Mosel führten. Von der Burg Fleckenstein geht es über den Wanderweg GR 53 (rotes Dreieck) zum Col de Hohenbourg (473 m). An der Weggabelung geht man rechts der Richtung Krappenfels/Löwenstein nach. An einer weiteren Weggabelung dem rot-weiß-roten Rechteck zur Burg **Löwenstein** (F) folgen. Die spärlichen Reste der Anlage erheben sich auf zwei eng nebeneinanderliegenden Felsen, östlich die Hauptburg, westlich die Vorburg. Es sind nur wenige Mauerreste erhalten. Bekanntheit erlangte die Burgruine als Unterschlupf des berüchtigten Raubritters Lindenschmitt, der von hier aus im 14. Jahrhundert sein Unwesen trieb. Die im Volksmund nach ihm auch Lindenschmitt genannte Ritterburg wurde 1386 durch Reichsvikar Johann von Lichtenberg zerstört.

Der markierte Weg führt weiter zur nahegelegenen Ruine Hohenburg. Früher diente die **Hohenburg** (F), die im 12. Jahrhundert erbaut wurde, dem Schutz der kaiserlichen Interessen zwischen der Reichsfeste Trifels und der Kaiserpfalz in Hagenau. Auf dieser Burg saßen die Puller von Hohenburg, deren berühmtester Sohn der Minnesänger Konrad Puller gewesen ist, der in die Manessische Liederhandschrift Eingang gefunden hat.

Durch seine Mutter, die letzte Erbin aus dem Geschlecht der Puller von Hohenheim, erbte Franz von Sickingen die Hohenburg. Der in viele Fehden verwickelte Reichsritter und kaiserliche Feldhauptmann baute die Anlage um 1500 mit starken Mauern entsprechend dem zeitgemäßen Verteidigungsbedürfnis gegen Kanonenkugeln aus und ließ einen mehrstöckigen Geschützturm errichten. In den 20er Jahren des 16. Jahrhunderts wurde die Burg zerstört, nachdem sich Franz von Sickingen gegen die immer mächtiger werdenden Kurfürsten aufgelehnt hatte. Seine gesamten Burgen wurden geschleift. In der Ruine sind noch Reste des mächtigen Geschützturms, Toranlagen aus der Renaissancezeit, das Ritterhaus, die Kapelle und die in den Felsen geschlagene Zisterne erkennbar. Der Brunnen der Anlage erreicht eine enorme Tiefe von rund 130 m. Ursprünglich war die Festung auf einem Felskern erbaut worden, wie die umlaufende staufische Ringmauer verrät, die noch Teile der Buckelquaderverkleidung aufweist. Der Ausblick vom höchsten Punkt der Burg ist vorzüglich. Von der Hohenburg geht es am sagenumwobenen Maidebrunnen vorbei zum nächsten Ziel, der Wegelnburg (D). Vom Brunnen führt ein rotes Rechteck auf einem breiten Weg leicht abwärts nach rechts über die Grenze, an einem Pavillon vorbei, geradeaus den Berg hinauf. Auf deutscher Seite wechselt die Markierung: rot-gelber Streifen und weißes Quadrat. Die Gründung der mit 572 m in der Region am höchsten gelegenen **Wegelnburg** fällt ebenfalls in die Zeit der Staufer. Vermutlich entstand sie im späten 12. bzw. frühen 13. Jahrhundert und befand sich im Besitz von staufischen Dienstleuten.

Schon 1272 wurde die Anlage belagert und zerstört. Der kaiserliche Burgvogt, so eine zeitgenössische Urkunde, hatte den Landfrieden gebrochen. Daraufhin eroberten und verwüsteten Bürger aus Straßburg und der Landvogt des Elsass die Festung. Nach dem raschen Wiederaufbau nutzte man sie als Wohnburg, dann gelangte sie in den Besitz der Pfalzgrafen bei Rhein, den Erben der Staufer im pfälzischen Raum. Ab 1410 gehörte sie bis zur Französischen Revolution zum neugegründeten Herzogtum Pfalz-Zweibrücken. 1679/80 kam der Untergang. Französische Truppen belagerten und schleiften die Anlage.

Die auf einem Felsen erbaute Burg bestand aus einer nach 1272 entstanden Vorburg, einer ursprünglich ca. 90 m langen Hauptanlage und einer kleinen Oberburg. Balkenlöcher zeigen, dass auf den Felsen Gebäude aufgesetzt waren, daneben gab es aus dem Stein gehauene Kammern. Die Aussicht von der Ruine bietet einen wunderschönen Rundblick über die Landschaft des Wasgau, d. h. der Region des nördlichen Elsass und südlichen Pfälzerwalds. Auf dem gleichen Weg zum Maidebrunnen zurückkehren und direkt über den GR 53 (rotes Rechteck) zur Fleckenstein zurück wandern.

Tor passiert werden. Im späten Mittelalter war die gesamte Vorburg bebaut. Auf der westlichsten Spitze wurde in einen isoliert stehenden Felsen eine Wendeltreppe gemeißelt und ein Wachhaus oben aufgesetzt. Vom schmalen Felsgrat hat man einen guten Ausblick in die Nordvogesen.

Dicht am Burgfelsen entlang in Richtung Osten führt eine Brücke über einen künstlichen Wassergraben und durch

Ideal einer Felsenburg, angeregt durch die Burg Fleckenstein (Daniel Specklin 1589)

eine Toranlage in die Kernburg, die auf und um den Felsen gebaut und mit Kammern im Felsen vervollständigt wurde. Vor dem Haupttor der Kernburg steht der Nachbau eines hölzernen Tretrads von 3,10 m Durchmesser, das nicht nur zum Wasserschöpfen, sondern auch als Lastenaufzug Verwendung fand. Mit ihm konnten Waren zur oberen Plattform der Burg zu befördert werden. Ein solches Rad wäre im Brunnenturm denkbar, der sich – nachdem der Eingang zur Kernburg passiert wurde – hinter dem massiven Treppenturm erhebt. Der daneben liegende Felsenraum (14./15. Jahrhundert) diente wohl als Lager, obwohl er vornehm „Rittersaal" genannt wird. Vor dem Raum führt eine Treppe in den Felsenkeller, in dem ein kleines Burgmuseum seinen Platz hat. Um zur oberen Kernburg zu gelangen, kann man statt des Treppenturms auch den Treppenstollen, einen 20 m langen „Geheimgang", nehmen, der von Ost nach West längs durch den Felsen geht. Fast parallel dazu verläuft noch ein weiterer Felsengang nach oben. Von der oberen Burgbebauung steht noch eine Giebelwand des „hinteren Hauses" (um 1441), ansonsten zeugen nur noch in den Felsen getriebene Balkeneinlässe und Abwasserrinnen von ehemaligen Gebäuden auf der Plattform. In der Küche des „hinteren Hauses" sieht man die Reste eines Herdes und von Mühlsteinen. In diesem Bereich ist eine der beiden Filterzisternen erkennbar, über der anderen wurde der Bergfried erbaut. Einsickerndes Regenwasser lief über eine Mischung aus Sand

EXTRA unterwegs mit Kindern

Rätselnde Ritter und Burgfräulein

Die Burg Fleckenstein ist ein spannendes Ausflugsziel für Familien. Wenn ab März die Saison eröffnet wird steht das Burgareal für viele Erkundungstouren offen. Mitte April kommt ein zusätzliches Highlight hinzu: Die „Rätselburg" (Le château des énigmes) bietet einen unterhaltsamen Familienparcours an. Bei diesem Spaß für Jung und Alt steht jährlich eine Geschichte im Mittelpunkt. An 20 Stationen können nun große und kleine Rätselritter Fragen beantworten, versteckte Gegenstände finden und viele Aufgaben lösen. Dabei müssen der im Wald lebende Drache, eine Hexe und der Riese, der in der Burgruine lebt, überlistet werden. Der abwechslungsreiche Weg durch die Burg wird audiovisuell untermalt und führt an klirrenden Schwertern und quietschenden Türangeln vorbei. Nach rund drei Stunden Abenteuer im Wald und in der Burg, die natürlich immer unterbrochen werden können, findet die Geschichte einen guten Ausgang und die Besucher sind dem Mittelalter ein Stück näher gekommen.

Wer dann immer noch nicht genug hat, kann sich nochmals auf Entdeckungsfahrt begeben: Das Kindermuseum P'tit Fleck, direkt am Eingang zur Burg im ehemaligen Bauernhof gelegen, bildet eine weitere Erlebnisstation. Hier wird Kindern spielerisch die Natur und Umwelt der Region nähergebracht. Verschiedene Themenfelder stehen zur Auswahl. Der Rundgang in kindgerechter Sprache mit vielen Bildern soll alle Sinne ansprechen.

Äußeres Burgtor im 16. Jh.

So viele Abenteuer verlangen nach einer Stärkung. Diese finden die müden Ritter und Burgfräulein im Ausflugsgasthof Gimbelhof, der in unmittelbarer Nähe (bequemer Fußweg durch den Wald, ca. 20 Minuten) der Burg Fleckenstein liegt. Für alle kleinen Besucher lädt dort ein schöner Ritterspielplatz zu weiteren Abenteuern ein. Für eine Stärkung zwischendurch steht am Kindermuseum ein Café zur Verfügung. Ferner können zwei Grill- und Picknickplätze genutzt werden.

und Steinen und sammelte sich geklärt im Brunnenschacht. Im Westen befindet sich eine Badestube mit Vorraum. Nur zwei Rundtürme, die wie Schwalbennester an den Felsen geklebt scheinen, stellen heute wie zur damaligen Zeit die einzigen Wehrteile auf dieser Seite der Burg dar. Ansonsten bot der Felsen ausreichend natürlichen Schutz. Auf der Südseite fällt er steil auf 40 m ab. Vom oberen Felsplateau bietet sich nochmals ein atemberaubender Ausblick.

Adressen und Auskunft
SILE / Tourist Information
Lembach 23, Rte. de Bitche
F-67510 Lembach
Tel. +33(0)388-944316
www.tourisme-nordalsace.fr
info@ot-lembach.fr

Sehenswertes
Burgruine Fleckenstein/
Château du Fleckenstein
Öffnungszeiten: März – Nov täglich ab 10:00 Uhr, genaue Beginn- und Enddaten variieren jährlich, meist ab Mitte November – Dezember geschlossen, auch hier genaue Daten nachfragen, Januar – meist Mitte März, So 12:00–14:00 Uhr
F-67510 Lembach
Tel. +33(0)388-942852
Fax +33(0)388-942851
info@fleckenstein.fr
www.fleckenstein.fr
Kostenlose Führungen auf Deutsch ab Mitte Juli – Ende August immer um 14:00 Uhr.

Essen und Trinken
Gimbelhof
Ferme du Froensbourg
67510 Lembach, France
Tel. +33(0)388-944358
info@gimbelhof.com
www.gimbelhof.com
Öffnungszeiten: täglich ab 8:00 Uhr
Mo u. Di Ruhetag

Anfahrt
Aus Deutschland:
Mit dem Auto (Pirmasens/Dahn/Bad Bergzabern über die L 486/L 489) bei Schönau über Hirschthal auf der L 488 die Grenze nach Frankreich überqueren. Nach ca. 1 km kommt links ein kleiner Parkplatz, von dort läuft man in ca. 30 Min. einen steilen Waldweg zur Ruine. Oder man nimmt ca. 300 m danach die Auffahrt zum großen Parkplatz unterhalb der Ruine.
Aus Frankreich:
Mit dem Auto (Straßbourg/Haguenau) kommend nimmt man die D 27 bis Lembach und fährt von dort weiter auf der D 3 in Richtung Obersteinbach. An einer Gabelung biegt man rechts auf die D 925 in Richtung Froensbourg ab. Nach ca. 2 km kommt rechts die Auffahrt zur Ruine. Parkplatz: ca. 300 m unterhalb der Ruine (ca. 5 Gehminuten)

Go green:
Mit der Bahn nach Wissembourg, dann an allen Sonn- und Feiertagen weiter mit dem Wanderbus 317 direkt vom Bahnhof zur Burg Fleckenstein. Abfahrtszeiten ab Wissembourg: 9:35 Uhr (1. Mai – 30. Sept), 10:35 Uhr, 12:05 Uhr, 13:35 Uhr und 15:35 Uhr (2. April – 1. Nov). Bis Wissembourg gelten alle VRN-Tickets, z. B. das günstige Ticket 24 PLUS für bis zu 5 Personen.

Glossar

Apsis: Altarnische am äußersten Chorende (Chorhaupt) in halbrunder Form, ursprünglich im röm. Profanbau, dann meist östlicher Abschluss des christlichen Kirchengebäudes.

Basilika: Röm. Markt- oder Gerichtshalle, später übertragen auf christlichen Kirchenbau: Langbau mit einem Mittelschiff, das höher als die Seitenschiffe ist.

Bastion/Bastei: Vorspringender Bauteil einer Festung (Bollwerk).

Bergfried: Hauptturm einer Burg mit hochgelegenem Eingang, als Beobachtungsstand und letzte Zufluchtsstätte bei Belagerungen.

Blend (-arkaden, -werk): Der Mauer zur Dekoration vorgelagerte Elemente.

Buckelquader: Ein Steinblock, dessen Ränder geglättet sind und dessen Mitte roh behauen ist und hervorsteht.

Chor: Verlängerung des Mittelschiffs, meist um einige Stufen über das Niveau des Langhauses oder der Vierung erhöht. Im allgemeinen Sprachgebrauch der Raum, der Gebet und Gesang der Geistlichkeit vorbehalten war und in dem der Hochaltar steht.

Dachreiter: Schlankes Türmchen auf dem Dachfirst, ersetzt bei Kirchen der Bettelorden den Kirchturm.

Empore: Galerie im Kirchenraum, die sich zum Kircheninnern öffnet und für bestimmte Gruppen, z. B. den Chor, gedacht war.

Epitaph: Gedächtnismal für einen Verstorbenen in Form einer Platte, die innen oder außen an der Kirchenwand, an einem Pfeiler oder im Kreuzgang senkrecht aufgestellt wird.

Festkrönung: An Hoffesten zeigte sich der Herrscher in Verbindung mit dem herrscherlichen Gottesdienst unter der Krone, ein Akt herrscherlicher Repräsentation und zugleich Ausdruck und Nachweis der höheren Legitimation dessen, der die Krone trug.

Gewölbe: Gekrümmte Decke über einem Raum, die einfachste Form ist das Tonnengewölbe, dessen Querschnitt meist ein Halbkreis ist. Schneiden sich zwei Tonnengewölbe im rechten Winkel, dann entsteht das Kreuzgratgewölbe. Die Schnittstellen bilden Grate. Bei einem Rippengewölbe sind die Grate durch Rippen verstärkt, welche die Last des Gewölbes tragen.

Halsgraben: Der Graben zwischen einem Bergrücken und einer Höhenburg.

Hoffest: Fest des Herrschers und seinem Hofstaat, an hohen kirchlichen Festen in Verbindung mit einem Gottesdienst und der Festkrönung.

Hoftag: Sie fanden neben und zwischen den Hoffesten statt und dienten der Vorbereitung und Beratung von politischen und militärischen Aktionen sowie der allgemeinen Regelung von Angelegenheiten, für die sich der Herrscher der Zustimmung und Mitwirkung seiner Getreuen versichern wollte.

Immunität: Grundsätzliche Befreiung von weltlicher Gerichtsbarkeit und Herrschaft für eine geistliche Institution und ihren Besitz. Im engeren Sinne der von Mauern umschlossene Stifts- oder Klosterbereich. Hier darf keine weltliche Person hinein.

Joch: Gewölbeabschnitt in Längsrichtung.

Kenotaph: Schein- oder Ehrengrab für einen Toten.

Kernburg: Hauptburg, am höchsten gelegener Teil einer Burg, umfasst die wichtigsten Gebäude (Palas, Bergfried) und ist meist von einer Ringmauer umgeben.

Kreuzgang: Ein viereckiger, von einer Galerie umschlossener Hof, um den sich die Kirche sowie weitere Räume eines Klosters gruppieren.

Krypta: Aus der frühchristlichen Confessio (Heiligengrab-Raum unter dem Altarraum) entwickelter, halbunterirdischer Raum unter dem Chor zahlreicher romanischer und gotischer Kirchen zur Aufbewahrung von Reliquien oder als Grabstätte für Heilige und weltliche Würdenträger.

Langhaus: Der Öffentlichkeit zugänglicher Teil des Kirchenschiffs, meist zwischen Fassade und Chor, bzw. Querhaus.

Lapidarium: Eine Sammlung von Steinwerken, etwa Skulpturen, Epitaphe, Sarkophage, Grabsteine, die oft am Fund- oder Ausgrabungsort ausgestellt sind.

Lettner: Trennwand mit Durchgängen zwischen Chor und Mittelschiff einer Kirche zur Scheidung von Priestern und Laien.

Maßwerk: Geometrisches Bauornament der Gotik, zur Unterteilung großer Fenster, später auch zur dekorativen Gliederung von Wandflächen, Giebeln usw.

Ministerialen: Rechtlich Unfreie, die sich durch Ausübung spezieller Dienste (Verwaltung, Krieg) emanzipiert haben und mit dem niederen Adel verschmolzen sind.

Obergaden: Der Wandabschnitt über den Mittelschiffarkaden einer Basilika, in dem sich die Fenster befinden.

Palas: Repräsentativer Wohn- und Saalbau einer Burg des Hochadels im 12. und 13. Jahrhundert.

Paradies: Das Atrium der altchristlichen und mittelalterlichen Basilika, d.h. ein von Säulenhallen umgebener Vorhof. Später entwickelte sich daraus die Vorhalle der Kirche, oft reich mit Bauplastik geziert.

Pechnase: An den Außenmauern der Burg, besonders über dem Burgtor angebrachte Schüttrinnen oder nach unten offene Erker (Gießerker, Wurferker), die dazu geeignet war, einen Brand zu löschen, den die Angreifer vor dem Tor gelegt hatten. Zudem konnte man sich durch die Pechnase mit einem Fremden vor dem Burgtor unterhalten, ohne seine Deckung zu verlassen. Die Vorstellung, heißes Pech sei durch die Pechnase gegossen worden, entstammt dem 19. Jahrhundert und ist historisch nur ganz vereinzelt (für heißes Wasser?) zu belegen.

Pfalz: Residenz von Kaiser, Königen und Bischöfen im Mittelalter.

Pfeiler: Senkrechte Stütze mit rechteckigem oder polygonalem Querschnitt, meist ohne Basis und Kapitell.

Pilaster: Wandpfeiler, der nur wenig aus der Wand hervortritt und wie eine Säule mit Fuß, Schaft und Kapitell gegliedert und gelegentlich kanneliert (mit Rillen versehen) oder ornamentiert.

Reichsunmittelbarkeit/-freiheit: Als reichsunmittelbar wurden im spätmittelalterlichen und frühneuzeitlichen Heiligen Römischen Reich diejenigen Personen und Institutionen bezeichnet, die keiner anderen Herrschaft unterstanden, sondern direkt und unmittelbar dem Kaiser untergeben waren. Sie wurden auch als reichsunmittelbare Stände bezeichnet.

Reichsstadt: Bezeichnet im Heiligen Römischen Reich sowohl jene Stadtgemeinden, die keinem Reichsfürsten, sondern direkt dem Kaiser unterstanden, als auch einige Bischofsstädte (Basel, Straßburg, Speyer, Worms, Mainz, Köln, Regensburg, auch Freie Städte genannt), die eine gewisse Autonomie erworben hatten, zum Beispiel dem Kaiser keine Heerfolge leisten mussten.

Ringmauer: Hauptmauer oder Umfassungsmauer, eine Wehrmauer, die den inneren Bereich einer Burg oder einer ähnlichen Befestigungsanlage ringförmig umschließt. Die Gesamtheit der Ringmauer wird auch als Bering bezeichnet.

Säkularisation: Die Einziehung oder Nutzung kirchlicher Besitztümer (Land oder Vermögen) in staatliche Hände, i.e.S. die Einverleibung der geistlichen Fürstentümer und Herrschaften des Heiligen Römischen Reiches durch größere Territorialstaaten während des Napoleonischen Zeitalters.

Schalenturm: Zur Burgseite hin offener Mauerturm.

Schießscharte: Schmale Wehrmaueröffnung, deren Gewändenische an der Innenseite den weitgewinkelten Einsatz von Handschusswaffen erlaubt.

Schildmauer: Die verstärkte Mauer einer Burg.

Skriptorium: Schreibstube im Kloster, Laien als Berufsschreiber waren bis zum 13. Jh. selten und meist nur an Herrscherhöfen zu finden. In den Kloster-Skriptorien wurden neue Werke geschrieben und bereits bestehende Werke durch Abschreiben vervielfältigt.

Schwertleite: Der Höhe- und Endpunkt der ritterlichen Jugend. Mit ihr wird der junge Adelige in die vollen Rechte als Ritter eingesetzt. Hervorgegangen ist sie aus der aus germanischer Zeit stammenden Wehrhaftmachung, mit der vor allem junge Menschen höherer Kreise in die Erwachsenenwelt aufgenommen wurden. Im Laufe der Zeit wandelte sich ihr Charakter von der reinen Umgürtung mit den Waffen zu einem gemischt weltlich-geistlichen Zeremoniell, das auch mit zunehmend höherem Alter der Knappen vorgenommen wurde.

Torturm/Torbau: Turm oder Gebäude über einem befestigten Tor.

Vierung: Quadratischer oder rechteckiger Raum im Kreuzungsbereich von Mittel- und Querschiff einer Kirche.

Vorburg: Vor der Kernburg gelegener Teil der Burganlage, der Gebäude zur wirtschaftlichen Versorgung enthielt.

Vorwerk: Ursprünglich außerhalb der Befestigungsanlagen einer Burg liegende landwirtschaftliche Güter.

Wehrgang: Verteidigungsgang auf einer Wehrmauer.

Westwerk: Selbständiger Vorbau im Westen einiger karolingischer, ottonischer und romanischer Basiliken.

Ziborium: zeltförmige Überdachung eines Altars, einer Statue oder eines Sarkophags.

Zinnen: Brustwehr einer Wehrmauer und deren schild- oder zahnförmiger Aufsatz.

Zisterne: Ein unterirdischer bzw. abgedeckter Sammelbehälter für Trink- oder Nutzwasser.

Zugbrücke: Hochklappbare Brücke, um einen Eingang zu kontrollieren.

Zwerggalerie: Zierelement der romanischen Baukunst, ein offener Arkadengang knapp unter dem Dach eines (Kirchen-)gebäudes.

Zwinger: Teil der mittelalterlichen Befestigungsanlage bei Städten und Burgen, unbebauter Bereich zwischen Hauptmauer und vorgelagerter Zwingermauer.

Abbildungsnachweis